W0194525

Helmut Neuhold

Die großen Herrscher Österreichs

Helmut Neuhold

Die großen Herrscher Österreichs

marixverlag

Bibliografische Information der Deutschen Nationalbibliothek
Die Deutsche Nationalbibliothek verzeichnet diese Publikation in der
Deutschen Nationalbibliografie; detaillierte bibliografische Daten sind im
Internet über
http://dnb.d-nb.de abrufbar.

© by marixverlag GmbH, Wiesbaden 2012
Projektbetreuung: Verlagsagentur Mag. Michael Hlatky,
A-8071 Vasoldsberg
Lektorat: Dietmar Ulrmes, Bottrop
Covergestaltung: Nicole Ehlers, marixverlag GmbH
nach der Gestaltung von Thomas Jarzina, Köln
Bildnachweis: akg-images GmbH, Berlin,
Satz und Bearbeitung: C&H Typo-Grafik, Miesbach
Gesetzt in der Palatino
Gesamtherstellung: CPI books GmbH, Ulm
Printed in Germany

ISBN: 978-3-86539-970-0

www.marixverlag.de

Inhalt

Zwei Herrschergeschlechter prägen tausend Jahre Österreich

Mitte des 12. Jahrhunderts erfand der Bischof und Geschichtsschreiber Otto von Freising einen Namen für ein Geschlecht, das schon seit fast 200 Jahren ein Territorium im Südosten des Heiligen Römischen Reiches beherrschte und dem er noch dazu selbst angehörte. Er nannte diese dynastische Familie die »Babenberger« und leitete ihre Herkunft aus Franken ab. Mehr als 300 Jahre später erfand ein schwäbischer Geistlicher namens Ladislaus Sunthaym in seiner Genealogie und Geschichte der Babenberger die heute noch gebräuchlichen Beinamen, wobei er zumindest bei einigen auf ältere Vorbilder zurückgriff.

Den seinerzeitigen Markgrafen und Herzögen aus dem Geschlecht würden ihr späterer Familienname und ihr Prädikat wohl ziemlich egal gewesen sein, selbst wenn sie davon erfahren hätten. Denn sie waren Männer der Tat, Befehlshaber in Krieg und Frieden, Kolonisatoren, Burgenbauer und Klostergründer. Sie betrachteten die Welt meistens durch das Visier ihres Helms, und ihr ideeller Standpunkt war oft nur der Knauf ihres Schwerts. Das Geschlecht der Babenberger war ein sehr machtbewusstes und diesseitiges, das zudem das Glück hatte, eine Reihe wirklich fähiger und entschlossener Herrscherpersönlichkeiten hervorzubringen, die alle an der Vergrößerung und Absicherung ihrer Machtbasis mitwirkten.

Die Babenberger als Österreichs Markgrafen- und Herzogsgeschlecht von 976 bis 1246 schufen einen Machtkomplex innerhalb des Heiligen Römischen Reiches, der zunehmend an Ausdehnung und Bedeutung gewann. Ursprünglich als Verwalter einer kleinen Grenzmark eingesetzt, bewiesen bereits die ersten Markgrafen viel Umsicht und Tatkraft und konnten ihr Herrschaftsterritorium rasch erweitern und absichern. Eine Reihe österreichischer

Gründungslegenden geht auf das Wirken der Babenberger zurück. Man denke nur an die Schleiersage um die Gründung Klosterneuburgs oder die angebliche Entstehung der österreichischen Landesfarben bei der blutigen Belagerung Akkons.

Nach dem unerwarteten Tod des letzten männlichen Babenbergers, Friedrichs des Streitbaren, entstand in den österreichischen Ländern ein Machtvakuum, das längere Zeit analog zum deutschen Interregnum verlief. Die Länder der Babenberger wurden Opfer von Machtkämpfen, in denen sich schließlich der Böhme Ottokar durchsetzte. Dessen Herrschaft wurde dann durch den Aufstieg Rudolfs von Habsburg infrage gestellt und letztlich durch seinen Tod in der Schlacht auf dem Marchfeld 1278 beendet. Von da an war Österreich habsburgisch und sollte es bis 1918 bleiben. In diesem langen Zeitraum erlebte das Land eine Vielzahl von Herrschern unterschiedlichster Persönlichkeit, Begabung und Geschichtsmächtigkeit.

Die Habsburger erlangten durch die Königswahl von 1273 die nominelle Herrschaft über das Reich. Rudolf von Habsburg war dann auch der Mann, diese Herrschaft definitiv durchzusetzen. Nachdem sein gefährlichster Rivale Ottokar ausgeschaltet war, konnte Rudolf seine Hausmacht durch die Belehnung seiner Söhne mit Österreich, Steiermark, Krain und der Windischen Mark ausbauen. Dies war dann der eigentliche Beginn der dynastischen Herrschaft der Habsburger über Österreich.

In den folgenden Jahrhunderten gelang es den Habsburgern trotz immer wieder auftretender Rückschläge, ihre Macht immer weiter zu vergrößern und schließlich die römisch-deutsche Kaiserwürde zu erringen und als »Dauerbesitz« in ihrer Familie zu halten. Dabei beruhte die Kaiserwürde auf einem Wahlakt der Kurfürsten – und dennoch gelang es den Habsburgern, mit einer Ausnahme, zwischen 1438 und 1792 immer auf den Kaiserthron zu gelangen. Neben ihrer jahrhundertelangen Herrschaft in Spanien und ihren Erblanden blieben die Habsburger somit die auf Lebenszeit gewählten »Herrscher« eines übernationalen und bündisch gegliederten Gemeinwesens, das sich »Heiliges Römisches Reich« nannte. Dieses Gebilde erlebte unter den Habsburgern auch seinen Machtverfall im Dreißigjährigen Krieg und seinen Untergang während der Expansion Frankreichs unter Napoleon.

»Kein anderes Haus ist wie dieses gehasst und angefeindet, kein anderes aber auch mit so viel selbstloser Hingabe, unbedingter Treue und beinahe religiösem Fanatismus geliebt worden.« (Emil Franzel) Der religiöse Fanatismus war es dann auch, mit denen es die Habsburger im Laufe ihrer Geschichte so vielen Menschen so schwer machen sollten, in ihrem Machtbereich zu leben. Diese Polarisierung bei ihrer Einschätzung begleitete die Habsburger fast während ihrer gesamten Herrschaftsgeschichte und wirkt bis heute fort.

Der habsburgische Länderkomplex, der primär durch Eroberung, Heirat und Erbschaft errungen worden war, stellte eine sehr inhomogene Ansammlung unterschiedlicher Territorien dar, deren Verwaltung den Angehörigen des Erzhauses immer wieder großes Geschick abverlangte. Die Gründung des Kaiserreiches Österreich erfolgte zwar unter dem Druck Napoleons, gab aber die Möglichkeit, den habsburgischen Länderbesitz neu zu strukturieren. Dieses Reich sollte nur mehr vier Herrscher bis zu seinem Untergang haben, doch war gerade dieser Zeitraum prägend für das Bild, das die Dynastie im Gedächtnis der Welt hinterlassen hat.

Es wird in dieser Arbeit versucht, alle bedeutenden Herrscher Österreichs aus den Häusern Babenberg und Habsburg auf beschränktem Raum in ihrer Persönlichkeit und ihrem geschichtlichen Umfeld darzustellen. Dabei ergibt es sich, dass einigen dieser Persönlichkeiten wegen ihrer langfristigen Herrschaft und/oder größeren Geschichtsmächtigkeit mehr Raum eingeräumt werden muss als anderen weniger bedeutenden Angehörigen der beiden Dynastien. Dazu kommt, dass die Quellenlage über viele Angehörige der Babenberger auch kaum groß angelegte Biografien zulassen würde. Der Leser soll in dieser Arbeit die wichtigsten Lebensdaten, eine Beschreibung der Persönlichkeit und des geschichtlichen Wirkens des jeweiligen Herrschers erhalten.

Dabei wird nicht unkritisch vorgegangen, und es werden auch Beschreibungen der allgemeinen historischen Entwicklungslinien eingefügt. Immerhin erstreckte sich das Wirken der dargestellten Personen auf einen Zeitraum, der fast tausend Jahre europäischer Geschichte umfasst.

Die frühen Babenberger

»Die Belehnung der Babenberger mit der Ostmark im Jahre 976 ist der Beginn der kontinuierlichen Geschichte Österreichs.« (Pollak 1973, S. 5)

»Die gute alte Zeit der Babenberger ist wohl zu lange vergangen, um noch Nostalgien auslösen zu können.« (Vacha 1995, Bd. 1, S. 6)

Einige Historiker haben das 10. Jahrhundert auch als »das eiserne Jahrhundert« bezeichnet. Es war auf jeden Fall zumindest in Europa ein sehr kriegerischer Zeitraum, der viele Umbrüche brachte. Immerhin war der Kontinent immer wieder heftigen Angriffen, Raubzügen und Plünderungen durch Wikinger, Sarazenen und Magyaren ausgesetzt. Das glänzende Reich Karls des Großen war unter seinen weniger fähigen Nachfolgern zerfallen, und neue politische Gebilde hatten sich gebildet, in denen noch einige Relikte der karolingischen Ordnung weiter existierten. Im Ostfränkischen Reich waren zu Beginn des 10. Jahrhunderts die Magyaren die Hauptbedrohung. Der Untergang des bayerischen Heerbanns in der Schlacht bei Pressburg im Jahre 907 zeigte auch, dass man dieser Bedrohung militärisch kaum Einhalt gebieten konnte. Die Ungarn kontrollierten von nun an für viele Jahre Pannonien und damit einen großen Teil des heutigen Österreichs. Die ehemalige karolingische Ostmark, die Karl der Große im Jahre 803 gegründet hatte, existierte nicht mehr.

Es sollte bis zum Jahre 955 dauern, bis man wieder an die Errichtung einer Grenzmark im Südosten des Reiches denken konnte. Den Ausschlag dafür gab der Sieg, den der deutsche König Otto I. »der Große« am 10. August 955 in der Schlacht auf dem Lechfeld gegen die Magyaren errungen hatte. Dieser Sieg hatte endlich die Gefahr durch die Ungarn nachhaltig gebannt und eröffnete für das ehemalige Reichsgebiet zwischen Enns und Wienerwald neue Möglichkeiten. Die Ungarn hatten im besetzten Ostland kaum Strukturen errichtet, sondern dieses in erster Linie als Aufmarschgebiet in den Westen Europas betrachtet, wozu sie einige Stützpunkte anlegten. Von einer Dauersiedlung der Magyaren gibt es so gut wie keine Spuren.

Die wiedererrichtete Mark im Ostland war wesentlich kleiner als die karolingische, die man 907 aufgeben musste. Die Grenzen der neuen Mark waren nun der Osthang des Wienerwaldes, der Schmidabach und der Unterlauf des Kamps. Große Teile des Weinviertels bildeten eine Art von Pufferzone, während das Wiener Becken wahrscheinlich noch einige Zeit unter der Kontrolle der Ungarn verblieb. Es ist wenig darüber bekannt, inwieweit die Mark nun neu besiedelt wurde, da man auch nicht weiß, inwieweit während der Ungarnherrschaft eine Entvölkerung stattgefunden hatte. Es war aber auf keinen Fall ein menschenleeres Gebiet, das nun nach dem Abzug der Ungarn wieder an das Reich fiel.

Über den ersten Markgrafen Burchard ist auch sehr wenig bekannt. Er dürfte seinen Hauptsitz in Pöchlarn gehabt haben. Burchard war vielleicht das Vorbild für den Markgrafen Rüdiger von Bechelaren aus dem Nibelungenlied. Er stand sicherlich Otto dem Großen nahe, da er auch an dessen Romzug teilnahm. Mit dem bayerischen Herzog Heinrich dem Zänker verbanden ihn verwandtschaftliche Beziehungen. Das sollte ihm schließlich auch zum Verhängnis werden, denn als er sich mit dem Herzog gegen den König erhob, verlor er 976 sein Amt als Markgraf. Burchard dürfte während seiner Zeit als Markgraf nicht erfolglos gewesen sein, denn er konnte die Mark offensichtlich konsolidieren und ihre Grenzen erweitern. Die Ungarn wurden während seiner Herrschaft nach und nach bis an die Traisen und den westlichen Wienerwald zurückgedrängt 976 wurden die Tullnbäche als Grenzen der Mark beschrieben.

Kaiser Otto II. setzte im gleichen Jahr einen neuen Markgrafen ein. Liutpald, der später in der Überlieferung zu Leopold mutierte, wurde Herr im Ostland. Urkunden bezeichnen ihn als Grafen im Donaugau, im Traungau und am Inn.

Er genoss das Vertrauen des Kaisers Otto II., da er während des Aufstandes Heinrichs des Zänkers treu geblieben war, und erwies sich rasch als der richtige Mann für diesen Posten. Der neue Markgraf übte sein Amt im Umherreiten aus, also in ständiger Bewegung, um den Adel und die Bauern unter Kontrolle zu halten und die Grenzen schützen zu können. Das tat im Prinzip aber auch sein Lehnsherr, der Kaiser. Liutpald oder Leopold I. entstammte einem Geschlecht, das man später als die Babenberger bezeichnete.

Die Ursprünge von Österreichs erster Herrscherfamilie liegen weitgehend im Dunkeln. Ihr Name soll sich auf die Stadt Bamberg im heutigen Oberfranken beziehen, wurde der Dynastie aber erst von Otto von Freising gegeben, der selbst ein Angehöriger der Familie war. Die Babenberger entstammen sicherlich dem bayerischen Hochadel, wobei Leopold I. wohl ein Enkel des bayerischen Herzogs Arnulf des Bösen gewesen ist. Die Beinamen der einzelnen Babenberger gehen erst auf den Historiker Ladislaus Sunthaym (1440 bis 1513) zurück, der aber zumindest teilweise auf ältere Bezeichnungen zurückgriff.

Leopolds I. Residenz war höchstwahrscheinlich in Pöchlarn, vielleicht auch schon in Melk, das seine Nachfolger bevorzugten. Seine Markgrafschaft erstreckte sich östlich der Enns bis in den Wienerwald, neben dem Tal der Donau wurden die Unterläufe der Flüsse Kamp und Krems beherrscht, wozu eine südliche Ausdehnung bis zu den Alpen kam. Man weiß sonst sehr wenig über das Leben des ersten Babenberger-Markgrafen. Er heiratete eine gewisse Richarda aus gräflichem Haus, mit der er acht Kinder hatte. Zwei seiner Söhne, Heinrich und Adalbert, wurden österreichische Markgrafen, während sein Sohn Ernst in den Rang eines Herzogs von Schwaben aufstieg und sein Sohn Poppo Erzbischof von Trier wurde. Markgraf Leopold I. wurde schließlich versehentlich Opfer eines Mordanschlags. Ein für seinen Cousin Heinrich bestimmter Pfeil traf ihn tödlich. Das Ableben des ersten Babenberger-Markgrafen am 10. Juli 994 ist zeitbedingt nicht untypisch und er sollte auch nicht der einzige Babenberger bleiben, der eines gewaltsamen Todes starb.

Auf Leopold I., der sein Territorium eifrig auf Kosten der Ungarn nach Osten hin bis zum Wagram und bis zur Fischa vergrößert hatte, folgte 994 sein Sohn Heinrich I. Sein Erbe war kein gewaltiges Territorium, da man nördlich der Donau eigentlich nur einen schmalen Streifen Landes beherrschte und er zudem noch die Macht mit einigen Adelsgeschlechtern teilen musste. Heinrich I. führte im Wesentlichen die Politik seines Vaters fort und konnte weitere territoriale Erfolge verzeichnen, die uns heute nicht sehr groß vorkommen, aber meistens mühsam erkämpft werden mussten. Dieser Markgraf Heinrich, der später den Beinamen »der Starke« erhielt, genoss die Gunst von Kaiser Otto III., und zu seiner Zeit wurde die Mark zum ersten Mal in einer Urkunde als »Ostarrichi« bezeichnet. Auch der Nachfolger Ottos III., Heinrich II., scheint dem Babenberger gewogen gewesen zu sein, wie zahlreiche Schenkungsurkunden beweisen. Markgraf Heinrich I. kämpfte auch tapfer für König Heinrich II. in dessen Auseinandersetzungen mit dem polnischen Herrscher Bolesław I. Chrobry. Er führte dabei sogar den bayerischen Heerbann an. Dabei musste er auch seine Mark zweimal gegen Einfälle der Polen verteidigen, wobei er die Oberhand gewann. Zur Zeit des Markgrafen Heinrich I. soll auch die Tötung des heiligen Koloman in Stockerau erfolgt sein. Der Markgraf soll schließlich 1018 plötzlich und unerwartet verstorben sein. Wahrscheinlich starb er kinderlos.

Auf Heinrich I. folgte ein weiterer Sohn Leopolds I., Adalbert, später genannt »der Siegreiche«. Dieser wahrscheinlich 985 geborene jüngere Bruder Heinrichs hatte zuvor Grafschaften in Niederbayern inne, ehe er 1018 sein Amt in Ostarrichi übernahm. Adalbert dürfte recht kriegerisch und energisch gewesen sein, denn er konnte die Ostgrenze der Mark bis an die March und die Leitha ausdehnen und König Heinrich III. wirkungsvoll bei dessen Kämpfen gegen die Böhmen und Ungarn unterstützen. Dabei konnte auch die Grenze der Mark bis an die Thaya vorgeschoben werden. Er residierte nachweisbar in der Burg von Melk, aus der später das Stift hervorging. Adalbert heiratete in erster Ehe Glismond, die Schwester des Bischofs von Paderborn, und in zweiter Ehe eine Tochter des Dogen von Venedig, eine gewisse Frowiza. Dieser Markgraf hatte zwei Söhne, von denen Leopold Markgraf der Ungarnmark wurde, aber recht jung verstarb, während Ernst Adalbert als österreichischer Markgraf nachfolgen sollte.

Als Adalbert 1055 starb, folgte ihm der um 1027 geborene Ernst nach, der später den Beinamen »der Tapfere« erhielt. Er sollte das Markgrafenamt 20 Jahre lang innehaben. Es gelang ihm, die »Böhmische Mark« und die »Ungarnmark«, zwei eher kleine Territorien, mit der Mark Österreich zu vereinigen. Zu jener Zeit begann auch das Geschlecht der Kuenringer, das vermutlich aus Sachsen stammte, mit der Kolonisation des Waldviertels. Markgraf Ernst scheint so wie sein Vater auch recht kriegerisch gewesen zu sein. Er stellte sich beim Beginn des Investiturstreits auf die Seite Kaiser Heinrichs IV. und zog für diesen in den Kampf. Ernst fiel schließlich als Gefolgsmann des Kaisers in der Schlacht bei Homburg an der Unstrut am 9. Juni 1075. Er war zweimal verheiratet, wobei aus seiner ersten Ehe mit Adelheid, der Tochter des Markgrafen von Meißen, drei Kinder entstammten, von denen sein Sohn Leopold sein Nachfolger wurde. Nach dem Tod seiner ersten Gattin heiratete er 1072 eine gewisse Suanhild, die ihn schließlich 45 Jahre überleben sollte, was für mittelalterliche Verhältnisse eher ungewöhnlich erscheint. Diese Ehe blieb ohne Nachkommen.

Der etwa 1050 geborene Leopold II., der später »der Schöne« genannt wurde, folgte seinem Vater nach dessen Schlachtentod und sollte das Amt des Markgrafen ebenfalls für 20 Jahre bekleiden. Er agierte weitaus weniger glücklich als seine Vorgänger, und sein wohl wesentlichstes »Verdienst« scheint die Zeugung seines Sohnes Leopold zu sein, der als Leopold III. historisch für Österreich große Bedeutung erlangen sollte. Ansonsten hatte Leopold II. mit seiner Frau Itha nur noch sieben Töchter, die aber allesamt gut verheiratet werden konnten. Der Markgraf starb am 12. Oktober 1095 vermutlich in Gars am Kamp, das inzwischen zu einem wichtigen Residenzort der Babenberger geworden war.

Markgraf Leopold III.
»der Heilige«   (1073–1136)

»Während der langen, kaum von Kriegsereignissen überschatteten Regierungsperiode dieses Fürsten wurde Österreich zu einem ›Land‹«. (Heide Dienst 1985)

Am 6. Januar 1485 wurde Markgraf Leopold III. als einziger Angehöriger des Geschlechts der Babenberger heiliggesprochen. Er war einer der Bedeutendsten seiner Familie und interessanterweise auch einer der Friedfertigsten. Später wurde er mit verschiedenen Beinamen bedacht. Neben »dem Heiligen« wurde er später auch »der Milde« oder »der Fromme« genannt. Leopold folgte seinem Vater Leopold II. 1095 als Markgraf während einer Entspannungsphase des Investiturstreits.

Leopold III. wurde höchstwahrscheinlich 1075 in Melk geboren, wo sein Vater zu jener Zeit residierte. Dieser war mit Itha, aus dem Geschlecht der Formbacher Grafen, vermählt. Leider ist – wie meistens bei weiblichen Persönlichkeiten aus jener Zeit – sehr wenig über die Markgräfin und Mutter eines zukünftigen »Heiligen« bekannt. Leopolds Vater Markgraf Leopold II. hatte politisch und militärisch nicht immer glücklich agiert und war durch seine Parteinahme für das Papsttum im Investiturstreit kurzfristig sogar abgesetzt worden. Auch die unglückliche Schlacht bei Mailberg 1082 gegen die Böhmen zählt nicht gerade zu den Glanzlichtern der Babenberger-Geschichte, die mit dieser Niederlage fast beendet worden wäre. Schließlich musste sich Leopold II. dem ebenfalls eher glücklosen König Heinrich IV. unterwerfen, um sein Markgrafenamt zu retten. Sein Sohn sollte in politischen Entscheidungen mehr Instinkt beweisen. Leopolds Mutter Itha war angeblich sehr fromm und gottergeben und kam vermutlich bei einem Kreuzzug im Jahre 1101 ums Leben. Eine Legende berichtete, sie sei von einem Sarazenenfürsten gefangen genommen und zur Ehe mit ihm gezwungen worden.

Die Erziehung des jungen Leopold dürfte für mittelalterliche Verhältnisse nicht allzu schlecht gewesen sein. Sein politisches Geschick und seine persönliche Frömmigkeit dürften dadurch wohl stimuliert worden sein. Nach dem Tod seines Vaters am 12. Oktober 1095 übernahm der damals vermutlich 20 Jahre alte Leopold III. die Markgrafschaft und verlegte seinen Herrschersitz nach Klosterneuburg. Hier errichtete er auch eine neue Burg, von der allerdings heute nur wenige Überreste existieren. Dank der Untersuchung der Reliquien Leopolds III. ist bekannt, dass er ein für seine Zeit groß gewachsener Mann von etwa 180 cm war, einen athletischen Körper mit starken Knochen besaß und dunkles Haar hatte. Man hat sogar versucht, seine Gesichtszüge zu rekonstruieren, was eine durchaus ansehnliche Erscheinung ergab. Der junge Markgraf soll sich zunächst auch mit dem Gedanken getragen haben, selbst am ersten Kreuzzug teilzunehmen, der zu jener Zeit seinen Anfang nahm, entschied sich aber letztlich, sich nicht diesem Risiko auszusetzen. Das war vielleicht die erste seiner klugen und überlegten Entscheidungen, die sein Erfolgsrezept werden sollten. Da zu jener Zeit auch der Investiturstreit zwischen Kaiser und Papst tobte, musste Leopold III. auch hier Stellung beziehen. Er war dabei auch sehr vorsichtig und gab sich als Anhänger von Kaiser Heinrich IV., ohne sich selbst zu exponieren. Schließlich war er offensichtlich sehr religiös und wollte es sich auch nicht mit dem Papsttum völlig verderben.

Leopold III. war von Anfang seiner Regierung an bemüht, seine Stellung in der Markgrafschaft auszubauen und zu stärken. Er hatte auch das Glück, dass im Laufe der Zeit einige österreichische Geschlechter ausstarben und er ihren Besitz übernehmen konnte. Im Fall der Ermordung des Grafen Sieghard von Schala-Peilstein-Burghausen durch niedrige Adelige auf dem Reichstag in Regensburg könnte es vielleicht auch so sein, dass der »heilige« Leopold vielleicht etwas nachgeholfen hat. Immerhin ging das Grafenamt des Ermordeten an ihn über.

Es ist nicht ganz unumstritten, wann sich Leopold zum ersten Mal verheiratete. Er muss jedoch vor 1103 Adelheid von Perg/Machland geheiratet haben, die aus einem oberösterreichischen Geschlecht stammte. Durch diese Heirat konnte der Markgraf seinen Einfluss in den Gebieten nördlich der Donau verstärken. Leider ist über diese erste Gemahlin Leopolds III. sehr wenig bekannt, sie starb jedoch bereits nach kurzer Ehe, nachdem sie dem Markgrafen dessen ersten Sohn Adalbert geboren hatte.

Der Markgraf heiratete 1106 in zweiter Ehe Agnes von Waiblingen, die eine Tochter Kaiser Heinrichs IV. war. Agnes war bereits verwitwet, denn ihr erster Gemahl Friedrich I., der Herzog von Schwaben, war im April 1105 verstorben. Trotz dieses Umstands bedeutete Leopolds Heirat mit einer Kaisertochter eine bedeutende Standeserhöhung für einen Markgrafen. Er war nun mit den Saliern versippt und stand damit in der ersten Reihe der Aristokratie des Reiches. Leopold erhielt auch fast folgerichtig einige zusätzliche königliche Rechte übertragen. Zu diesem Aufstieg des Markgrafen soll angeblich auch sein nicht ganz unumstrittener Seitenwechsel im Jahre 1105 vor der wichtigen Entscheidungsschlacht zwischen Kaiser Heinrich IV. und dessen aufständischem Sohn, dem späteren Heinrich V., beigetragen haben. Leopold III. ging einfach zu Heinrich V. über und bewies damit einen guten Instinkt. Inwieweit diese Entscheidung wirklich die Niederlage des Kaisers gegen seinen Sohn herbeiführte, scheint schwer nachvollziehbar, doch der unglückliche Heinrich IV. musste fliehen und starb ein Jahr später ziemlich erbärmlich. Durch die Parteinahme Leopolds für Heinrich V. kam letztlich eine Entwicklung zustande, welche die Belehnung des Sohnes des Markgrafen mit dem Herzogtum Bayern und letztlich die Herzogswürde für Österreich zur Folge hatten.

Ein weiterer positiver Aspekt, der sich für Leopold durch die Heirat mit der Kaisertochter ergab, war der Umstand, dass seine Gemahlin beträchtliche finanzielle Mittel in die Ehe einbrachte. Nun konnte der Markgraf auch großzügige Schenkungen an kirchliche Institutionen, wie das Kloster

Melk, vornehmen und einige neue Klöster gründen. Auch der Ausbau seiner Klosterneuburger Burg, die schließlich den Charakter einer regelrechten Königspfalz hatte, konnte mit den Mitteln von Agnes durchgeführt werden. Leopold III. tat auch einiges für die wirtschaftliche Entwicklung seines Territoriums. So kümmerte er sich auch um die Münzprägung und ließ in Krems eine Münzprägestätte einrichten. Hier wurde der sogenannte Kremser Pfennig geprägt, der überregional am Geldmarkt nicht ganz unbedeutend werden sollte. Zur Erschließung und Binnenkolonisation trug er am meisten wohl durch die Errichtung der Klöster bei. Zu jener Zeit scheinen in Österreich sehr große Waldgebiete abgeholzt worden zu sein.

Eine von Leopolds III. Großtaten ist sicherlich die Gründung des Stiftes Klosterneuburg. Dazu gibt es die sogenannte »Schleierlegende«. Der Markgraf soll bald nach seiner Vermählung mit Agnes, die meistens als sehr fromm beschrieben wird, an einem hohen, weit vorspringenden Fenster seiner neu errichteten markgräflichen Burg gestanden haben. Dabei habe der Wind den Schleier vom Kopf der Fürstin gerissen und diesen weit hinaus über ein tiefes Tal in den dunklen Wald geweht. Man habe lange gesucht und den sicher recht wertvollen Schleier nicht gefunden. Einige Zeit später war der Markgraf auf der Jagd und wurde aufmerksam, als seine Hunde an einer Stelle plötzlich heftig bellten. Leopold habe sich der Stelle genähert und gesehen, dass sich der schon verloren geglaubte Schleier seiner Gattin auf einem Holunderstrauch befand. Der Markgraf, der schon lange den Gedanken gehabt habe, in der Nähe seiner Burg ein Stift zu gründen, sah darin nun einen göttlichen Hinweis, dass er genau hier sein Kloster errichten solle. Das wäre der Ursprung von Klosterneuburg. In Wirklichkeit war wohl alles viel banaler. Der Bauplatz bot sich wohl wegen seiner Lage an und war auch wirklich gut gewählt, wie man noch heute erkennen kann.

Der Markgraf ließ am 12. Juni 1114 den Grundstein für die Stiftskirche neben seiner Burg in Klosterneuburg legen. Dann wurde zügig mit dem Bau von Kirche und Kloster begonnen. Leopold ernannte seinen Sohn Otto bereits in jungen Jahren zum Propst der weltlichen Kanonie Klosterneuburg. Dieser Otto hatte dann auch großen Einfluss auf die Kirchenpolitik Leopolds. Als sein Sohn später in Frankreich in den Reformorden der Zisterzienser eintrat, änderte Leopold seine Kirchenpolitik. Hatte er vorher in erster Linie dabei nach macht- und landespolitischen Erwägungen gehandelt, so lagen ihm anscheinend nun der eigentliche Dienst an der Kirche und deren Reform am Herzen. Der Markgraf gründete dann auch unter diesem neuen Einfluss das Zisterzienserkloster Heiligenkreuz. Außerdem verzichtete er auf sein Eigenkirchenrecht in Klosterneuburg dadurch, dass er die Augustiner Chorherrn dorthin rief.

Es fällt auch auf, dass Markgraf Leopold III. ziemlich eifersüchtig gegenüber anderen Klostergründern vorging. Er wollte auf diesem Gebiet so weit wie möglich alleine glänzen und schreckte auch nicht davor zurück, andere Geschlechter mit Gründerambitionen, wie die Schwarzenburger im Falle der Installierung des Klosters Kleinmariazell, zu verdrängen und zu enteignen. Wegen der Ansprüche auf verschiedene Pfarren in ihren überlappenden Machtgebieten geriet Leopold auch mit dem Passauer Bischof in eine Auseinandersetzung.

In die Regierungszeit des Markgrafen fällt auch die Erwerbung der Stadtherrschaft in Wien, was letztlich den Grundstock für den Aufstieg des damals nicht sehr bedeutenden Ortes zur späteren Residenzstadt der Babenberger legte. Dieser Erfolg und weitere bedeutende territoriale Erwerbungen brachten es mit sich, dass Leopold III. als Markgraf Herr in seinem Lande wurde, wie keiner seiner Vorgänger. Zu seiner Zeit scheint sich auch schon die lateinische Form des österreichischen Landesnamens durchgesetzt zu haben – »Austria«. Man hielt es damals und auch später Leopold III. zugute, dass er seine Erfolge fast alle ohne offene Gewalt erreicht hatte, was zu seiner Zeit eigentlich völlig ungewöhnlich war.

Der Markgraf hatte insgesamt 18 Kinder, von denen sieben früh starben. Sechs seiner Söhne und fünf seiner Töchter sollten ihn schließlich überleben. Es war Leopolds Bestreben, dass seine Töchter in bedeutende Fürstenfamilien einheirateten. So konnten Heiraten mit den Přemysliden aus Böhmen, den Piasten aus Polen und den Grafen von Montferrat organisiert werden. Alle diese Ehen steigerten auch das Ansehen und die Bedeutung Leopolds III. und seines Geschlechts. Mit seinen Söhnen hatte der Markgraf allerdings einige Probleme, denn die Brüder waren untereinander eher uneins bis feindselig. Leopolds Erstgeborener, Adalbert, konnte sich gegen seine aggressiveren Brüder nicht durchsetzen und wurde in den Hintergrund gedrängt. Der zweitgeborene Sohn, Heinrich, scheint nicht nach Leopolds Geschmack gewesen zu sein, denn der Markgraf soll ihn nicht geliebt haben, während der Drittgeborene, Leopold, seinen Eltern am nächsten stand. Der bedeutendste Spross des Markgrafen war wohl Otto von Freising, der es zu einem bedeutenden Geschichtsschreiber brachte und ohne den wir viel weniger über die Zeit der Babenberger wüssten. Der Sohn Konrad schlug eine kirchliche Karriere ein und brachte es bis zum Bischof von Passau und Erzbischof von Salzburg.

Fast eine Krönung von Leopolds Lebenswerk scheint seine Empfehlung als Kandidat bei der Königswahl nach dem Tod Kaiser Heinrichs V. Einige Fürsten des Reiches scheinen der Ansicht gewesen zu sein, dass der Markgraf durch seine kluge und vorsichtige Politik und durch seine Verschwägerung mit den Saliern und Staufern ein guter Kandidat für die Wahl zum Reichsoberhaupt wäre. Doch gab es Bewerber um die Königswürde, die mehr Anhang und Einfluss ins Feld führen konnten. Später wurde schmeichlerisch von einigen Annalisten behauptet, dass Leopold III. wegen seines für mittelalterliche Verhältnisse hohen Alters von über 50 Jahren und seiner vielen Söhne als potenzielle Erben seine Wahl freiwillig abgelehnt hätte. Wie auch immer, jedenfalls machte vorerst Herzog Lothar von Sachsen das Rennen und wurde zum deutschen König gewählt. Doch blieb dieser nicht unumstritten und wurde besonders von den immer mächtiger werdenden Staufern bedrängt, die sich bei der Wahl ausgetrickst fühlten. Leopold III. verhielt sich im Konflikt zwischen König Lothar und den Staufern dann wieder sehr geschickt und konnte eine gewisse Neutralität wahren. Das erhöhte nur noch sein Ansehen, wozu noch kam, dass er durch seine Bemühungen um die Bevölkerung seines eigenen Landes ein großes Maß an Beliebtheit erreichte, das wohl jenes aller seiner Vorgänger übertraf. Sein Sohn Otto von Freising nannte ihn dann auch einen »überaus christlichen Mann, einen Freund des Klerus und der Armen«. (Hantsch 1962, S. 32)

Markgraf Leopold III. starb mit wahrscheinlich 61 Jahren am 15. November 1136 bei einem Jagdunfall in der Nähe seiner Residenz. Es gab allerdings einige Zweifel darüber, ob es sich dabei wirklich um einen Unfall gehandelt hatte. Immerhin scheint ja das Verhältnis zu einigen seiner Söhne nicht ganz unproblematisch gewesen zu sein. Die etwas über den internen österreichischen Dingen stehenden Erfurter Annalen berichteten dann auch, der Markgraf sei getötet worden, was als Formulierung einen Mord nicht unbedingt ausschließt. Man darf dabei nicht vergessen, dass wir uns in der Mitte des zwölften Jahrhunderts befinden. Es kam auch nach dem Tod Leopolds III. zu Unruhen, und seine Söhne befehdeten einander, wobei die Witwe Agnes Partei für ihren Lieblingssohn Leopold ergriff. Sogar Papst Innozenz II. griff nun ein, lobte den Verstorbenen in den höchsten Tönen und forderte seine Söhne zur Eintracht auf. Es kam schließlich auch zu einer Aussöhnung der beiden Hauptstreithähne Adalbert und Leopold, die sich darauf einigten, den Konflikt beizulegen. Da Adalbert schon wenig später starb, gab es freie Bahn für Leopold, der nun als Markgraf Leopold IV. das politische Erbe seines Vaters antrat. Begraben wurde Leopold III. im Stift Klosterneuburg, das er gegründet hatte.

Leopold soll sich selbst »Princeps Terrae« genannt haben, was scheinbar auf das Bewusstsein einer selbstständigen Landeshoheit hinweist. Deshalb sehen ihn auch manche Historiker als eigentlichen Stammvater des Landes Österreich. Schon bald nach dem Ableben des Babenbergers wurde eine erste Lebensbeschreibung durch einen Chorherrn aus Klosterneuburg verfasst, die jene Otto von Freisings ergänzte.

Natürlich widmeten sich die Vertreter der kirchlichen Geschichtsschreibung besonders der Religiosität des Verstorbenen und seiner Unterstützung für die Kirche. Auch im Volk kursierten Sagen und Anekdoten rund um den beliebten Babenberger. Er war sicherlich der volkstümliche aller Babenberger Regenten.

Der Markgraf wurde auch bald nach seinem Tod als Heiliger verehrt, und es gab schon recht früh Versuche, ihn heiligsprechen zu lassen. Die offizielle Heiligsprechung Leopolds erfolgte allerdings erst am 6. Januar 1485 unter Papst Innozenz VIII. 1663 wurde er auch zum offiziellen Namenspatron Niederösterreichs ernannt. Sein Festtag ist der 15. November und wird bis heute, vor allem in »seiner Stadt« Klosterneuburg ganz besonders gefeiert.

Markgraf und Herzog Heinrich II.
»Jasomirgott« (1107–1177)

»Die politische Bedeutung der Regierung Heinrichs liegt vor allem in der Trennung Österreichs von Baiern und in der dadurch bedingten Begründung eines neuen reichsfürstlichen Territoriums, das durch die demselben gleichzeitig erteilten Befugnisse die Keime einer bedeutsamen Entwicklung in sich trug.« (Heinrich von Zeißberg 1880, S. 557)

Heinrich II., der später »Jasomirgott« genannt wurde, kam wahrscheinlich am 2. April 1114 als zweiter Sohn Markgraf Leopolds III. von Österreich und dessen Gemahlin Agnes aus dem salischen Kaiserhaus zur Welt. Da Agnes in erster Ehe mit Herzog Friedrich I. von Schwaben, der als Ahnherr der Staufer gilt, verheiratet gewesen war, war Heinrich auch Halbbruder von Herzog Friedrich II. von Schwaben und König Konrad III. Das sollte seiner künftigen Karriere nicht gerade im Wege stehen. Über die Kindheit und frühe Jugend dieses Babenbergers ist wie bei den meisten seines Geschlechts so gut wie nichts bekannt, außer dass sein Vater ihn angeblich nicht besonders liebte, weswegen Heinrich auch in den Urkunden des Markgrafen kaum vorkommt.

Heinrich hatte bereits seit einiger Zeit die Position eines Pfalzgrafen bei Rhein inne, die ihm von seinem Halbbruder König Konrad III. übertragen worden war, als er durch den überraschenden Tod seines Bruders Leopold IV. (auch »der Freigiebige« genannt) am 18. Oktober 1141 plötzlich Markgraf von Österreich und mit einiger Verzögerung infolge einiger dynastischer Probleme 1143 auch Herzog von Bayern wurde. Aus diesem Grund verlegte er auch seine Residenz in die alte bayerische Hauptstadt Regensburg. Heinrich II. hatte aber das Pech, dass Herzog Welf VI. aus der mächtigen Familie der Welfen, die ältere Anrechte auf das Herzogtum Bayern reklamierte, die Sache nicht so einfach über die Bühne gehen lassen wollte. Es kam schließlich zu einem Krieg, der bis 1146 dauerte und zu großen Verwüstungen in Bayern führte. Herzog Heinrich scheute nicht davor zurück, eigene Städte und Landstriche in Schutt und Asche zu legen, wenn diese zum Feind übergingen. 1146 kam es noch zu einem weiteren blutigen Konflikt, als der ungarische König wegen der Übergriffe österreichischer Adeliger in die Mark einfiel. Heinrich II. musste dem Eindringling nun mit seinem Heer entgegentreten, und es kam am 11. September 1146 zu einer größeren Schlacht an der Leitha. Diese endete für den Herzog, der alles andere als ein militärisches Genie war, mit einer vernichtenden Niederlage, aus der er sich nur durch eine waghalsige Flucht retten konnte. Derartiges sollte sich einige Male in seinem Leben ereignen.

Im Gegensatz zu seinem Vater wollte sich Heinrich II. auch der Kreuzzugsbewegung nicht entziehen und nahm am Zweiten Kreuzzug teil, der unter der Führung Konrads III. stand. Wegen des Kreuzzuges hatten auch die Konflikte mit Welf VI., der ebenfalls an der »bewaffneten Wallfahrt« teilnahm, und dem ungarischen König zu ruhen, was für Heinrich II. wohl auch ein Glück war. Das Unternehmen, das ziemlich chaotisch war, fand für das Hauptheer unter dem deutschen König am 26. Oktober 1147 in Kleinasien an einem Fluss namens Tembris ein sehr unrühmliches Ende. Heinrich II. hatte das Glück, einer der Wenigen zu sein, die sich retten konnten. Unter den Geretteten war auch ein junger Ritter aus Schwaben, der immerhin später als Kaiser den Namen Friedrich I. Barbarossa führen sollte. Heinrich II. dürfte hart im Nehmen gewesen sein, denn kurz nach der Katastrophe heiratete er in Konstantinopel Theodora Komnena, die Nichte des byzantinischen Kaisers Manuel I. Er war bereits in erster Ehe, die jedoch nur ein knappes Jahr dauerte, mit der einzigen Tochter Kaiser Lothars III., Gertrud, verheiratet gewesen. Nach seiner Hochzeit mit der Griechenprinzessin nahm Heinrich an der Seite König Konrads III., der seine katastrophalen Niederlage auch irgendwie überlebt hatte, an der Belagerung von Damaskus teil.

Als sie jedoch erfuhren, dass Welf VI. inzwischen auch den ziemlich erfolglosen Kreuzzug verlassen hatte und in Bayern wieder für Unruhe sorgte, reisten der Herzog und sein königlicher Halbbruder ebenfalls rasch zurück Richtung Heimat. Dort gingen die Dinge drunter und drüber, da jetzt auch der Welfe Heinrich der Löwe und der Pfalzgraf Otto von Wittelsbach Ansprüche auf Bayern erhoben. Zwar konnten die Wittelsbacher rasch niedergekämpft werden, aber die Welfen erwiesen sich als viel hartnäckiger. Als König Konrad III. 1152 in Bamberg starb, als er gerade nach Rom reisen wollte, um sich zum Kaiser krönen zu lassen, wurden die Probleme für Herzog Heinrich II. auch nicht geringer. Der neue König hieß Friedrich, wurde später wegen seines roten Bartes berühmt und stammte aus dem Hause der Staufer. Friedrich I. wollte das leidige Problem zwischen Welfen und Babenbergern endlich aus der Welt haben. Bei einem von ihm für Oktober 1152 anberaumten Reichstag in Würzburg erschien Herzog Heinrich II., dem Übles schwante, einfach nicht. Schließlich besann er sich jedoch und ritt im Juni 1153 zum Reichstag nach Worms. Von nun an begannen Verhandlungen zur Lösung des Problems, die sich lange hinzogen.

Am Reichstag in Goslar, der im Juni 1154 stattfand, wurde der Babenberger des Herzogtums Bayern für verlustig erklärt und dieses Heinrich dem Löwen zuerkannt. Doch sollte Heinrich II. Jasomirgott noch einige Zeit im faktischen Besitz des Herzogtums bleiben, und er nannte sich auch trotzig weiterhin Herzog von Bayern. Immerhin hatte er in dem Herzogtum noch viele Anhänger, die sich von den Welfen nichts Gutes erwarteten. Heinrich Jasomirgott boykottierte auch die Romfahrt des Stauferkönigs, um seinen Unwillen zu zeigen. Weitere Verhandlungen am Reichstag von Regensburg im September 1156 brachten schließlich eine Lösung, mit der alle Beteiligten einigermaßen leben konnten. In einer Zeremonie übergab Herzog Heinrich die sieben Fahnen, die das ganze Herzogtum Bayern umfassten, an Heinrich den Löwen, der ihm zwei zurückgab, welche die Mark Österreich und drei dazugehörige Grafschaften symbolisierten. Anschließend verkündete Wladislaw von Böhmen im Namen aller Reichsfürsten, dass von nun an Österreich mit den Grafschaften zu einem Herzogtum geworden sei. Das neue Herzogtum erhielt auch wohl zur Beruhigung des Gemüts des Babenbergers einige für ein Reichsterritorium sehr ungewöhnliche Vorrechte, die ihm ein großes Maß an Unabhängigkeit garantierten. Die darüber ausgestellte Urkunde wurde später »Privilegium minus« genannt, um es vom von Rudolf IV. gefälschten »Privilegium maius« zu unterscheiden. Die wichtigsten dieser Vorrechte waren, dass die männlichen und weiblichen Nachkommen der Babenberger das Herzogtum erbrechtlich vom Reich innehatten. Sie konnten sogar im Falle der Kinderlosigkeit einen Nachfolger ernennen. Es sollte keine fremde Gerichtsbarkeit im Herzogtum Österreich geben und der Herzog im Gegensatz zu den anderen Fürsten nur die Pflicht haben, Hof- und Reichstage auf bayerischen Boden zu besuchen und an Feldzügen in die an Österreich angrenzenden Länder teilzunehmen. Das war eigentlich gewaltig viel an Zugeständnissen und hob die Fürsten des neuen kleinen Herzogtums eigentlich über ihre Standesgenossen hinaus. Es kam in der Folge bald zu Streitereien wegen dieser Vorrechte, da die Bischöfe von Freising und Passau ihre Rechte in den zu ihren Bistümern gehörigen österreichischen Gebieten in Gefahr sahen. Dieser Streit sollte sich noch viele Jahre lang hinziehen und einige Vermittlungsversuche zum Beispiel des Erzbischofs von Salzburg überdauern.

In Österreich hatte Heinrich II. bereits 1145 Wien zu seiner Residenz in der Markgrafschaft ernannt. Die Stadt, die damals einen bedeutenden Aufschwung erlebte, behagte ihm mehr als die trutzige Burg seines Vaters in Klosterneuburg. Es ist deshalb auch kein Zufall, dass der Herzog und Markgraf 1155 ganz in der Nähe seiner Wiener Residenz ein Kloster für irische Mönche einrichtete, das man später Schottenkloster nannte. An der Außenwand der Klosterkirche findet man heute eine sehr verklärte Darstellung Heinrichs II. So wie Leopold III. hatte er nun auch ein von ihm gegründetes Kloster in der unmittelbaren Nachbarschaft.

1158 machte Heinrich Jasomirgott einen Kriegszug des Kaisers nach Italien mit und belagerte Mailand. Nach dem Fall der Stadt kehrte der Herzog nach Österreich zurück. 1162 kämpfte Heinrich Jasomirgott erneut gemeinsam mit dem Kaiser in Italien. Er verhielt sich während des Schismas soweit wie möglich neutral, leistete dem Kaiser 1165 in Wien einen Eid auf dessen gegen den Papst gerichtete Beschlüsse, versuchte aber auch, zwischen Barbarossa und dem Klerus zu vermitteln. Als Friedrich Barbarossa von ihm forderte, seinen eigenen Bruder, der seit 1164 Erzbischof von Salzburg war, zu bekriegen, verweigerte Heinrich Jasomirgott diesen Dienst. 1167 machte er gemeinsam mit dem Pfalzgrafen Otto von Wittelsbach im kaiserlichen Auftrag eine Reise nach Konstantinopel, um diplomatische Fragen zu klären. Doch ab 1168 verschlechterte sich Herzog Heinrichs II. Verhältnis zum Kaiser, als Heinrichs Neffe von der kaiserfeindlichen Partei zum Erzbischof von Salzburg erhoben wurde. Doch auch hier versuchte Heinrich Jasomirgott, zu beruhigen und sich von keiner Seite vereinnahmen zu lassen.

Als es jedoch dem Kaiser gelang, seinen Neffen 1174 wieder absetzen zu lassen, erhob der Herzog massiven Protest gegen diese Entscheidung und boykottierte dann zum zweiten Mal einen Italienzug des Kaisers, der kurz darauf stattfand. Friedrich Barbarossa war darüber so verärgert, dass er den Böhmenherzog Sobieslaw zum Krieg gegen den Babenberger ermutigte. Dieser nahm die Gelegenheit wegen alter Grenzstreitereien gerne wahr, und die Kämpfe begannen 1175, wozu noch Kämpfe mit dem Ungarnkönig Béla III. und dem steirischen Markgrafen Ottokar kamen. Heinrich Jasomirgott sah sich plötzlich einer Vielzahl von Feinden gegenüber, denen er zahlenmäßig wenig entgegensetzen konnte. Er musste das Marchfeld aufgeben und der Verwüstung überlassen und verschanzte sich jenseits der Donau. Ein Versuch, seinen alten Feind Heinrich dem Löwen um Hilfe zu ersuchen, erwies sich für Heinrich Jasomirgott als Fehlschlag. Nachdem sich das böhmische Heer zurückgezogen hatte, unternahmen die Söhne des Herzogs einen Gegenschlag nach Mähren, der wieder einen Rachefeldzug des böhmischen Herrschers zur Folge hatte.

Diese ziemlich sinnlosen Gewalt- und Verwüstungsorgien müssen dem alternden Herzog doch ziemlich zugesetzt haben. Obwohl er auch nicht mehr besonders gesund war, starb er jedoch keines natürlichen Todes. So wie sein Vater Leopold III. wurde auch Herzog Heinrich II. Opfer eines Unfalls, an dem er schließlich verstarb. Als er Ende November 1176 bei Melk eine wohl ziemlich morsche Holzbrücke überqueren wollte, brach sein Pferd ein und stürzte. Der Herzog erlitt vermutlich einen offenen Schenkelhalsbruch und siechte noch einige Wochen vor sich hin, eher am 13. Januar 1177 in Wien starb. Wunschgemäß wurde er in seinem Lieblingskloster bei den »Schotten« beigesetzt. Das Grab Heinrich Jasomigotts geriet allerdings in Vergessenheit und konnte später nicht mehr gefunden werden.

Die Bezeichnung »Jasomirgott« kam für Heinrich II. im 13. Jahrhundert auf und hatte damals die Form »Jochsamergott«. Obwohl die genaue Bedeutung unklar ist, wird sie meistens aus dem Mittelhochdeutschen abgeleitet und mit der Schwurformel »so wahr mit Gott helfe« erklärt. Herzog Heinrich Jasomirgott hatte mit seiner zweiten Gemahlin eine Tochter (Agnes), die in erster Ehe den König von Ungarn und in zweiter Ehe einen Kärntner Herzog heiratete, sowie zwei Söhne, von denen Leopold V. Herzog von Österreich und der Steiermark wurde, während Heinrich den Titel eines Herzogs von Mödling erhielt.

Herzog Leopold V.
»Der Tugendreiche«   (1157–1194)

»Bei keinem Ereignis aus der Geschichte der Dynastie lässt sich der Horizont der ›Welt der Babenberger‹ so weit fassen: Von England und Frankreich über Sizilien bis Zypern und Palästina.«
(Vacha 1995, S. 188)

Leopold V. kam 1157 oder 1158 als Sohn Heinrichs II. Jasomirgotts und der byzantinischen Kaisernichte Theodora Komnena zur Welt. Wie üblich gibt es keine glaubhaften Berichte über seine Kindheit, er dürfte aber gemäß seines Standes in ausreichender Weise erzogen worden sein. Heinrich Jasomirgott hielt anscheinend einiges von den Fähigkeiten seines Sohnes und organisierte bereits 1174 dessen Belehnung mit dem Herzogtum Österreich. Als sein Vater 1177 starb, übernahm Leopold ohne Thronstreitigkeiten das Herzogtum. Sein Bruder Heinrich wurde mit Mödling und einigen Besitzungen abgefunden, die nördlich der Donau lagen, durfte aber ebenfalls den Herzogstitel tragen. Heinrich war als Persönlichkeit nicht unbedeutend, galt als sehr angesehen und trat auch als Förderer von Minnesängern wie Walther von der Vogelweide in Erscheinung. Die von ihm gegründete Nebenlinie der Babenberger war aber sehr kurzlebig.

Herzog Leopold V. trat vorerst vollständig in die Fußstapfen seines Vaters und führte auch dessen Krieg mit den Böhmen weiter. Das Jahr 1178 brachte einen wechselhaften Kriegsverlauf, der auch durch die inneren Wirren in Böhmen und Mähren bestimmt war. Einer der Hauptgründe für die Auseinandersetzungen mit den böhmisch-mährischen Nachbarn war schon lange der unklare Grenzverlauf, der sich durch die mittelalterliche Besiedelungspolitik und das Bevölkerungswachstum ergeben hatte. Wo früher Wälder die Machtbereiche voneinander getrennt hatten, befanden

sich nun dicht besiedelte Gebiete der beiden Völker, die aneinanderstießen. Der Kaiser hatte kein Interesse, dass sich die
Auseinandersetzungen endlos hinzogen, und initiierte im
Juni 1179 am Hoftag von Eger einen Fürstenspruch, der die
beiden Streitparteien zum Frieden und zu einer Einigung in
der Grenzfrage aufforderte. Nach zwei Jahren der Kämpfe
kam es somit letztlich zum Frieden, in dem der Grenzverlauf zwischen Österreich und Böhmen so festgelegt wurde,
wie er sich auch größtenteils heute noch darbietet.

Herzog Leopold V. hatte bereits 1177 die Tochter des ungarischen Königs Géza II., Ilona (oder Helene), geheiratet,
mit der er zwei Söhne haben sollte, die ihm beide nacheinander ins herzogliche Amt folgten: Friedrich I. und Leopold VI.
Herzogin Ilona, die wie so oft als fromm beschrieben wird,
sollte ihren Gatten schließlich um fünf Jahre überleben.

Der Babenberger kümmerte sich mehr als sein Vater um
die Klöster in seinem Herzogtum. Heiligenkreuz sollte nun
der einzige Begräbnisort für die Babenberger werden. Herzog Leopold V. betrachtete die Klöster genauso wie einst
sein Großvater Leopold III. als Machtbasis und wichtigsten
Wirtschaftsfaktor seines Territoriums. Er beteiligte sich auch
am Prozess, den Friedrich Barbarossa gegen Heinrich den
Löwen führte. Wenn er sich Hoffnungen auf größere Teile
der »Erbmasse« des schließlich abgesetzten Welfen-Fürsten
gemacht hatte, so wurde er aber enttäuscht und ging fast leer
aus. Nur das westliche Mühlviertel geriet in seinen Besitz.
Mit der Neuvergabe Bayerns entstand nun auch ein neues
Herzogtum, da die Steiermark von Bayern abgespalten und
zu einem eigenen Herzogtum aufgewertet wurde. Um die
Erbfolge zu sichern, ließ Leopold V. beim Hoftag in Erfurt
im Jahre 1181 seinen erst sechs Jahre alten Sohn Friedrich
mit Österreich belehnen.

Es drängte den Herzog bereits seit seinem erfolgreichen
Abschluss der Auseinandersetzung mit den Böhmen danach, das Heilige Land zu bereisen. Er unternahm schließlich
1182 eine Pilgerreise nach Jerusalem und besuchte am Weg
dorthin auch in Konstantinopel den byzantinischen Kaiser
Alexios II. Komnenos. Aus Jerusalem brachte Leopold V. ein

32

angebliches Stück des Kreuzes von Christus mit, das er nach seiner Rückkehr dem Kloster Heiligenkreuz schenkte. 1183 befand sich der Babenberger im Gefolge von Kaiser Friedrich Barbarossa bei dessen Italienaufenthalt, bei dem dieser wieder versuchte, Ordnung in sein problematisches Verhältnis mit den oberitalienischen Städten zu bringen. 1184 nahm Leopold V. auch am sogenannten Pfingstfest in Mainz teil, bei dem der Kaiser sich glänzend selbst inszenierte und die beiden Prinzen Heinrich und Friedrich die Schwertleite erhalten sollten. Es war dies eines der bedeutendsten Feste des deutschen Mittelalters. Leopold V. soll mit insgesamt 500 gut ausgerüsteten Rittern dort erschienen sein, und er war einer der bei dieser Gelegenheit meist erwähnten Fürsten.

Leopold erwies sich weiterhin als treuer Gefolgsmann des bereits in die Jahre gekommenen Kaisers Friedrich I. Barbarossa und nahm auch an dessen sechsten Italienzug im Jahre 1185 teil. Was sein Territorium betraf, so konnte der Babenberger dieses vergrößern, da einige hochadelige Geschlechter ausstarben und er ihre Güter einzog. Unter seiner Herrschaft gingen auch die großen Rodungsarbeiten weiter, die Österreich immer mehr von einer Wald- in eine Kulturlandschaft verwandelten. Auch das vergrößerte den Machtbereich des Herrschers immer weiter. Seine größte Gebietserweiterung mit enormen Auswirkungen auf die Zukunft der österreichischen Länder sollte Leopold V. allerdings einem anderen Umstand verdanken.

Die »Georgenberger Handfeste« vom 17. August 1186 wird für eines der wichtigsten Dokumente der österreichischen Geschichte gehalten. Sie ist eine von zwei Urkunden, die an jenem Tag auf dem Georgenberg bei Enns ausgefertigt wurden. Darin wurde festgehalten, was Ottokar IV., der Herzog der Steiermark, und Herzog Leopold V. vereinbart hatten. Ottokar IV. würde sein Herzogtum an den Babenberger und dessen Sohn Friedrich vererben, unter der Bedingung, dass Österreich und die Steiermark für immer ungeteilt bleiben müssten. In der zweiten Urkunde, der »kleinen Georgenberger Urkunde« wurde festgelegt, dass die schriftlich fixierten Rechte des steirischen Adels nicht angetastet werden durften. Auch die Rechte der städtischen Bürger wurden neben Fragen der Gerichtsbarkeit und des Erbrechts fixiert, was diese Urkunde fast in den Rang eines Gesetzbuches erhebt. Das Gebiet des steirischen Herzogtums umfasste zu jener Zeit nicht nur das heutige Bundesland Steiermark, sondern auch Teile des heutigen Sloweniens, Oberösterreichs und Niederösterreichs. Grund für die Entscheidung Herzog Ottokars IV., sein Territorium den Babenbergern zu vererben, war seine persönliche Lebenstragik. Der noch sehr junge, aber kinderlose und unheilbar kranke Herzog, der vermutlich an der im Mittelalter so gefürchteten und unheilbaren Lepra litt, wollte sein Territorium bei seinem Tod geregelt und ohne große Konflikte an ein für ihn vertrauenswürdiges und starkes Fürstengeschlecht übergeben. Böse Stimmen behaupteten bereits kurze Zeit später und auch danach immer wieder, dass die Babenberger dem kranken Herzog sein Lehen einfach abgekauft hätten. Sowohl Kaiser Friedrich Barbarossa als auch später sein Sohn Heinrich VI. legten dem Erbvertrag keine Hindernisse in den Weg, obwohl sie im Todesfall Ottokars IV. auch die Steiermark als erledigtes Reichslehen hätten einziehen können. Das hing sicherlich mit der guten Reputation und der Kaisertreue der Babenberger zusammen.

Deshalb wurden nach dem Erbfall von 1192 die Steiermark und zentrale Teile des heutigen Oberösterreichs ohne große Probleme mit dem Herzogtum Österreich verbunden. Damit war ein wichtiger Schritt zur Schaffung des österreichischen Länderkomplexes getan. Die »Georgenberger Handfeste« hatte in den habsburgischen Erbländern bis 1848 eine Art von Verfassungsrang, obwohl man sich vonseiten der Babenberger und später der Habsburger nicht immer genau daran hielt. Mit diesem großen territorialen Zugewinn stellte Leopold V. natürlich alle anderen Babenberger-Fürsten in den Schatten, die allenfalls weitaus kleinere Gebietszuwächse vorzuweisen hatten. Leopold V. nannte nun zwei Herzogtümer sein Eigen, was im Reich eine Seltenheit war.

Der Zusammenbruch des Königreichs Jerusalem nach der Schlacht bei Hattin am 4. Juli 1187 und die Besetzung Jerusalems durch Sultan Saladin führten zu einem großen Schock in den christlichen Staaten, und der Ruf nach einem neuen Kreuzzug wurde laut. Friedrich Barbarossa entschied sich 1188 trotz seiner 65 Jahre dazu, das Kreuz zu nehmen. Man wollte alles daransetzen, dass dieser Kreuzzug keine Katastrophe wie der bereits erwähnte Zweite Kreuzzug wurde, an dem auch Herzog Heinrich Jasomirgott teilgenommen hatte. Leopold V. entschloss sich auch dazu, an dem Unternehmen teilzunehmen. Um die Ängste der Byzantiner vor dem Durchmarsch des Kreuzzugheeres durch ihr Territorium zu beschwichtigen, kommandierte der Kaiser drei der wichtigsten Männer seines Reiches dazu ab, einen Sicherheitseid zu schwören. Einer davon war Herzog Leopold V., was auch auf seine Wichtigkeit hinweist.

Doch Leopold V. konnte vorerst nicht mit gegen die »Heiden« ziehen, da der ungarische König Béla III. sein Gebiet bedrohte. Während der Kaiser also mit dem Hauptheer loszog, musste der Babenberger seine Grenze bewachen. Zwischendurch bewirtete er auch den durchziehenden Kaiser und dessen zahlreiche Truppen in Wien, was ein nicht geringes logistisches Problem darstellte. Dann zog der Kaiser mit seinen Gotteskriegern weiter einem ungewissen Schicksal entgegen. Leopold V. erhielt gegen Ende 1189 Nachrichten über die großen Schwierigkeiten, welche die Kreuzfahrer zu bewältigen hatten. Bereits auf den Weg über den Balkan war das Kreuzfahrerheer in ständige Kämpfe verwickelt, und die Byzantiner erwiesen sich trotz gegenteiliger Zusagen als sehr feindselig. Leopold V. erfuhr zudem, dass ihn Friedrich Barbarossa nun erwartete. Doch plötzlich verlangte auch der Sohn des Kaisers, König Heinrich VI., die Hilfe des Babenbergers in Süditalien, wo er in Kämpfe verstrickt war. Um seinem Bruder zu helfen, sprang nun Herzog Heinrich von Mödling ein und zog mit seinen Rittern nach Italien.

Leopold V. hatte sich inzwischen mit dem Ungarnkönig verglichen und zog nach Venedig, wo er sich vor seiner Einschiffung einige Zeit aufhalten musste. Hier erhielt der Herzog auch Nachricht vom Tod des Kaisers, der in Kleinasien ertrunken war. Der Babenberger wollte dennoch seine Reise fortsetzen, aber die Venezianer hatten Angst davor, diese im Spätherbst anzutreten und brachten ihn nur bis nach Zara in Dalmatien. Leopold V. musste hier mit seinem Gefolge überwintern und konnte erst im April 1191 vor Akkon eintreffen. Die Stadt wurde von den Kreuzfahrern schon länger belagert, und der Herzog fand von den deutschen Truppen nur mehr kleinere Kontingente vor. Die meisten deutschen Ritter waren an Krankheiten gestorben, gefallen oder einfach heimgekehrt. Das große Wort führten jetzt die Könige Englands und Frankreichs, was Leopold V. erboste. Da er selber nur mit einem kleinen Kontingent erschienen war, was er später sehr bereut haben soll, konnte er sich auch schwer durchsetzen. König Richard I. Löwenherz tat inzwischen alles, um den französischen König Philipp II. zu deklassieren.

Die Stadt sollte jetzt nach zwei Jahren Belagerung endlich fallen, aber die heftigen Sturmangriffe brachten kein Ergebnis. Letztlich kapitulierte Akkon aber wegen der Aussichtslosigkeit der Lage am 12. Juli 1191, und Richard Löwenherz ließ trotz der Zusicherung des freien Abzugs an Tausenden von Gefangenen ein Massaker anrichten. Entgegen der Legende, nach der Herzog Leopold V. heftigst in Akkon gekämpft und sich sehr ausgezeichnet hat, gab es dazu einfach keine Gelegenheit. Zu Akkon gehört auch die Bindenschild-Geschichte, nach der die rot-weiß-roten Farben dem Herzog nach der Schlacht von Akkon verliehen wurden. Stattdessen wurden er und die deutschen Ritter von den Engländern und Franzosen brüskiert, als es um die Verteilung der Beute ging. Es kam zum Eklat, und der englische König ließ angeblich das österreichische Banner herunterreißen. Der Legende nach war es an einem Turm angebracht, den Leopold V. erobert hatte. Das Abreißen des Banners war wohl auch die endgültige Verneinung seines Anspruchs auf Beute. Die deutschen Ritter und auch einige Italiener, die ebenfalls leer ausgehen sollten, waren jetzt nahe daran, ihre englischen und französischen Genossen anzugreifen, doch sprach das Zahlenverhältnis wohl ziemlich dagegen. Leopold V. verließ bald nach dem Vorfall den Ort des Geschehens und machte sich verbittert auf die Heimreise. Er scheint Österreich noch vor Ende 1191 erreicht zu haben.

König Richard Löwenherz führte noch ein weiteres Jahr ziemlich konzeptlos und verlustreich Krieg gegen Sultan Saladin, ehe er sich an die Rückreise machte, ohne etwas Wesentliches erreicht zu haben. Für den großspurigen und völlig undiplomatischen Engländer wurde die Rückkehr aber ein Problem, da sich der neue Kaiser Heinrich VI., der französische König und Richards eigener Bruder Johann gegen ihn stellten. Richard Löwenherz entschied sich dazu, die Heimreise als Pilger getarnt nur mit kleinem Gefolge durchzuführen. Wegen eines drohenden Schiffsbruchs musste der Engländer mit seinen Leuten in der Nähe Venedigs an Land gehen und wollte sich nun auf dem Landweg nach Sachsen zu seinem Schwager Heinrich dem Löwen durchschlagen. Doch die Engländer konnten das Inkognito nicht lange wahren und wurden schon bei Görz angegriffen, wobei König Richard einen Teil seiner Begleiter verlor. Auch in Kärnten wurde der König erkannt und attackiert, konnte sich aber im letzten Moment mit drei Gefolgsleuten retten. Am 21. Dezember 1192 wurde Richard Löwenherz schließlich in Erdberg bei Wien erneut erkannt und gefangen genommen. Rund um diese Enttarnung und Gefangennahme gibt es wieder eine Vielzahl von Legenden, die einander in vielen Bereichen widersprechen.

Leopold V. hat den gefangenen König sicher seiner Stellung gemäß behandelt und hielt ihn in ritterlicher Haft. Natürlich wurde der Kaiser benachrichtigt, und dieser verständigte den französischen König. Anfang Januar 1193 erschien Leopold V. mit seinem Gefangenen am Hoftag von Regensburg. Hier wurde König Richard mit den vielen Verfehlungen konfrontiert, die man ihm anlastete. Leopold V. nahm ihn schließlich wieder mit, da er sich mit dem Kaiser wegen des Lösegeldes nicht einigen konnte. Der österreichische Herzog war nun im Blickpunkt aller Fürsten Europas, und der französische König wollte ihm seinen Feind Richard gerne auch abnehmen. Am 14. Februar 1193 traf sich der Babenberger erneut mit dem Kaiser in Würzburg, und gemeinsam formulierten sie einen Vertrag, der die Grundlage für die Freilassung des Engländers sein sollte. Von dem verlangten sehr hohen Lösegeld sollte Leopold V. die Hälfte und noch weitere Geldleistungen erhalten. Richard Löwenherz sollte sich auch verpflichten müssen, eine Exkommunikation Leopolds V. beim Papst zu verhindern und dem Kaiser Schiffe und Truppen zur Verfügung stellen.

Der Herzog übergab in der Karwoche 1193 in Speyer seinen Gefangenen, und König Richard musste danach noch 10 Monate auf der Burg Trifels verbringen. Während dieser Zeit wurde hektisch weiterverhandelt. Am 29. Juni 1193 kam es in Worms zu einem endgültigen Vertrag, und Richard Löwenherz konnte am 4. Februar 1194 seine Freiheit wiedererlangen. Dem Herzog stand nun eine gewaltige Summe von etwa 100000 Mark in Silber, was ungefähr 23,3 Tonnen entspricht, ins Haus. Letztlich dürfte er davon 70000 Mark Silber wirklich erhalten haben, was immer noch für jene Zeit enorm viel Geld darstellte. Interessanterweise hatte sich Leopold V. dem Engländer am Ende von dessen Gefangenschaft für künftige Kämpfe gegen Frankreich zur Verfügung gestellt – gegen bare Münze versteht sich. Richard Löwenherz schreckte später dann auch nicht davor zurück, beim Papst eine Exkommunikation und ein Interdikt gegen Leopold V. zu erwirken, ganz gegen seine Versprechungen. Immerhin hatte der Herzog ja einen Kreuzzugteilnehmer gefangen genommen, was ein schweres kirchenrechtliches Delikt darstellte. Doch der Papst blieb lange unentschlossen und entschied sich erst gegen Ende 1194 zu dem drastischen Schritt, allerdings mit der Auflage, dass sich der Herzog durch Rückgabe der Geiseln und des geraubten Geldes davon wieder befreien könnte. Da die englischen Zahlungen recht schleppend liefen, drohte der Babenberger auch damit, eine der prominenten Geiseln, die ihm gestellt worden waren, umbringen zu lassen. Leopold V. ging durch alle diese Dinge als großer und gefährlicher Bösewicht in die englische Geschichte ein. Die erhaltenen großen Geldsummen wurden schließlich für einige ehrgeizige Projekte verwendet. So ließ der Herzog eine Münzstätte in Wien gründen, baute eine neue und erweiterte Stadtmauer in Wien und ließ die geplanten Städte Wiener Neustadt und Friedberg gründen. Außerdem erhielt auch die Stadt Hainburg eine neue Mauer, und einige wichtige Straßen wurden neu gebaut.

Leopold V. sollte sich seines Triumphes über jenen Mann, der ihn gedemütigt hatte, und seines reichen Geldsegens nicht lange erfreuen, denn schon bald ereilte ihn ein typisches Babenberger-Schicksal – ein unnatürliches Ende. Am 26. Dezember 1194 übertrieb es der Herzog wohl etwas mit seinen Reitkünsten, und sein Pferd kam auf dem eisigen Untergrund zu Sturz. Da er unter dem Tier zu liegen kam, zog er sich einen offenen Bruch des Schienbeins kurz oberhalb des Knöchels zu. Wie zu befürchten, zog sich Leopold V. auch eine Wundinfektion zu, und das Bein wurde schwarz. Die berüchtigten Ärzte jener Zeit rieten zur sofortigen Amputation, doch wollte niemand diese vornehmen. Also nahm Leopold V. die Sache selbst in die Hand und amputierte sich das Bein mithilfe eines Bedienten selbst. Doch das rettete ihn nicht, da die Infektion wohl zu weit fortgeschritten war. Leopold V. wollte sich vor seinem Tod vom Kirchenbann lösen und versprach Geiseln und Geld zurückzugeben. Der Erzbischof von Salzburg erlöste ihn daraufhin vom Bann, und der Herzog entschied zuletzt noch, dass seine Söhne jeweils eines der beiden Herzogtümer bekommen sollten. Damit wurden die Bestimmungen der Georgenberger Handfeste nur wenige Jahre nach ihrem Zustandekommen bereits gebrochen. Am 31. Dezember 1194 starb Leopold V. einen qualvollen Tod und wurde seinem Wunsch gemäß in Heiligenkreuz beigesetzt. Seine Söhne ließen nun auch die letzten englischen Geiseln frei, gaben ihnen aber den noch vorhandenen Teil des Lösegeldes nicht mit, weil dieses angeblich zu gefährlich gewesen wäre.

Auch wenn dieser Fürst in erster Linie durch die Gefangennahme von Richard Löwenherz in die Geschichte eingegangen ist, so hat seine Person doch einiges mehr zu bieten. Leopold V. war sicherlich einer der bedeutendsten Vertreter seines Geschlechts.

Herzog Leopold VI.
»Der Glorreiche« (1176–1230)

»Seine Regierungszeit sollte die glanzvollste Zeit des Landes unter babenbergischer Herrschaft werden.« (Fritz Eheim, in: Hantsch 1962, S. 53)

Wie meistens bei den Babenbergern weiß man den genauen Tag seiner Geburt nicht, Leopold VI. wurde jedenfalls im Jahr 1176 geboren, was bedeutet, dass er die Nachfolge seines Vaters mit etwa 18 Jahren angetreten haben muss. Leopold V. hatte eine gewisse Sorgfalt für die Erziehung seiner Söhne verwendet, und der Nachwelt ist auch einer der Lehrer des künftigen Leopolds VI. überliefert. Es war Ulrich, der Bischof von Passau, dem man eine gewisse Weisheit nachsagte. Diese dürfte sich dann auf den jungen Babenberger übertragen haben, wie die weitere Entwicklung zeigen sollte.

Obwohl die »Georgenberger Handfeste« die Unteilbarkeit des Landes vorsah, wurde nach dem Tod Leopolds V. gleich der Herrschaftsbereich geteilt. Leopolds Bruder Friedrich I. bekam das heutige Nieder- und Oberösterreich, während Leopold die Steiermark erhielt. Er hatte als der Jüngere die schwächere Hälfte erhalten, doch das Schicksal wollte es, dass sein Bruder Friedrich I. bereits nach vier Jahren ziemlich überraschend starb. Dieser war ins Heilige Land gezogen, das schon seinen Vorgängern nicht gerade Glück gebracht hatte. Friedrich I. starb dort auch nach recht kurzer Zeit an einer Krankheit. Somit konnte Leopold VI. die Steiermark und Österreich wieder in einer Hand vereinigen.

Da er von Konflikten mit seinen Nachbarn verschont bleiben sollte, konnte sich Leopold VI. auch intensiver mit der Reichspolitik beschäftigen. Dabei setzte er auf Ausgleich und Mäßigung und wollte den inneren Frieden erhalten. Nach dem Tod Kaiser Heinrichs VI. ergriff der Babenberger

Partei für den Staufer Philipp von Schwaben und hielt diesem bis zu dessen frühem und gewaltsamem Tod die Treue. Da er es aber vermied, zu stark antipäpstlich aufzutreten, wurde Leopold VI. letztlich sowohl vom Papst als auch vom König als Vertrauensmann akzeptiert. Als nach dem Ende Philipps der Welfe Otto IV. als König anerkannt wurde, ging der Babenberger in dessen Lager über. Das war bei ihm aber keine Herzensangelegenheit, denn als sich der Staufer Friedrich II. immer mehr bemerkbar machte, wechselte der Herzog rasch die Fronten und wurde einer der ersten Anhänger des »Mannes aus Apulien«. Er sollte Friedrich II. dann bis zu seinem Tod die Treue halten, ohne es sich jemals gänzlich mit den Päpsten zu verderben, was ein ziemliches diplomatisches Kunststück darstellte.

Der junge Herzog legte sich wie sein Vater ebenfalls mit dem englischen König Richard Löwenherz an, als er Ansprüche auf die Insel Zypern erhob, die unter die Herrschaft des Engländers geraten war. Der Babenberger berief sich bei seinen Forderungen auf seine Verwandtschaft mütterlicherseits mit Isaak Komnenos, den letzten griechischen Herrscher der Insel. Doch König Richard machte Leopold einen Strich durch die Rechnung, indem er Zypern rasch an Guido von Lusignan verkaufte.

Leopold VI. dürfte der einzige Babenberger gewesen sein, der gleich an zwei Kreuzzügen teilnahm, die allerdings beide etwas fragwürdige Unternehmungen waren. Im sogenannten »Albigenserkreuzzug« ging es 1212 um die Ausrottung der katharischen »Ketzer«. Der Herzog kam etwas zu spät nach Südfrankreich, als die größten Massaker bereits vorüber waren. Deshalb setzte er das Unternehmen in Spanien fort, um wenigstens einige Mauren abzumurksen. Leider hielten sich aber auch hier seine Erfolge in Grenzen, da die Konkurrenz schon vor ihm gewütet hatte.

Der Kreuzzug von 1217 bis 1219, an dem sich Leopold VI. an der Seite von König Andreas II. von Ungarn beteiligte, endete in Palästina ohne wirklich positives Ergebnis. Daraufhin suchten sich die Kreuzfahrer ein leichteres »Opfer« und griffen Ägypten an. Dabei gelang zumindest die Eroberung der Stadt Damiette im Nildelta, die nach einer recht langen Belagerung schließlich fiel. Leopold V. zeigte dabei große Tapferkeit und Unerschrockenheit. Er kehrte allerdings schon kurz vor dem Fall der Stadt in seine Herzogtümer zurück. Hier machte er sich daran, die Kreuzzugidee mit eher friedlichen Mitteln fortzusetzen und unterstützte die Klöster und Stifte in seinen Ländern. Dabei war er in einer Weise großzügig mit Schenkungen von Grund und Boden, die schon an seinen Vorfahren Markgraf Leopold III. erinnerte.

In alter Babenberger-Tradition war Leopold VI. auch ein großer Klostergründer. Die bekannteste dieser Gründungen ist wohl Stift Lilienfeld im Traisental. Dieses sollte auch der Begräbnisort des Herzogs werden. Kirchenpolitisch war Leopold VI. auch sonst sehr rege und am Puls seiner Zeit. So begünstigte er die damals als sehr modern geltenden Bettelorden der Franziskaner und Dominikaner. Dem gegenüber steht der Umstand, dass sich Leopold VI. auch als erster Babenberger als regelrechter Ketzerverfolger betätigte. Im Jahre 1210 kam es zur ersten mehrfach belegten Verfolgung der »Ketzer« in Österreich. Dabei ging der an sich als milde bekannte Herzog äußerst erbarmungslos vor, und ein Zeitgenosse nannte ihn »herr von Osterriche, der die Keczer sieden kann«. (Hantsch 1962, S. 56) Bereits zuvor hatte sich der Babenberger in seiner Korrespondenz mit dem Papst über die »Pest ketzerischer Verderbtheit« beklagt, die sich in seinen Territorien breitmache. Womit wohl auch ganz besonders der Einfluss der Katharer gemeint war. Leopold VI. forderte wie viele österreichische Regenten vor und nach ihm die Einrichtung eines zweiten Bistums neben Passau, das damals das größte im ganzen Reich war. Doch es sollte noch mehr als 200 Jahre dauern, bis es wirklich zu einem eigenen österreichischen Bistum kam.

Leopold VI. hatte relativ große finanzielle und materielle Ressourcen zur Verfügung, die er für den inneren Landesausbau einsetzen konnte. So setzte er vieles fort, was sein Vater vor allem mit dem Geld für die Freilassung von Richard Löwenherz begonnen hatte. Auch als Stadtgründer war der Babenberger tätig, wobei er unter anderem Freistadt etwa um 1220 gründete. Bei der Verleihung von Stadtrechten erwies er sich ebenfalls als recht großzügig, und so erhielt Enns 1212 und Wien 1221 ein solches. Die Stadt Wien wurde unter Leopolds VI. Herrschaft bedeutend erweitert und konnte ihr Stadtgebiet mehr als verdoppeln. Zudem zeigte der Babenberger sich einer architektonischen Neuerung seiner Zeit gegenüber sehr aufgeschlossen. Somit erreichte die Gotik unter seiner Herrschaft auch Österreich. Die »Capella Speciosa« in Klosterneuburg, das Leopold auch immer wieder als Residenz diente, gilt heute als das erste sakrale Bauwerk mit gotischem Einfluss in der Region. Einige Bestandteile des heute nicht mehr existierenden Objekts kann man noch in der Kapelle der Franzensburg im Laxenburger Schlosspark bewundern.

Die Herrschaft Leopolds VI. gilt allgemein als der Höhepunkt der Herrschaft der Babenberger in Österreich. Der Herzog galt als angesehener und mächtiger Fürst, dem man sogar eine byzantinische Prinzessin zur Frau gab. Er heiratete Theodora Angeloi, die Tochter des byzantinischen Kaisers Isaak II. 1203, wodurch viel an griechischer Lebensart und Kultur am Wiener Hof Einzug hielt. Angeblich geht sogar das Kinderlied »Heia popeia« auf die Herzogin zurück. In Hainburg kann man heute noch die Reste des »Wohnhauses der Herzogin-Witwe Theodora« bewundern.

Dass er am Ende seines Lebens noch zwischen dem Papst und Kaiser Friedrich II. vermitteln durfte, zeigt zusätzlich die Bedeutung Leopolds VI. Kulturell war am Hof des Babenberger-Herzogs auch einiges los. Bedeutende Minnesänger wie Walther von der Vogelweide, Ulrich von Liechtenstein und Neidhart von Reuental gaben hier ihre Darbietungen, und mit großer Wahrscheinlichkeit wurde auch das Nibelungenlied am herzoglichen Hof niedergeschrieben.

Unter der Herrschaft Leopolds VI. war 32 Jahre lang kein Feind ins Land gekommen. Eine derartig lange relative Friedensperiode sollte für lange Zeit unerreicht bleiben. Dabei waren natürlich die ungarischen inneren Verhältnisse hilfreich gewesen. Der ansonsten immer unsichere Nachbar war zu jener Zeit durch Thronstreitigkeiten und Adelsrivalitäten zu sehr mit sich selbst beschäftigt. Auch Bayern war geschwächt und unter der neuen Herrschaft der Wittelsbacher noch zu labil, um gefährlich werden zu können. Und im Norden hatten die Herrscher Böhmens soeben endgültig die Königskrone erhalten und waren mit sich selbst zufrieden. Außerdem vermied Leopold VI. durch seine diplomatische Politik mögliche Konflikte. Schon dadurch hat der Babenberger seinen späteren Titel »der Glorreiche« sicherlich verdient.

Das Schicksal des Herzogs wollte es aber, dass er neben sechs Töchtern nach dem frühen Tod zweier Söhne schließlich nur einen überlebenden Sohn hatte, der aus einem ganz anderen Holz als sein Vater geschnitzt war und der Dynastie ein dramatisches Ende bereiten sollte. Die wohl schlimmste Enttäuschung im Leben des Babenberger-Herzogs stellte aber wohl sein zweitältester Sohn Heinrich dar, der später »der Grausame« genannt werden sollte. Dieser übertrieben ehrgeizige und machtbesessene junge Mann wollte mit Gewalt die Nachfolge seines noch lebenden Vaters antreten. Er knüpfte 1226 ein Bündnis mit vielen unzufriedenen Adeligen und konnte die Böhmen bewegen, in Österreich einzufallen, während er selbst im Land einen Aufstand anzettelte. Damit war auch die so lange Friedensperiode unter Leopold VI. beendet. Fast schien es so, als würde der Plan des Herzogssohnes aufgehen, doch dann behielt sein Vater durch die Hilfe maßgebender Adelsgeschlechter, besonders der Kuenringer, die Oberhand. Angeblich wollte Heinrich seinen Vater sogar noch vergiften, was aber offensichtlich misslang. Der aufrührerische Sohn starb schließlich 1228, wobei nicht ganz klar ist, ob es sich dabei um einen natürlichen Tod handelte. Somit blieb nur Leopolds Sohn Friedrich, um die Nachfolge anzutreten. Er sollte dann auch das Schicksal der Babenberger besiegeln.

1230 gelang es Leopold VI. noch, über sich hinauszuwachsen und in einem geschickten diplomatischen Manöver den Kaiser und den Papst miteinander auszugleichen. Er war dazu mit großem Gefolge, das seine Stellung betonen sollte, nach Italien gereist, wo es schließlich in San Germano zu der Übereinkunft kam, die Kaiser Friedrich II. zwar kurzfristig dienlich war, aber nicht sehr lange hielt. Das Klima im italienischen Sommer dürfte Leopold VI. nicht gut getan haben. In San Germano sollte der Herzog dann auch am 28. Juli 1230 sterben. Man brachte seine Überreste nach Österreich, und er wurde im Kloster Lilienfeld beigesetzt.

Man kann Herzog Leopold VI. wohl als Realpolitiker bezeichnen, der meistens genau wusste, was er wollte und wie er seine Mittel bestens nutzen konnte. Er band die großen Adelsfamilien eng an sich und seinen Hof, und diese hielten ihm dann auch die Treue, als es beim Aufstand seines Sohnes Heinrich sehr kritisch wurde. Leopold VI. war ein großer Landesherr, und schon bald nach seinem Tod schwärmten die Menschen von der »guten alten Zeit«.

Herzog Friedrich II.
»der Streitbare« (1211–1246)

»Da er ein harter Mann war, voll Muthes in Schlachten, im
Urtheile streng und grausam, begierig Schätze zu sammeln, liess
er seine Furchtbarkeit Eingeborene und Nachbarn so fühlen, dass
er nicht nur nicht geliebt, sondern von allen gefürchtet wurde.«
(Adolf Ficker 1884, S. 135)

Nachfolger des bedeutenden und geachteten Leopold VI.
wurde dessen jüngster Sohn Friedrich, der als einziger seinen Vater überlebt hatte. Er war als fünftes Kind Leopolds
und dessen Gemahlin Theodora Angeloi wahrscheinlich
1211 zur Welt gekommen. Da es bei Friedrichs Geburt bereits ältere Brüder gab, achtete man zu Beginn wohl wenig
auf ihn, was auch ein Grund sein mag, dass sein Geburtsdatum nicht überliefert ist. Es gibt auch keine Nachrichten
über die Kindheit und Jugend des späteren Herzogs. Sehr
wahrscheinlich ließ man dem jungen Friedrich keine sorgfältige Erziehung angedeihen. Sein Vater war in den frühen
Entwicklungsjahren des jungen Babenbergers jahrelang im
Orient und später in Reichsangelegenheiten meistens ebenfalls unterwegs. Vielleicht hat Walther von der Vogelweide
in irgendeiner Form Einfluss auf den Heranwachsenden gehabt, da der Minnesänger und Friedrich sich längere Zeit
gemeinsam am Hof König Heinrichs aufhielten. Das Schicksal wollte es, dass Friedrichs ältester Bruder Leopold bereits
mit zehn Jahren starb, nachdem er von einem Baum gefallen
war, und auch seinem zweiten Bruder, Heinrich »dem Grau-
samen«, der offensichtlich ein geborener Rebell war, auch
bereits 1228 sein Schicksal ereilte. Somit war der Drittgeborene Friedrich plötzlich der Nachfolger seines Vaters.

Der jugendliche Babenberger war durch den Einfluss seiner Mutter bereits 1226 mit Sophia, einer Schwester der ungarischen Königin, die aus byzantinischem Haus stammte, ver-

heiratet worden. Die Ehe stand wohl unter keinem sehr guten Stern, denn schon drei Jahre später ließ sich Friedrich unter dem Einfluss seines Vaters von Sophia scheiden. Kurz danach heiratete er Agnes, die Tochter des Herzogs Otto I. von Meran. Es ist anzunehmen, dass rein politische Erwägungen hinter dieser Eheschließung standen. Friedrich taucht zu Lebzeiten seines Vaters kaum in offiziellen Urkunden auf, was wohl bedeutet, dass Herzog Leopold VI. seinen Sohn wenig in die Regierungsgeschäfte einbezog. Ende 1229 zog der alte Herzog mit stattlichem Gefolge nach Italien, um dort Frieden zu stiften. Das dürfte ihm klimatisch nicht gut bekommen sein, denn er starb am 28. Juli 1230 in San Germano.

Friedrich war 1230 etwa 20 Jahre alt, als er nach dem Tod seines Vaters die Herrschaft antreten musste. Er war der zwölfte Herrscher Österreichs aus dem Hause Babenberg und sollte auch der letzte sein, was zu jener Zeit aber wohl noch niemand ahnte. Vonseiten des Kaisers war gegen den Sohn des von ihm geschätzten Herzogs Leopold, der ihm ein guter Freund und Helfer gewesen war, als dessen Nachfolger nichts einzuwenden, und man verzichtete wohl auf besondere Formalitäten. Doch kaum hatte der junge Herzog Friedrich II. seinen Vater in Lilienfeld beigesetzt und die Herrschaft in Österreich und der Steiermark übernommen, als er sich schon einer Vielzahl von Schwierigkeiten gegenübersah. Fast zur gleichen Zeit musste er sich einem Einfall der Böhmen in Österreich und dem Abfall der bedeutendsten Ministerialengeschlechter entgegenstellen. Die aufständischen Adeligen, die ihre Macht auf Kosten des Herzogs vermehren wollten, hatten die Brüder Heinrich und Hadmar von Kuenring als Anführer. Die Kuenringer waren eines der wichtigsten und mächtigsten Geschlechter des Landes, und immerhin war Hadmar von Kuenring oberster Landmarschall von Österreich und diente während der Abwesenheit Herzog Leopolds VI. als dessen Stellvertreter. Es war für Friedrich sicherlich tragisch, dass sich die führenden Adeligen, denen sein Vater vertraut hatte und die ihm eigentlich jetzt mit Rat und Tat zur Seite stehen sollten, fast geschlossen gegen ihn wandten.

Der junge Herzog nahm kurz entschlossen den Kampf auf und wandte sich zuerst gegen den aufsässigen Adel. Dabei konnte er auf die meisten Klöster, verschiedene Grafengeschlechter und einige kleinere Ministerialen zählen. Friedrich II. zeigte von Beginn an große Tatkraft und Mut, womit er wohl auch seine Gegner überraschte. Er ergriff fast immer als Erster die Initiative und bewies dabei auch meistens großes Geschick. So wurden innerhalb kurzer Zeit die Aufständischen in die Defensive gedrängt und mächtige Burgen wie Aggstein, Dürnstein und Weitra, allesamt Festungen der Kuenringer, gebrochen. Auch die von den beiden Kuenringer Brüdern unter ihre Kontrolle gebrachte bedeutende Stadt Zwettl wurde im Sturm genommen. Nun sahen sich die Rebellen gezwungen, um Frieden zu bitten und alle unter ihre Kontrolle gebrachten Güter zurückzugeben. Der junge Herzog zeigte sich großmütig, denn immerhin brauchte er die bezwungenen Aufständischen ja für seine weiteren Unternehmungen. Sie mussten nur einige ihrer Burgen abtreten und Geiseln stellen. Der junge Herzog begann nun auch, das rot-weiß-rote Bindenschild als Hauswappen zu verwenden. Nach einer anderen Quelle sollen die Farben Rot-Weiß-Rot als künftige Landesfarben Österreichs zum ersten Mal öffentlich 1232 gezeigt worden sein. (Kleindel 1978, S. 55)

Endlich hatte Friedrich II. auch Muße, sich dem mittelalterlich-ritterlichen Zeremoniell zu ergeben und am 2. Februar 1232 im Schottenkloster in Wien die Schwertleite durch Bischof Gerhard von Passau zu empfangen. Bei dieser Gelegenheit schlug der Herzog gleich 200 edle Männer zu Rittern. Und möglichst viele Ritter sollte er für seine weiteren Unternehmungen brauchen, der Kampf gegen die Böhmen ging weiter und noch war nichts entschieden. Deshalb hatte der junge Herzog auch wenig Lust, die Hoftage des Kaisers in Italien zu besuchen, da er dann seine Besitzungen verlassen musste. Er war auch nicht bereit, sich nach der Ermordung des bayerische Herzogs Ludwig im Herbst 1231 eindeutig auf die Seite des Kaisers zu stellen, obwohl dieser der Anstiftung für die Tat bezichtigt wurde. Damit machte sich der junge Babenberger höheren Ortes nicht gerade beliebt.

Herzog Friedrich ließ sich auch in den Konflikt und die Intrigen zwischen Kaiser Friedrich II. und dessen Sohn Heinrich VII. hineinziehen. Dabei war das Verhältnis des jungen Herzogs zu dem rebellischen Sohn des Kaisers sehr ambivalent. Eigentlich mochte man sich nicht, doch immerhin war man verschwägert, da Friedrichs Schwester Margarete mit dem Staufer verheiratet war. Der Babenberger hatte sich aber bisher geweigert, die beträchtliche Mitgift auszuzahlen, die bei der Heirat vereinbart worden war. Schon sein Vater Leopold VI. hatte aus nicht mehr nachvollziehbaren Gründen diese Mitgift nicht ausbezahlt. Doch hatte man das bei Leopold als einem engen Freund der Staufer noch geduldet, so war dies bei dem rebellischen Friedrich ein steter Stachel in den Beziehungen. Später sollte Herzog Friedrich seinen Schwager König Heinrich auch nicht bei dessen Kämpfen gegen die Bayern unterstützten, obwohl dies erwartet wurde.

Der Kaiser zeigte sich schon bald von Herzog Friedrich II. schwer enttäuscht, dem er zu Beginn so viel Wohlwollen entgegengebracht hatte. Doch er musste schnell merken, dass der junge Herzog aus einem etwas anderen Holz geschnitzt war als sein Vater Herzog Leopold. Schon am Reichstag in Ravenna, der am 1. November 1231 eröffnet wurde, fand sich der Babenberger genauso wenig wie König Heinrich VII. ein. Der Herzog weigerte sich auch, in Aquileja, wohin ihn der verärgerte Kaiser nun vorlud, zu erscheinen, wozu er auch scheinbar durch das Privilegium Minus das Recht hatte. Der Staufer gab aber nicht auf und reiste nach Pordenone (in alten Quellen Portenau genannt), das eine österreichische Enklave war. Nun konnte sich Herzog Friedrich nicht mehr auf sein Privileg berufen und erschien. Ebenfalls anwesend war König Heinrich VII., der sich inzwischen seinem Vater unterworfen hatte. Bei den dortigen Verhandlungen dürfte es recht hitzig zugegangen sein.

Nach diesem Zwischenspiel widmete sich der Babenberger seinen unfreundlichen Nachbarn. Er war nun nicht nur mit dem böhmischen König Wenzel I., sondern auch mit dem Ungarnkönig Andreas II. und dem bayerischen Herzog Otto in Auseinandersetzungen verstrickt. Herzog Friedrich II. bewies im Kampf mit den Böhmen wieder einiges Geschick und konnte den Gegner zurücktreiben. Doch hinderte ihn eine schwere Krankheit am weiteren Ausbau des Erfolgs. Kaum einigermaßen genesen wandte er sich gegen die Ungarn, die tief in österreichisches Gebiet eingefallen waren, und trieb sie bis in die Donauenge bei Theben zurück. Friedrich hatte am 29. April 1233 mit dem Hochstift von Freising einen Vertrag geschlossen, der ihn zum Herrn von ganz Krain machte. Das bedeutete einen Machtzuwachs und gab ihm noch mehr Ressourcen für seine militärischen Unternehmungen. Wie wenig ihn die Wiener damals mochten, zeigt der Umstand, dass der Herzog anlässlich der Hochzeit seiner Schwester Konstanze mit dem Markgrafen von Meißen am 1. Mai 1234 die Trauung und die Festlichkeiten in der kleinen Ortschaft Stadlau jenseits der Donau abhalten ließ. Offensichtlich traute er den Bewohnern der Stadt nicht und fürchtete Gewalttätigkeiten und andere Probleme. Immerhin waren bei dieser Hochzeit die Könige von Ungarn und Böhmen, mit denen er sich eigentlich fast dauernd in kriegerischen Auseinandersetzungen befand, die Herzöge von Sachsen und Kärnten, der Landgraf von Thüringen und eine Vielzahl von Bischöfen anwesend. Trotz aller Feindseligkeiten wusste man Feste gemeinsam zu feiern.

Die Umtriebe König Heinrichs VII. gegen seinen kaiserlichen Vater beschäftigten den Herzog Friedrich II. auch weiterhin, und vieles spricht dafür, dass er dessen Pläne bis zu einem gewissen Grad unterstützte. Der Babenberger half trotz eines fehlenden förmlichen Bündnisses dem rebellischen Kaisersohn einige Male, auch wenn er dadurch eigentlich nur Nachteile erlitt. Die staufische Familientragödie nahm trotz der Unterstützung durch den Babenberger-Herzog für Heinrich VII. einen fatalen Verlauf. Herzog Friedrich bewies dabei immer wieder auch seine diplomatische Unfähigkeit und seine stete Bereitschaft zum Konflikt. Als er den Kaiser bei dessen Zug nach Deutschland im Mai 1235 in der Steiermark traf, kam es wegen der Forderungen und des unangemessenen Verhaltens des schwierigen Herzogs zu einer noch größeren Entfremdung. Weder konnte es in der Mitgiftfrage, die eine Art von Besessenheit des Babenbergers darstellte, noch über die Politik gegenüber den Böhmen und Ungarn zu einer Einigung kommen.

Als jedoch König Andreas II. von Ungarn 1235 starb, kam Herzog Friedrich II. auf die aberwitzige Idee, dessen Nachfolge in Ungarn anzutreten. Als Grundlage dafür dienten ihm nicht sehr stichhaltige verwandtschaftliche Verbindungen und der Widerstand vieler ungarischer Magnaten und Bischöfe gegen den Sohn des verstorbenen Königs. Der Babenberger wollte sogar den Kaiser für eine Intervention in Ungarn gewinnen, doch dieser dachte nicht daran. Der Staufer lehnte auch die anmaßende Forderung des Herzogs ab, ihm Geld zu geben, damit er in Ungarn Krieg führen könne. Letztlich blieben alle Hoffnungen Friedrichs auf die Krone Ungarns völlig aussichtslos, und das Rennen machte eindeutig der Sohn des verstorbenen Königs, Béla IV. Der fühlte sich natürlich dem Babenberger wenig verbunden, was letztlich fatale Auswirkungen haben sollte. Der enttäuschte Herzog überfiel nun ungarisches Territorium und richtete in seiner Wut einige schlimme Massaker an. Friedrich schien siegesgewiss, erlitt aber dann doch gegen den erbosten König Béla, der einfach mehr Soldaten ins Feld schicken konnte, eine Niederlage, was dazu führte, dass die Ungarn bis nach Wien vordrangen.

Auch die Böhmen nutzten die Gelegenheit und fielen erneut in Österreich ein, konnten sich aber wegen eines Donauhochwassers nicht mit den Ungarn vereinigen. Friedrich II. blieb schließlich nichts anderes übrig, als sich den Abzug seiner Gegner mit hohen Geldzahlungen zu erkaufen. Da er allerdings wie meistens in großen finanziellen Schwierigkeiten war, versuchte er die Mittel durch massive Steuererhebungen einzutreiben. Das führte zu großer Erbitterung bei seinen Untertanen und auch beim Adel, der jetzt gegen alle Regeln auch zu Steuerleistungen herangezogen wurde. Interessanterweise scheute der Herzog auch nicht davor zurück, Gelder aus Klöstern zu konfiszieren und auch das Eigentum seiner byzantinischen Mutter Theodora zu beschlagnahmen.

Diese flüchtete daraufhin ins feindliche Böhmen. Wie nicht anders zu erwarten, kam es recht bald zu Aufständen in den Territorien des Herzogs. Wien und viele andere Städte kündigten Friedrich II. den Gehorsam und wandten sich an den Kaiser, um über den Herzog Beschwerde zu führen.

Der Kaiser lud den Babenberger daraufhin zum Reichstag nach Mainz. Doch der streitbare Friedrich schickte nur einen Vertreter und boykottierte unter Berufung auf das Privilegium Minus auch die Hoftage von Augsburg im November 1235 und Hagenau im Dezember 1235. Kaiser Friedrich II. hatte nun genug von dem rebellischen Babenberger und sprach gegen ihn die Reichsacht aus. Mit der Vollziehung der Acht wurden der König von Böhmen, der Herzog von Bayern und andere benachbarte Fürsten beauftragt. In einem Schreiben verkündete der Kaiser auch, der Babenberger müsse als ein ehr- und treuloses Glied des Reiches und als moralisches Ungeheuer vernichtet werden. Darin wurden auch die Vergehen Herzog Friedrichs aufgezählt, die sich dieser gegen Kaiser und Reich hatte zuschulden kommen lassen, sowie auch noch andere teilweise sehr abstruse Vorwürfe erhoben. Demnach habe der Herzog die Witwen und Waisen und auch die Armen und Reichen bedrückt, sei ein Wollüstling und habe Jungfrauen entehrt und Frauen geschändet. Derartiges wurde oft in solchen Anklageschriften behauptet, doch gegen den Babenberger ging man noch weiter: Er sollte auch den berüchtigten »Alten vom Berge«, den Herrscher der Assassinen, zur Ermordung des Kaiser ermutigt und den Papst gegen den Staufer aufgehetzt haben. Des Weiteren habe er kaiserliche Gesandte gefangen genommen und eine Abordnung des Fürsten von Russland ausgeplündert. Letztlich sollte er auch noch den Markgrafen von Meißen, also seinen Schwager, nach der Hochzeitsnacht im Schlafzimmer mit gezücktem Schwert zum Verzicht auf die Mitgift gezwungen haben. Der Herzog wird sicher gestaunt haben, wenn er gelesen hat, was für ein Schurke er eigentlich war.

Kaiser Friedrich II. ging aufs Ganze und schloss mit den Königen von Böhmen, dem Herzog von Bayern, dem Markgrafen von Brandenburg und den Bischöfen von Passau und Bamberg ein Bündnis gegen den Herzog. Der nun folgende Krieg brachte diesen bald in große Bedrängnis, denn fast alle seine Gegner drangen gleichzeitig in seine Ländereien ein. Sehr schnell ging die Steiermark an den Herzog von Kärnten, den Patriarchen von Aquileja und den Bischof von Bamberg verloren, da die meisten Adeligen sofort zu den Gegnern des Herzogs überliefen. Auch im Herzogtum Österreich hatte der Babenberger seinen Feinden wenig entgegenzusetzen. Wien öffnete den Bayern und Böhmen die Tore, und dem verfemten Herzog blieben letztlich nur noch die Burg Starhemberg und die Stadt Wiener Neustadt, wo er sich verschanzte. Da er die meisten seiner Schätze mitgebracht hatte, war er nicht ganz mittellos, was ihm wohl das Überleben erleichterte. Agnes, die Gemahlin des Babenbergers, war inzwischen auch in Gefangenschaft geraten, da sie in der von ihr verteidigten Riegersburg kapitulieren musste. Große Gebiete der Babenberger-Herzogtümer wurden durch die eingedrungenen Truppen geplündert und verwüstet.

Der Kaiser selbst kam im Januar 1237 nach Österreich, um in Wien seinen feierlichen Einzug zu halten. Er ernannte die Stadt zur reichsunmittelbaren Stadt, was später zu einer gewissen Legendenbildung geführt hat. Kaiser Friedrich II. ließ in Wien auch seinen neunjährigen Sohn Konrad zum deutschen König wählen, setzte den Bischof von Bamberg als Statthalter Österreichs ein und zog nach etwa drei Monaten weiter, ohne den Babenberger-Herzog zu vernichten. Der neue Statthalter starb schon am 9. Juni 1237, und Herzog Friedrich ging wieder in die Offensive. Er konnte auch wegen der Uneinigkeit seiner Feinde rasch mehrere wichtige Orte in seinen Besitz bringen. Bei einem Treffen auf dem Tullner Feld besiegte er die Reichstruppen, die vom Burggrafen von Nürnberg mangelhaft geführt wurden. Die allgemeinen politischen Verhältnisse begünstigten den Babenberger, denn der Kaiser war wieder in einen erbitterten Konflikt mit dem Papst geraten. Die Bischöfe agierten im Sinne des Papstes und konnten einen Frieden des bayerischen Herzogs Otto mit dem Babenberger vermitteln, dem auch eine »Aussöhnung« mit dem böhmischen König folgte. Herzog Friedrich II. trat dem Böhmen dafür das Land nördlich der Donau ab und versprach dessen Sohn die Hand seiner Nichte. Zu jener Zeit heiratete auch in Wiener Neustadt der Landgraf von Thüringen, Heinrich Raspe, die jüngste Schwester des Herzogs, Gertrud. Dieser Heinrich Raspe wurde später immerhin Gegenkönig. Das »Wunder des Hauses Babenberg« entwickelte sich nun immer günstiger für den streitbaren Herzog, und er konnte den größten Teil seiner Ländereien wieder zurückgewinnen, während der Kaiser immer mehr ins Hintertreffen geriet. Der Kaiser wurde vom Papst exkommuniziert und geriet in arge Bedrängnis, während der schon fast verlorene Herzog seine Macht wiederherstellen konnte und zu einem wichtigen Bündnisgenossen wurde. Der Babenberger kam sogar als Gegenkönig ins Gespräch. Doch Friedrich der Streitbare entschied sich in einem seiner wenigen diplomatischen Momente für die Aussöhnung mit dem Kaiser. Während er das rebellische Wien belagerte, versuchte der Herzog die Gnade des Kaisers zu erhalten, was ihm Ende 1239 sogar gelang. Die Verbesserung von Herzog Friedrichs Verhältnis zum staufischen Kaiser führte aber wieder zu einer Verschlechterung der Beziehungen zum böhmischen König. Wie nicht anders zu erwarten, kam es 1240 zu einer neuen militärischen Auseinandersetzung, die lange entscheidungslos verlief. Nach der erneuten Inbesitznahme Wiens durch den Herzog zu Weihnachten 1239 wurde der Stadt sofort die Stellung als Reichsstadt aberkannt. Der Kaiser unternahm nichts dagegen und sprach den streitbaren Friedrich wieder in seinen Urkunden als »dux Austrie« an. Der Babenberger ritt in seinen Ländereien herum und versuchte diplomatisch zu sein und allen Versöhnung anzubieten. Er erhielt nun auch seine gefangene und von ihm wenig geliebte Gemahlin Agnes wieder »ausgehändigt«.

Nun erschien plötzlich eine große Gefahr auf der Bildfläche, die alle Auseinandersetzungen innerhalb Europas weit in den Schatten stellte. Die Mongolen hatten in ihrem Zug nach Westen die Grenzen Mitteleuropas erreicht und am 9. April 1241 in der Schlacht bei Liegnitz ein deutsches Ritterheer vernichtet. König Béla von Ungarn hatte bereits genug über die scheinbare Unbesiegbarkeit und Überlegenheit der mongolischen Horden erfahren und war aufs Äußerste alarmiert. Er wandte sich an alle benachbarten Fürsten, darunter auch an Herzog Friedrich II., um rasche Hilfe. Der Babenberger, der es bereits mit eingedrungenen mongolischen Streifscharen bei Wiener Neustadt und Korneuburg zu tun bekommen und dem Kaiser über die Gefahr Bericht erstattet hatte, kam auch rasch, allerdings mit einer recht kleinen Truppe, und benahm sich ziemlich undurchsichtig. Einerseits griff er mit Elan eine mongolische Einheit an, die sich bis Pest hervorgewagt hatte. Hierbei stellte der Herzog wieder seinen Mut und sein militärisches Können unter Beweis. Doch mischte er sich auch in die internen Auseinandersetzungen des ungarischen Adels ein, der hoffnungslos wegen der Aufnahme der vor den Mongolen geflüchteten Kumanen zerstritten war. Friedrich stürmte sogar gemeinsam mit ungarischen Adeligen das Haus des kumanischen Fürsten Gutan in Pest, wobei dieser und seine Familie getötet wurden. Der ungarische König wurde durch dieses Vorgehen brüskiert, musste dann aber doch nach einer schweren Niederlage gegen die Mongolen nach Österreich flüchten. Der Babenberger nahm Béla auf, nutzte dessen Lage aber aus und nahm ihm das Geld wieder ab, dass er dem Ungarn seinerzeit für dessen Abzug vor Wien bezahlt hatte. Da Béla IV. nicht genug Barmittel hatte, gab er auch seinen Schmuck heraus und verpfändete für den Rest drei ungarische Komitate – Wieselburg, Ödenburg und Eisenburg. Trotz der Gefahr durch die Mongolen hatte Herzog Friedrich nun nichts Besseres zu tun, als diese Komitate militärisch zu besetzen. Der Babenberger hatte mit den Mongolen zwar einige Gefechte, wie zum Beispiel bei Wiener Neustadt, als die feindlichen Reiter im Winter 1241/42 über die zugefrorene Donau setzten, und konnte sich auch dabei behaupten, dürfte es aber niemals direkt mit der feindlichen Hauptmacht zu tun gehabt haben.

Im April 1242 war es dem Babenberger gelungen, alles an Truppen aufzubieten, was er zur Verfügung hatte. Dazu kamen Kontingente unter dem Kommando Wladislaws von Böhmen, Herzog Bernhards von Kärnten, des Patriarchen von Aquileja und des Markgrafen von Baden. Es soll ein recht glänzendes Heer gewesen sein, das sich hier an Österreichs Ostgrenze versammelt hatte. Man wollte den Mongolen ein für alle Mal Einhalt gebieten. Doch es kam zu keiner Schlacht, denn die Mongolen zogen einfach ostwärts ab. Dennoch wurde Friedrich II. schon bald als der Erretter Europas vor den »Tartaren« gepriesen, und seine kleinen Siege mutierten zu großen Vernichtungsschlachten. Das Schicksal Europas und wohl auch des Babenberger-Herzogs wurden vielleicht dadurch gerettet, dass die Mongolen wegen innerer Konflikte nach dem Tod des Großkhans den Rückzug antraten. Im Falle eines wirklich großen Vernichtungssieges über die Mongolen wäre Herzog Friedrich II. sicherlich unter die großen Feldherren der Geschichte gereiht worden, vergleichbar mit dem Römer Aëtius vielleicht, der die Hunnen unter Attila auf den Katalaunischen Feldern besiegt hatte.

Der ungarische König Béla kehrte nach dem Abzug der Mongolen von der kroatischen Insel zurück, auf die er sich vor dem übermächtigen Feind und dem österreichischen Herzog geflüchtet hatte. Ungarn war zu einem großen Teil völlig verwüstet und hatte bedeutende Bevölkerungsverluste zu beklagen. Angeblich soll die Hälfte seiner Menschen getötet oder verschleppt worden sein. Die ganze Wirtschaft war zusammengebrochen, und die Überlebenden litten Hunger. Der König war trotz der schrecklichen Lage seines Landes in erster Linie nur von einem beseelt: Er wollte Rache nehmen an Herzog Friedrich II., der die Situation eiskalt ausgenutzt und keine Rücksicht auf Gastfreundschaft sowie die Pflicht des Mitleids genommen hatte. Mit allen waffenfähigen Leuten, die sein verwüstetes Land noch aufbringen konnte, marschierte König Béla nach Ödenburg, um die Stadt wieder in seinen Besitz zu bekommen und Friedrich eine Lektion zu erteilen. Er schickte auch einen seiner Grafen über die March nach Österreich, der mit seinen Männern schwere Verwüstungen im Umland von Wien anrichtete. Doch Herzog Friedrich zögerte nicht und stellte sich sofort mit einem großen Aufgebot den Ungarn an der Leitha entgegen. König Béla sah sich chancenlos und musste erneut die Schmach erleben, mit dem gehassten Babenberger Frieden zu schließen und ihm die verpfändeten Komitate vorerst zu lassen.

Friedrich II. benutzte Teile der Truppen, die er noch unter Waffen hatte, gleich danach zu einem Einfall in Mähren. Er stieß über die Thaya vor und verwüstete das Umland der Stadt Znaim. Doch für den Herzog überraschend, reagierte der böhmische König umgehend und erschien mit einem zahlenmäßig überlegenen Heer auf der Bildfläche. Da einige seiner Leute meuterten und eigenmächtig das Feld der Ehre verließen, musste Friedrich II. den Rückzug antreten und um Frieden nachsuchen, der ihm auch gewährt wurde. Er war wieder einmal Opfer seines Übermuts geworden und hatte wieder einmal Glück im Unglück gehabt.

Nachdem er 14 Jahre lang kinderlos mit Agnes von Meran verheiratet gewesen war, versuchte Friedrich, sich auch von dieser Gattin zu trennen. Er scheint nun darunter gelitten zu haben, dass sein Geschlecht wahrscheinlich mit ihm aussterben würde. Der Herzog wandte sich an den Erzbischof von Salzburg und einige andere ihm wohlwollende Bischöfe und konnte wirklich erreichen, dass seine Ehe aufgelöst wurde. Die verstoßene Herzogin sollte in ihrer zweiten Ehe dann durchaus einige Kinder zur Welt bringen. Friedrichs Plan war nun die Heirat mit einer der Töchter Herzog Ottos von Bayern. Das schien auch zu gelingen, beide Fürsten statteten einander Besuche ab und es kam zu Friedrichs Verlobung mit Ottos Tochter Elisabeth. Doch schon bald ließ sich der streitsüchtige Babenberger in einen Konflikt mit dem Bischof von Passau ein und richtete auf dessen Territorium einige Verwüstungen an. Das erboste den Bayernherzog, und das Vorhaben einer erneuten Eheschließung war durch Friedrichs völligen Mangel an Diplomatie und Berechenbarkeit geplatzt.

Da Herzog Friedrich II. wegen seiner Scheidungsabsichten eine gewisse eher geheuchelte Religiosität an den Tag legte, wobei er vielleicht hoffte, er könne endlich die Bistumserhebung Wiens, die sein Vater bereits betrieben hatte, vorantreiben, kam es zu besseren Kontakten zum Papst. Der Babenberger schenkte auch ein Partikel der Dornenkrone Christi, die ihm der bigotte König Ludwig IX. von Frankreich hatte zukommen lassen, dem Kloster Heiligenkreuz. Natürlich wollte der Passauer Bischof die Errichtung eines Wiener Bistums verhindern. Da der Papst aber den österreichischen Herzog für seine Pläne gegen die Staufer einspannen wollte, taktierte er vorsichtig, um den schwierigen Friedrich nicht zu vergrämen. Es war aber letztlich die Sturheit des Babenbergers, die alles zu Fall brachte, da er sich weigerte, die militärischen Aggressionen gegen den Passauer Bischof einzustellen.

Der mit vielen Schwierigkeiten kämpfende Kaiser versuchte den Einfluss des Papstes auf den streitbaren Herzog zurückzudrängen, indem er diesem ein verlockendes Angebot machte: Er stellte Friedrich die Erhebung seiner beiden Herzogtümer Österreich und Steiermark zu einem Königreich mit Krain als lehnspflichtigem Herzogtum in Aussicht und ließ ihm als Unterpfand auch gleich durch den Bischof von Bamberg den Königsring überreichen. Als Gegenleistung und Pfand sollte die Nichte des Babenbergers, Gertrud, den zum dritten Mal verwitweten Kaiser heiraten. Alles schien schon für diesen Schritt bereit, und der Herzog reiste im Juni 1245 nach Verona, wo der Kaiser Hof hielt. Die nötigen Dokumente waren durch die kaiserliche Kanzlei bereits vorbereitet. Doch Gertrud machte dem Vorhaben einen Strich durch die Rechnung, indem sie einfach nicht erschien und sich weigerte, den Kaiser zu heiraten, solange dieser sich im Kirchenbann befinde. Somit war also dieser Plan, der Österreichs Geschichte vielleicht eine andere Entwicklung gegeben hätte, gescheitert. Der Herzog scheint das Scheitern der Sache mit relativem Gleichmut hingenommen zu haben. Kaiser Friedrich II. versuchte aber alles, um einen erneuten Bruch mit dem gefährlichen Babenberger zu vermeiden und bestätigte feierlich das Privilegium Minus, wodurch der Herzog seinen Erben und Nachfolger selbst bestimmen konnte, falls er kinderlos sterben würde. Niemand schien mehr damit zu rechnen, dass Herzog Friedrich II. noch einen Erben zeugen würde.

Die Beziehungen des Babenbergers zu seinen Gemahlinnen und vielleicht Frauen aller Art scheinen ziemlich unterkühlt, wenn nicht hasserfüllt gewesen zu sein. Selbst seiner Mutter brachte er wenig angenehme Gefühle entgegen. Friedrich wurde sogar beschuldigt, er habe seine Mutter um ihren gesamten Besitz gebracht, sie vertrieben und ihr gedroht, er würde ihre Brüste abschneiden, wenn er ihrer habhaft würde! (Scheibelreiter 2010, S. 321) Es gibt aber auch eine einzige Quelle, die erzählt, dass er auch zu warmherzigen Gefühlen fähig war. Im Jahre 1244 soll Friedrich an seinem Hof »zwei Jünglinge, welche er erziehen ließ und überaus zärtlich liebte« gehabt haben. Beide seien jedoch im Kampf schwerst verwundet und von den Ärzten bereits aufgegeben worden. Der Herzog habe sich »unsäglich bekümmert« gezeigt und »demütig und unter Tränen« alle Geistlichen seiner Länder gebeten haben, um die Wiederherstellung der Gesundheit der beiden Jünglinge zu beten. Friedrich habe auch gelobt, eine Grabkapelle in Heiligenkreuz bauen zu lassen, den Klöstern alles zurückzugeben, was er ihnen weggenommen hatte und »mit starker Macht« gegen die heidnischen Preußen zu ziehen. Die beiden Jünglinge wären daraufhin genesen, und Friedrich zog zwar nicht gegen die Preußen, schickte aber 30 Ritter dem Deutschen Orden zu Hilfe, welchen sich auch andere Adelige aus Österreich anschlossen. (Ficker 1884, S. 135 f.) Die »Kreuzzüge« gegen die Preußen waren damals sowieso hoch im Kurs.

In dieser und in einigen anderen Quellen wird vorsichtig angedeutet, was wohl der Kern von Herzog Friedrichs II. Lebensproblematik gewesen sein könnte. Homosexualität war im Mittelalter sicher eines der größten Probleme, die ein Mann haben konnte, ganz besonders dann, wenn er als dynastischer Herrscher für Nachwuchs hätte sorgen müssen. (Scheibelreiter 2010, S. 334f) Vielleicht erklärt dieser Umstand auch vieles am problematischen Charakter und unberechenbaren Verhalten des letzten Babenbergers. Friedrich der Streitbare war auch, für einen Babenberger auffallend, kein Freund der Kirche. Warum sollte er auch? Von der Kirche als »widernatürlich« und »gottfeindlich« gebrandmarkt, suchte er seine Erfüllung – wie auch der ihm ähnliche König Richard Löwenherz – in militärischer Kameradschaft, Krieg und Gewalt.

Als der Herzog aus Italien wieder nach Österreich zurückkehrte, fiel der wütende Bayernherzog Otto in sein Land ein. Friedrich der Streitbare musste wieder einen Mehrfronten-Krieg führen, denn nun attackierten ihn auch Ende 1245 erneut die Böhmen. Der Herzog führte aber wieder einmal sehr erfolgreich Krieg und konnte sich sowohl der Bayern wie der Böhmen erwehren. Besonders der böhmische König erhielt durch ihn eine blutige Lektion in der Schlacht bei Staatz am 26. Januar 1246. Friedrich schien letztlich doch irgendwie unbesiegbar. Er nahm keine Rücksicht auf sich selbst und war fast immer mitten im ärgsten Schlachtgetümmel zu finden. Die Kämpfe im nördlichen Weinviertel brachten dem zahlenmäßig unterlegenen Babenberger einen großen militärischen Triumph und viele Gefangene.

König Béla von Ungarn konnte seinen Hass auf Friedrich nicht bezwingen und unternahm im Juni 1246 erneut einen Rachefeldzug gegen die Österreicher. Der König bot dieses Mal neben kumanischen auch russische Verbündete auf. Der Herzog zögerte natürlich nicht und warf sich sofort dem ungarischen Heer entgegen, ohne groß auf Verstärkungen zu warten. Der 15. Juni, der St. Veitstag, der noch lange Zeit in Österreich als Unglückstag gelten sollte, veränderte schließlich mit einem Schlag die gesamte Situation. An der Leitha, dem historischen Grenzfluss, trafen sich die beiden Heere mit ihren unversöhnlichen Anführern zu einer großen Schlacht. Der Herzog war im Vollbesitz seiner Kraft und scheint die Schlacht an der Leitha mit viel Elan geführt zu haben. Friedrich konnte mit seinen Rittern die Ungarn bereits im ersten Treffen weit zurückschlagen, und der Tag endete mit einem eindeutigen Sieg der Österreicher. Doch mit einem Mal wurde der Herzog vermisst, und man suchte nach ihm. Er wurde schließlich tödlich verwundet gefunden – eine Lanze hatte seinen Kopf durchbohrt.

Niemand sah ihn fallen, und deshalb bildeten sich schon bald verschiedene Theorien über seinen Tod. Rasch schien es vielen gewiss, dass Friedrich II. Opfer eines Verrats geworden war. Während die meisten seiner Kampfgenossen davon überzeugt waren, er sei durch Feindeshand tödlich verwundet worden, so meinten einige spätere Chronisten, die Mörder in den eigenen Reihen gefunden zu haben und nannten sogar Namen. Der mittelalterliche Schreiber Thomas Ebendorfer meinte gar, dass der Herzog die Schlacht verwundet überlebt habe und erst einige Tage später von einem von ihm gedemütigten Adeligen ermordet worden sei. Die Frage wird wohl nie wirklich beantwortet werden, aber der Umstand, dass viele es für wahrscheinlich hielten, dass der gefürchtete Herzog von einem seiner Gefolgsleute ermordet wurde, sagt viel über ihn selbst aus.

Friedrich hatte 16 Jahre in den beiden Herzogtümern »geherrscht« und dem Land während dieser Zeit kaum mehr als einige Monate eines wirklichen Friedens gegönnt. Zu seiner Ehrenrettung muss jedoch gesagt werden, dass Minnesänger wie Ulrich von Liechtenstein und Tanhuser die Freigiebigkeit und Sangeslust Herzog Friedrichs II. rühmten. Überdies förderte er das Bürgertum durch die großzügige Verleihung von Stadtrechten und Privilegien und verbesserte durch Privilegien auch die Situation der Juden. Auffallend ist zudem, dass unter Friedrichs Herrschaft im Gegensatz zu jener seines Vaters keine Ketzer verfolgt wurden. Er wurde sogar selbst verdächtigt, ein solcher zu sein. Es gab zu seiner Zeit tatsächlich einige »Ketzergruppen« in seinen Territorien, die relativ unbehelligt blieben. Die Erhebung Wiens zum Bischofssitz, die der Herzog letztlich erfolglos betrieb, war wohl weniger religiös als machtpolitisch bestimmt.

Dennoch hat der streitbare Herzog seinen Territorien weit mehr geschadet als genützt. Der chaotische und kriegerische Beginn seiner Herrschaft war eigentlich das Leitmotiv für deren ganze Dauer gewesen. Es gab unter Herzog Friedrich II. niemals so etwas wie Ruhe und halbwegs gesicherte Verhältnisse, stets gab es Unruhe, Gefahr, Veränderungen und Kämpfe, so wie es seinem unglücklichen Charakter entsprach. Die große Tatkraft, die er immer wieder entfaltete, ging dadurch ins Leere oder zeitigte nur negative Ergebnisse. Die Untertanen Friedrichs waren durch ihn und seine launenhaften Entscheidungen meistens überfordert, und er konnte eigentlich niemals auf große Solidarität zählen. Das dürfte viele seiner Misserfolge erklären.

Die Mutter Friedrichs, Theodora, scheint aus Schmerz über den unerwarteten Tod ihres Sohnes bereits am 23. Juni 1246 gestorben zu sein. Da er keinen leiblichen Erben hinterlassen hatte, wirkte sich der Tod des streitbaren Herzogs fatal aus. Es lebten aus dem Geschlecht nur mehr die Witwe König Heinrichs VII., Margarete, und die Nichte Friedrichs, Gertrud. Beide fielen nicht unter die Bestimmungen des Privilegium Minus, und der tollkühne Herzog, der im Stift Heiligenkreuz beigesetzt wurde, hatte auch kein Testament hinterlassen. Österreich und die Steiermark hätten damit als erledigtes Reichslehen eingezogen werden können, wenn der Kaiser nicht massive Probleme mit dem Papst und der Kirche gehabt hätte, die ihn zuvor »abgesetzt« hatten. Damit ging der Streit um das Babenberger-Erbe als Nebenkriegsschauplatz in das gewaltige Ringen zwischen Kaiser Friedrich II. und Papst Innozenz IV. ein.

Das Interregnum und
König Ottokar II.

»Die Zukunft der Länder schien auch äußerst düster zu sein. Wer irgendwie die Macht hatte, suchte sich zu bereichern und Güter anzueignen.« (Gutkas 1973, S. 71)

Als »Interregnum« bezeichnet man eine herrscherlose Zeit. Diesen Zustand erreichten die Babenberger-Territorien nach dem Tod Herzog Friedrichs II. im Jahre 1246 und das Reich im Jahre 1250, als der zuletzt schwer in Bedrängnis geratene Staufer-Kaiser Friedrich II. starb. Mittelalterliche Quellen beschrieben die Zustände in dieser Periode etwa so: »In jenen Tagen gab es keinen König … Ein jeder tat, was ihm recht erschien, und daraus entstanden viele Übeltaten durch Räubereien, Plünderungen, Unruhen in fast allen Winkeln und Gebieten des Königreiches.« (Vacha 1993, S. 29) In den verwaisten Herzogtümern Österreich und Steiermark begannen diese Verhältnisse bereits 1246, es stellt sich allerdings die Frage, wann sie hier endeten, denn der Machthaber, der sich hier ab spätestens 1252 etablieren konnte, galt später als illegitim und seine Regierung als nicht rechtens.

Es gibt viele Parallelen zwischen der kaiserlosen Zeit im Reich und der herrscherlosen Zeit in den ehemaligen Territorien der Babenberger. In beiden Fällen konnten die Hochadeligen diesen Bruch in der Kontinuität der Herrschaft ausnutzen. Waren es im Reich in erster Linie die Kurfürsten, die profitierten, so waren es in den österreichischen Gebieten die »ministeriales Austriae«, die nun ihre Position ausbauen konnten. Allerdings konnten sie ohne eine über allen stehenden Herrscherfigur die innere Ordnung nicht wirklich aufrecht erhalten, und die Verhältnisse blieben vorerst recht chaotisch.

Es gab den Versuch, durch die Person des Markgrafen Hermann VI. von Baden (1225–1250) in Österreich und der

Steiermark die Ordnung wiederherzustellen. Der Markgraf heiratete dann auch die Nichte Herzog Friedrichs II., Gertrud von Babenberg. Hermann VI. hatte den Segen des Papstes und jenen des Gegenkönigs Wilhelm von Holland, doch war er eine politisch wenig begabte und sehr schroffe Persönlichkeit, die sich auch gegen den Adel nicht wirklich durchsetzen konnte. Das sehr interessante Experiment, das vielleicht zu einer neuen Dynastie in den vormals babenbergischen Ländern hätte führen können, endete recht rasch im Jahre 1250, als Hermann von Baden in allzu jungen Jahren starb.

Nun trat ein junger Prinz aus Böhmen auf den Plan, der sich zu einer der interessantesten Persönlichkeiten der österreichischen Geschichte des Mittelalters entwickelte. Ottokar Přemysl war der zweite Sohn des böhmischen Königs Wenzel I. und wurde zwischen 1230 und 1233 geboren. Der auch für jene Zeit nicht übermäßig gebildete Königssohn, von dem sogar vermutet wird, er sei eigentlich Analphabet gewesen, zeigte dennoch schon bald einen regen Geist und einen sehr starken Charakter. 1247 wurde er zum Markgrafen von Mähren ernannt und rückte nach dem Tod seines älteren Bruders Vladislav in die erste Reihe der Thronfolge vor. In Mähren zeigte Ottokar Geschick, als er das durch die Mongoleneinfälle schwer gezeichnete Land wirtschaftlich wieder aufrichtete. Dann widersetzte er sich seinem Vater und konnte diesen militärisch in die Enge treiben. Es kam schließlich zu einer Regelung, bei der Ottokar ab 1249 Mitregent seines Vaters wurde.

Der fähige und auch einigermaßen skrupellose Ottokar strebte aber nach einer zusätzlichen Machterweiterung. Dabei fiel sein Hauptaugenmerk natürlich auf das vakante Herzogtum Österreich, das gegen eine »feindliche Übernahme« nach dem Tod des Stauferkaisers auch nicht wirklich geschützt war. Ottokar konnte gegen Ende 1251 die Unterstützung vieler österreichischer Adeliger gewinnen und bald darauf die Babenbergerin Margarete heiraten. Dafür wollte der Adel natürlich eine Gegenleistung, und der Böhme musste aus dem Kammergut der Babenberger bedeutende Summen verteilen, um die politische Mitwirkung der wichtigsten Adelsgeschlechter zu gewährleisten. Es waren dies zu jener Zeit in erster Linie die Kuenringer, Hardegger, Maissauer und Schaunberger. Der Böhme musste sich sogar dazu bereitfinden, den Geschlechtern eine Art von Landesverfassung zuzugestehen, den »Landfrieden« von 1254. Ottokar, der inzwischen König von Böhmen geworden war, überließ den aus der Verfassung hervorgehenden Gremien dann auch in großem Maße die Verwaltung Österreichs. Der nunmehrige König Ottokar II. wollte aber jetzt auch die Steiermark, die vorerst an die Ungarn gefallen war, unter seine Kontrolle bringen. Das gelang ihm schließlich mithilfe willfähriger Adeliger im Jahre 1260. Ottokar II. ließ sich nunmehr formal von dem Marionettenkönig Richard von Cornwall in aller Form mit diesen Ländereien belehnen. Dann ließ er sich von Margarete von Babenberg, die sowieso kinderlos geblieben war, mit päpstlichem Dispens scheiden. Der österreichische und steirische Adel und wohl auch große Teile der Bevölkerung waren mit der böhmischen Herrschaft anscheinend zufrieden, da man diese als viel weniger belastend als jene Herzog Friedrichs II. empfand. In den folgenden Jahren konnte Ottokar II. sein Herrschaftsgebiet noch um das Erbe der Spanheimer in Kärnten und Krain und die Gebiete Friauls vermehren. Man bezeichnete ihn nun als »goldenen«, »reichen« oder »eisernen« König.

Was seine Verwaltung und den Umgang mit den Städten und dem Bürgertum betraf, war Ottokar II. ein sehr moderner Herrscher. Diese Politik führte dann im Laufe der Zeit doch dazu, dass viele Adelige gegen die »Modernisierung«, die einen Machtverlust für sie bedeutete, Widerstand leisteten. Auch die Ungarn und Bayern hielten gegenüber dem für sie bedrohlich erscheinenden Machtkomplex Ottokars nicht still, und es kam immer wieder zu Auseinandersetzungen. Der Böhmenkönig machte bald den Fehler, die Stellung der führenden Adelsgeschlechter, denen er eigentlich seine Macht verdankte, wieder zu untergraben. Gewisse bereits erteilte Befugnisse wurden nun wieder zurückgenommen. Bei Widerstand durch Adelige war Ottokar stets zu hartem

Durchgreifen bereit. Es gab Belagerungen und Hinrichtungen, und bürgerliche finanzstarke Kaufleute wurden jetzt zum Nachteil des Adels bevorzugt. Es gab zu jener Zeit einige durchaus bemerkenswerte Karrieren bürgerlicher Emporkömmlinge, die Ottokar auch große Summen zur Verfügung stellen konnten. Es sollten letztlich auch die Bürger der Städte sein, die dem Böhmen bis zum Schluss die Treue hielten.

Im Großen und Ganzen schien Ottokar II. zu jener Zeit, als Rudolf von Habsburg zum deutschen König gewählt wurde, in den ehemaligen Territorien der Babenberger fest im Sattel zu sitzen. Trotz des Faktums, dass seine Besitzrechte auf diese Länder reichsrechtlich sehr fragwürdig waren und es immer wieder Widerstände gab, scheint der Böhmenkönig keine wirkliche Gefahr gesehen zu haben und wohl auch ein wenig der Selbstüberschätzung anheimgefallen zu sein. Der größte Fehler Ottokars II. scheint aber gewesen zu sein, dass er den »kleinen Grafen« aus dem Westen des Reiches völlig unterschätzte. So musste es letztlich zu einer Auseinandersetzung kommen, die nur einen Sieger hervorbringen konnte.

König Rudolf I. von Habsburg
(1218–1291)

»Denn geendigt nach langem verderblichen Streit
War die kaiserlose, die schreckliche Zeit,
Und ein Richter war wieder auf Erden.«
(Schiller: »Der Graf von Habsburg«)

Als Rudolf von Habsburg am 1. Mai 1218 auf der kleinen Burg Limburg bei Sasbach am Kaiserstuhl zur Welt kam, dachte sicherlich niemand, dass dieser Spross einer adeligen Familie von nur regionaler Bedeutung eines Tages die Herrschaft im Heiligen Römischen Reich antreten und das vielleicht bedeutendste Herrschergeschlecht der europäischen Geschichte begründen würde. Rudolfs Vater Graf Albrecht IV. von Habsburg gebot über den Aargau, war Landgraf im Ober-Elsass und Feldhauptmann von Straßburg. Er hatte 1217 Rudolfs Mutter Hedwig von Kyburg geheiratet. Das Paar hatte sechs Kinder, von denen Rudolf das älteste war. Graf Albrecht musste nach dem Tod seines Vaters 1238 mit seinem Bruder Rudolf III. den Familienbesitz teilen. Sein Anteil an den recht umfangreichen Besitzungen der Habsburger in der Nordostschweiz und dem Elsass war jedoch beträchtlich und machte ihn zu einem der bedeutendsten Männer der Region.

Über die Kindheit und Jugend Rudolfs ist kaum etwas bekannt, fest steht nur, dass Kaiser Friedrich II. sein Taufpate war, was eine große Auszeichnung für den habsburgischen Grafen darstellte und wohl damit begründet war, dass die Habsburger treue Parteigänger der Staufer waren. Rudolf folgte darin dem Vorbild seines Vaters. Er hat allerdings die Patenschaft des Kaisers, der in Deutschland nicht unbedingt beliebt war, nie besonders in den Vordergrund gestellt. Es gibt eine Sage, nach der Rudolf während seiner Jugend am Hof Kaiser Friedrichs II. geweilt haben soll. Dort habe ihm ein Sterndeuter die Königskrone vorausgesagt und ihm geraten, die Umgebung des Kaisers zu verlassen, um diesen nicht eifersüchtig zu machen.

Als sich Graf Albrecht IV. im Jahre 1239 zu einem Kreuzzug nach Palästina aufmachte, übergab er die Verwaltung seiner Ländereien an seine beiden Söhne, den 21-jährigen Rudolf und Hartmann, der aber noch minderjährig war. Wie so viele Kreuzritter ereilte Albrecht IV. recht bald der Tod, und Rudolf trat als der Vierte seines Namens das Erbe an. Dazu musste er sich von König Konrad IV. mit seinen Ländereien belehnen lassen. Schon bald fand sich der junge Graf in die aufreibenden Konflikte der Staufer in Italien verwickelt. Rudolf war 1241 in Faenza und vor Spoleto und im Jahre 1245 in Verona an der Seite Kaiser Friedrichs II. Der Stauferkaiser dürfte große Stücke auf den jungen Gefolgsmann gehalten haben. Die Treue der Habsburger zu den Staufern und die Vorliebe des Kaisers für das Elsass waren auch Empfehlungen für den Grafen Rudolf. Wenn der junge Graf nicht für den Kaiser kämpfte, dann beschäftigte er sich mit den permanenten Konflikten und den Händeln seiner Heimat, bei denen es immer nur um die Vermehrung von Besitz, das Austragen von Erb- und Grenzstreitigkeiten, um das Erwerben und Zupacken ging. Rudolf zeigte schon bald, dass er geschickter als die meisten seiner Konkurrenten war und nebenbei auch noch eine erfolgreiche Verwaltung seiner Ländereien aufbauen konnte. Nachdem er seine Jugend mit Konflikten aller Art verbracht hatte, heiratete Rudolf relativ spät um 1250 Gertrud von Hohenberg. Es wurde eine glückliche Ehe, der neun Kinder entstammten. Nach dem Tod Gertruds nahm er dreißig Jahre später die sehr junge Isabella von Burgund zu seiner zweiten Frau. Später verheiratete er alle seine sechs Töchter erfolgreich im dynastischen Sinne.

Rudolf war über viele Jahre laufend in regionale Konflikte verstrickt, wobei seine Tatkraft in den sechziger Jahren des Jahrhunderts noch zunahm. Im Jahre 1261 unterstützte er den Bischof von Straßburg gegen die Bürger seiner Stadt. Doch wechselte er nach dem Abschluss eines Waffenstillstands auf die Seite der Bürger Straßburgs. Damit bewies er eine gewisse skrupellose Flexibilität, die ihm auch später noch zum Vorteil gereichen sollte. Rudolf eroberte in der Folge gemeinsam mit seinem Cousin Gottfried drei vom Straßburger Bischof besetzte Reichsstädte: Colmar, Kaisersberg und Mülhausen. Schließlich konnte er sich deren Besitz im folgenden Jahr beim Vorfrieden von St. Arbogast sichern. Ab 1262 errichtete Rudolf auch die Burg Ortenberg bei Schlettstadt als repräsentative Residenz. Den ursprünglichen Familiensitz der Habsburger, die Habichtsburg im Aargau, hatten die Habsburger bereits spätestens 1230 als Wohnburg aufgegeben, da sie zu klein und wenig repräsentativ war.

1264 trat ein schon seit einigen Jahren bestehender Konflikt zwischen Rudolf und dem Grafen Peter II. von Savoyen in seine heiße Phase. Es ging um das Erbe Hartmanns des Älteren von Kyburg, eines Verwandten Rudolfs. Rudolf besetzte die Güter des verstorbenen Hartmann, nachdem ein potenzieller Erbe, Hartmann der Jüngere, ebenfalls verstorben war. Es ging dabei immerhin um Territorien im Thurgau, im Zürichgau und das Kloster St. Gallen. Peter von Savoyen wusste sich nicht anders zu helfen und wandte sich an die Kirche. Papst Klemens IV. setzte die Drohung eines Kirchenbanns gegen den Habsburger als Waffe ein. Graf Rudolf ließ sich davon nicht einschüchtern, fiel 1265 in die Territorien des Grafen von Savoyen ein und war vorerst sehr erfolgreich. Letztlich zogen sich die Auseinandersetzungen allerdings lange Zeit hin, ohne dass eine Partei einen entscheidenden Erfolg erringen konnte. Doch Rudolf hatte dennoch den längeren Atem und wurde 1267 als Besitzer des Erbes der Kyburger bestätigt. Da er zudem noch die Vormundschaft über die Hinterbliebenen Hartmanns des Jüngeren bekam, konnte er auch dessen Erbe letztlich in seinen Besitz bringen. Der Habsburger erwies sich immer wieder als sehr erfolgreicher Sammler von Besitztümern und regionaler Macht.

Durch das Erbe der Kyburger und anderer Gebietserweiterungen war der habsburgische Graf zum wahrscheinlich mächtigsten regionalen Adeligen im Nordschweizer Raum aufgestiegen. Dabei musste er auch immer wieder gegen ihm feindlich gesonnene Adelsfamilien antreten. Allerdings war Rudolf dabei meistens der Erfolgreichere. So konnte er 1266/67 die Regensberger und Toggenburger besiegen und so Konkurrenten ausschalten. Klugheit, Härte und Ausdauer waren die wesentlichen Erfolgsrezepte des Habsburgers.

Als braver Parteigänger der Staufer unterstützte Rudolf 1267 noch die Italienpolitik Konradins, war aber klug genug, sich davon zurückzuziehen, als er erkannte, dass das Unternehmen zu gewagt und ohne große Aussichten auf Erfolg war. Man kann ihm das als mangelnde Loyalität auslegen, aber der Habsburger Graf hatte im Gegensatz zu vielen seiner Nachkommen fast immer den richtigen Instinkt für das Machbare. Rudolf widmete sich stattdessen ab 1268 intensiv der Auseinandersetzung mit dem Bischof von Basel wegen der Herrschaft über die Städte Rheinfelden und Breisach. Der Konflikt zog sich in die Länge, doch in der Folge konnte der Habsburger einige bedeutende Adelsgeschlechter auf seine Seite ziehen, während sich der Bischof von Straßburg auf die Seite seines Kollegen aus Basel schlug. Die Ritterschaft Basels entzweite sich, und schließlich kämpften ihre Angehörigen auf beiden Seiten. Rudolf belagerte 1273 gerade die Stadt Basel, als er durch den Burggrafen von Nürnberg die Nachricht erhielt, dass er wahrscheinlich zum römisch-deutschen König gewählt werden würde. Daraufhin schwand das Interesse des klugen Habsburgers an der regionalen Fehde und er schloss einen Waffenstillstand mit seinen Gegnern. Wichtigere Dinge lagen vor ihm.

Wie haben wir uns Rudolf von Habsburg vorzustellen? »Er war groß von Gestalt, mit langen Beinen, feingliedrig, mit kleinem Kopf, blassem Gesicht und langer Nase, hatte nur wenige Haare, schmale und lange Hände, ein Mann, maßvoll in Speise und Trank und anderen Dingen, ein weiser und kluger Mann ...« Das schrieb ein zeitgenössischer Chronist, und ein anderer fügte hinzu: »Er war von Jugend auf kriegerisch, ein kluger und mächtiger und doch auch vom Glück begünstigter Mann, von hohem Wuchs, mit gebogener Nase, mit ernstem Gesicht, dessen Würde die Stärke seines Charakters erkennen ließ.« (Kleindel 1987, S. 441) Manche Autoren weisen auch auf die Energie und Zielstrebigkeit des Habsburgers und seinen Sinn für leutseligen Humor hin, der auch in einigen Anekdoten und Erzählungen überliefert wurde.

»König« Richard von Cornwall war im April 1272 gestorben, ohne dass man ihm im Reich eine Träne nachgeweint hätte. Alfons von Kastilien forderte nun vom Papst die Bestätigung seiner Königswahl. Doch Gregor X. hatte andere Pläne, denn er wollte für den von ihm angestrebten Kreuzzug einen starken deutschen Herrscher und wusste, dass Alfons niemals die nötige Anerkennung im Reich finden würde. Deshalb verweigerte er einfach dessen Approbation und stellte die Weichen in Richtung einer neuen Wahl. Der böhmische König Ottokar II. und der König von Frankreich stellten sich als Kandidaten zur Verfügung, was aber auf wenig Gegenliebe der Kurfürsten stieß. Nachdem der Papst Ludwig den Strengen von Oberbayern und Friedrich den Freidigen von Thüringen abgelehnt hatte, blieben letztlich Siegfried von Anhalt und Rudolf von Habsburg als Kandidaten übrig. Bald kristallisierte sich heraus, dass Rudolf die bessere Wahl war, da er aufgrund seiner bedeutenden Machtposition im Südwesten des Reiches und seiner reichhaltigen Kriegserfahrung einen Konflikt mit dem König von Böhmen oder dem König von Frankreich eher bestehen würde. Am 11. September 1273 kamen die drei geistlichen Kurfürsten und der Pfalzgraf darin überein, gemeinsam zu stimmen. Als schließlich auch noch der Herzog von Sachsen und der Markgraf von Brandenburg ihre Zustimmung gaben, war die Wahl des Habsburgers gesichert. Man sandte den Burggrafen Friedrich von Nürnberg zu Rudolf, um von ihm die Zustimmung zu den Wahlbedingungen der Kurfürsten zu erhalten. Diese waren unter anderem die Rückführung des entfremdeten Reichsguts und die Zusicherung, Reichsgüter nur mit Zustimmung der Kurfürsten zu veräußern. Außerdem mussten für den Reichsfrieden gesorgt, die vielen Fehden beendet und ungerechte Zölle aufgehoben werden.

Der Habsburger stimmte natürlich diesen Bedingungen zu, und daraufhin traten die Kurfürsten in Frankfurt am Main zur Wahl zusammen. Sie stand unter der Leitung des Mainzer Erzbischofs Werner und war die erste Königswahl, bei der die Zahl der Kurfürsten auf sieben beschränkt wurde. Da es jedoch allen Beteiligten klar war, dass König Ottokar von Böhmen die Wahl ablehnen würde, entschied man sich, den Herzog Heinrich von Niederbayern als siebenten Kurfürsten wählen zu lassen, was nicht unbedingt den Gepflogenheiten entsprach. Doch nur damit konnte die notwendige Zahl von sieben Kurfürsten erreicht werden. Sie wählten schließlich am 1. Oktober 1273 Rudolf von Habsburg zum deutschen König. König Ottokar tat rasch seine Ablehnung dieser Entscheidung kund und schickte einen Protestbrief an den Papst, worin er auf die geringe Eignung Rudolfs für dieses Amt hinwies. Der Habsburger zog nach Erhalt der Nachricht von seiner Wahl vorerst nach Dieburg und wurde am 2. Oktober feierlich in Frankfurt empfangen. Dann machte er sich auf den Weg nach Aachen und bekam die Reichsinsignien ausgehändigt. Am 24. Oktober 1273 schließlich wurde Rudolf gemeinsam mit seiner Gemahlin im Münster von Aachen vom Erzbischof von Köln gesalbt und gekrönt. Der zuvor nur regional bedeutende Graf von Habsburg war im Alter von immerhin 55 Jahren deutscher König geworden!

Rudolf positionierte sich in seinen Erklärungen gleich als sehr versöhnlich. Angeblich soll er gesagt haben: »Heute will ich allen denen jegliche Schuld nachsehen, die mir geschadet haben, alle Gefangenen sollen frei sein, die in meinen Kerkern schmachten, ich gelobe, von nun an Schirmer des Friedens zu sein, wie ich bisher ein unersättlicher Kriegsmann gewesen.« (Redlich 1918, S. 11) Für diese Erklärung schlug ihm aus allen Ständen des Reiches eine Welle der Begeisterung entgegen. Besonders die Städte waren für den neuen König, denn Rudolf hatte sich schon lange als Förderer und Gründer von städtischen Siedlungen hervorgetan und sich auch am liebsten dort aufgehalten. Als König sollte er sich noch viel mehr als Gründer und Freund der

Städte betätigen, was ihm auch die Bezeichnung »Städtekö-nig« einbrachte.

Einige von Rudolfs alten Feinden waren über diese Ent-wicklung alles andere als begeistert. Der Bischof von Basel meinte, Gott möge fest sitzen, sonst erschleiche sich dieser Rudolf auch noch seinen Thron. Manche meinten auch, dass nun »das kleine Lichtlein aus Schwaben« von einem mächti-gen Grafen zu einem ohnmächtigen König geworden wäre. Doch sie sollten sich täuschen, denn der mit seinen 55 Jahren für mittelalterliche Verhältnisse bereits sehr alte Rudolf ent-wickelte enorme Energien und tat alles, um seine Kritiker und Verächter Lügen zu strafen.

Gleich nach seiner Wahl begann Rudolf damit, seine Machtstellung auszubauen. Aus diesem Grund verheirate-te er seine Töchter Agnes und Matilde mit wichtigen deut-schen Fürsten. Rudolf war auch bemüht, möglichst rasch die Zustimmung des Papstes zu seiner Wahl zu erlangen. Er machte deshalb Papst Gregor X. einige Zugeständnisse und versprach, sich an dem geplanten Kreuzzug ins Heili-ge Land zu beteiligen, was er aber wohl nicht ernsthaft vor-hatte. Da sich auch die beim Konzil von Lyon befindlichen deutschen Geistlichen auf seine Seite stellten, konnte Rudolf damit der Intervention König Ottokars beim Papst wirksam begegnen. Am 26. September 1274 erfolgte dann die Appro-bation von Gregor X. für Rudolfs Wahl, und auch Alfons von Kastilien gab einige Monate später alle seine Ansprü-che auf die deutsche Krone auf. Der frischgebackene König verfolgte bald eine recht geschickte Politik zur Erneuerung des Landfriedens, des Einzugs von entfremdetem Reichsgut und der Aufhebung nicht rechtmäßiger Zölle. Damit zog er sich natürlich den Unmut vieler regionaler Machthaber zu, die er aber bei seinen Reisen durchs Reichsgebiet zu Eiden nötigte, den Frieden einzuhalten. Auch wenn sich vorerst nicht überall die erwarteten Erfolge einstellten, so wurde Rudolfs Wirken von den Chronisten meistens recht positiv eingeschätzt. Der Habsburger scheute auch bei Widerstand regionaler Adeliger nicht davor zurück, Gewalt einzusetzen. Selbst der mächtige Markgraf von Baden beugte sich vorerst dem königlichen Diktat. Durch das Wiedereinziehen des veruntreuten Reichsgutes konnte Rudolf seine königliche Macht weiter stärken.

Doch die größte Herausforderung des Habsburgers war der Konflikt mit König Ottokar II., der die Erfolge seines Konkurrenten mit großer Erbitterung verfolgte. Der Böhmenkönig dachte auch gar nicht daran, Rudolf als König anzuerkennen, da er dann um seine Besitzungen in Österreich fürchten musste, die er ja während des Interregnums unter seine Kontrolle gebracht hatte. Der Habsburger ging beim Hoftag in Nürnberg im November 1274 auch gegen Ottokar vor, da dieser eine Belehnung seiner Besitzungen durch ihn abgelehnt hatte. Rudolf erkannte nun das Recht Ottokars auf alle seine Lehen, einschließlich Böhmens und Mährens, ab, lud den Böhmen aber zwecks Anhörung auf den für Anfang 1275 geplanten Reichstag von Würzburg vor. Ottokar II. glänzte aber auch hier durch Abwesenheit und schickte erst im Mai 1275 den Bischof von Seckau zum Reichstag in Augsburg, so sich dieser sehr undiplomatisch und anmaßend verhielt. Rudolf fühlte sich brüskiert und erklärte, dass Ottokars Ländereien an das Reich heimgefallen wären, worauf einige Zeit später auch noch die Reichsacht über den rebellischen Böhmenkönig verhängt wurde. Es war aber allen Beteiligten klar, dass Ottokar II. nicht so schnell klein beigeben würde, und so versuchte Rudolf auch, dessen Verbindungen zu verschiedenen Fürsten zu schwächen und selbst möglichst viele Verbündete zu gewinnen. Dabei kam ihm zugute, dass viele Adelige in Ottokars Herrschaftsbereich dessen autoritären Stil ablehnten und sich nach einer Veränderung sehnten. Doch es gelang dem Habsburger nicht, Ottokar II. vollständig zu isolieren, und dieser ging dann als Erster auch zum Angriff über. Der Böhmenkönig griff Ende 1274 den Bischof von Salzburg an, der sich auf die Seite König Rudolfs geschlagen hatte. Dieser musste sich vorerst gegen einige Fürsten, wie Heinrich von Niederbayern durchsetzen, die zu den Parteigängern Ottokars zählten. Doch im Sommer 1276 verhängte der Erzbischof von Mainz den Kirchenbann über den böhmischen König, was für diesen einen schweren Schlag bedeutete. Nun fielen auch nach und nach die Adeligen in Ottokars Territorien von ihm ab, Kärnten und Krain gingen für ihn gänzlich verloren. Nachdem auch der steirische Adel die Seiten wechselte und König Rudolf ein schneller Vorstoß nach Wien gelang, geriet Ottokar II. rasch in Bedrängnis. Als dann der österreichische Adel mehrheitlich von ihm abfiel und die Ungarn ihm militärisch zusetzten, musste er sich im Oktober 1276 zu einem Waffenstillstand entschließen.

Rudolf war nun doch nicht daran interessiert, Ottokar völlig zu vernichten und setzte ein Schiedsgericht ein, das entschied, dass Ottokar auf Österreich, die Steiermark, Kärnten, Krain, die Windische Mark, Eger und Pordenone verzichten müsse, Rudolf als König anzuerkennen habe und Böhmen und Mähren als Lehen empfangen müsse. Außerdem wurde beschlossen, jeweils einen Sohn und eine Tochter Rudolfs mit einer Tochter und einem Sohn Ottokars zu verheiraten. Der stolze Böhme wurde durch die für ihn entwürdigende Zeremonie der Belehnung tief verletzt und sann wohl von Anfang an auf Revanche, was den Frieden auf Dauer ziemlich zweifelhaft machte.

Da Rudolf einen Teil der zurückeroberten Länder selbst verwalten wollte, regte sich Widerstand bei den deutschen Fürsten. Das wiedergewonnene Reichsgut sollte nicht habsburgisches Hausgut werden. Aber Rudolf war natürlich bestrebt, die Reichspolitik und die »Hauspolitik« unter einen Hut zu bringen, um die Position seiner Familie und seine Position im Reich zu stärken. Letztlich sollte er sich damit auch durchsetzen. Doch vorerst musste er zur endgültigen Abrechnung mit dem revanchelüsternen König Ottokar antreten, der erneut in den Krieg zog.

Wenn man sich die Frage stellt, wann die eigentliche Macht über Österreich begründet wurde, dann kommt man um den 26. August 1278 nicht herum, denn an diesem Tag fand die Schlacht bei Dürnkrut statt, die eine wesentliche Weichenstellung nicht nur für die Geschichte Österreichs, sondern auch für Europa wurde. An diesem Tag trafen die Heere König Ottokars II. von Böhmen und König Rudolfs I.

von Habsburg aufeinander. Ab Anfang August 1278 waren die Truppen des Böhmenkönigs immer mehr in Richtung Wien vorgerückt. König Rudolf selbst marschierte mit seinen Leuten von Wien aus über Hainburg und Marchegg in Richtung Dürnkrut an der March. Hier standen sich die beiden Heere bald gegenüber und fanden eine fast ideale Landschaft für eine klassische Ritterschlacht vor. Da die etwa zehn Kilometer lange offene Talebene auch heute noch ziemlich unverbaut ist, kann man das seinerzeitige Schlachtfeld gut überblicken. Beide Kontrahenten hatten jeweils etwa 30000 Mann zur Verfügung und von den insgesamt etwa 60000 Mann waren ungefähr 11000 Ritter, der Rest Fußvolk und leichte Reiterei. Manche Historiker sprechen wegen der großen Zahl der anwesenden Ritter von der größten Ritterschlacht des Mittelalters. Die Schlacht begann am 26. August gegen 9 Uhr mit dem Angriff von Rudolfs leichter Reiterei, den ungarischen »Kumanen«, die den Gegner mit dichtem Pfeilhagel eindeckten und dann den schwer gepanzerten Reitern das Feld überließen. Schienen die Reiter Rudolfs im ersten Treffen die eindeutigen Sieger, so konnte Ottokar das zweite Treffen für sich entscheiden und die Kämpfer des Habsburgers zurücktreiben. Nach zwei Stunden heftigen Schlachtgetümmels wirkte sich die Überlegenheit an schwer gepanzerten Rittern aufseiten des Böhmenkönigs immer mehr aus, und er schien die Schlacht für sich entscheiden zu können. Ottokar setzte nun auch sein drittes Treffen ein, das er bisher zurückgehalten hatte und schien bereits siegessicher. Doch nun spielte der Habsburger seinen letzten Trumpf aus und gab das Zeichen zum Einsatz von 60 gepanzerten Reitern, die sich in verborgener Position befunden hatten. Diese stießen dann mit großem Elan in die Flanke des Gegners und zersprengten das dritte Treffen Ottokars. Der Versuch eines böhmischen Adeligen, seinerseits mit einer Gruppe von Reitern dem Gegner in die Flanke zu fallen, wurde von den restlichen Kämpfern Ottokars falsch interpretiert und als Flucht ausgelegt. Daraufhin griff im böhmischen Heer Panik um sich, und viele wandten sich zur Flucht. Ottokar versuchte noch, die Männer zu beruhigen,

wurde aber schließlich von der allgemeinen Absetzbewe-
gung mitgerissen. Auf dieser Flucht wurde der böhmische
König schließlich von einigen persönlichen Feinden angegriffen und nach tapferer Gegenwehr getötet. Angeblich
sollen die Verluste der Böhmen 12000 Mann betragen haben, wobei viele auf der Flucht in der March ertrunken sind.
König Rudolf sprach angesichts der schwer verstümmelten
Leiche seines Gegners Ottokar ein Gebet. Aber er hatte genau das erreicht, was er wollte. Sein einziger wirklich gefährlicher Kontrahent war beseitigt, und die Macht im Reich
und in Österreich war sein. Rudolf hatte durch die Schlacht
bei Dürnkrut auch den Höhepunkt seines Kriegsruhms erreicht, denn die Schlacht wurde völlig als seine persönliche
Leistung betrachtet, und das sowohl in der politischen Vor-
bereitung als auch in der strategischen Durchführung. Doch
der alte König war nun nach seinem größten militärischen
Unternehmen entschlossen, kein Kriegsmann, sondern »ein
gut fridemacher« zu sein. (Schoenstedt 1956, s. 224) Aber
dieser Wunsch sollte nicht ganz in Erfüllung gehen.

Rudolf I. ließ gegenüber dem Sohn Ottokars, Wenzel,
Milde walten. Dieser durfte Böhmen behalten, und die 1276
abgesprochene Doppelhochzeit wurde nun auch wirklich
gefeiert. Später sollte Rudolf sogar dem Sohn seines getöteten Feindes einen großen Gefallen erweisen. Als er im Jahre 1290 das Fürstentum Breslau von der zersplitterten und
weitgehend machtlosen Krone Polens einfach abgliederte,
gab er diese Herrschaft seinem Schwiegersohn Wenzel.

Der Rückfall der von Ottokar vereinnahmen Reichsgüter
war für Rudolf und seine Dynastie ein Glücksfall, denn er
belehnte trotz des Widerstands einer Reihe von Reichsfürsten 1282 seine beiden Söhne Albrecht und Rudolf mit Österreich, der Steiermark, Krain und der Windischen Mark,
womit er sie auch zu Reichsfürsten machte. Die Kurfürsten
gaben dazu widerwillig ihr Einverständnis. Damit war die
Herrschaft des Hauses Habsburg über diese Territorien begründet, die immerhin ohne Unterbrechung bis 1918 dauern sollte. Durch die am 1. Juni 1283 erlassene »Rheinfelder
Hausordnung« legte Rudolf auch die Erbfolge fest, womit

dieses erste Hausgesetz der Habsburger auch die Grundlage für die Hausmacht der Dynastie und die später sogenannten Habsburgischen Erblande wurde. Allerdings hatte König Rudolf nicht auf allen Gebieten einen vollen Erfolg, denn seine Versuche, sich selbst zum Kaiser krönen zu lassen und seinem Sohn Albrecht die Nachfolge als deutscher König zu sichern, scheiterten. Der erste Habsburger mit der Kaiserkrone auf dem Haupt sollte noch auf sich warten lassen.

Rudolf I. hielt am 9. August 1281 einen Hoftag in Nürnberg ab, wo er verkündete, dass alle nach der Absetzung des Staufers Friedrich II. durchgeführten Schenkungen oder Verfügungen über Reichsgüter keine Wirkung hätten, bis auf jene, die von den Kurfürsten gebilligt würden. Es wurden nun Landvögte ernannt, die jene unberechtigt angeeigneten Reichsgüter ausfindig machen sollten. Damit war ein wichtiges Instrumentarium für die Revindikation der Reichsgüter geschaffen. Die Vögte hatten bedeutende Befugnisse und agierten in den königsnahen Gebieten des Reiches recht erfolgreich, während sich in den königsfernen Territorien die Erfolge in Grenzen hielten. Rudolf setzte hier mehr auf die Städte und seine Verbündeten. Die Pfalzgrafschaft Burgund, die einen Zankapfel mit dem Königreich Frankreich darstellte, konnte Rudolf 1289 unter seine Kontrolle bringen, allerdings konnte sie unter seinen Nachfolgern nicht erfolgreich gegen Frankreichs Ansprüche geschützt werden.

Auch wenn er seine größten Erfolge im Osten des Reiches erfochten hatte, so war Rudolf die meiste Zeit seiner Königsherrschaft mit Aufgaben und Konflikten im Westen beschäftigt. Hier stand neben der Reichspolitik vor allem das zähe Ringen um die Vergrößerung und Sicherung seiner Besitzungen im Vordergrund. Dabei konnte er viele Erfolge erringen, doch sein Plan, das alte Herzogtum Schwaben wiederherzustellen und damit seinen Sohn Rudolf zu belehnen, ließ sich nicht verwirklichen. Es kam zudem immer wieder zu Konflikten mit den Franzosen, auch wenn ein großer Krieg ausblieb. Zu verworren war die territoriale Lage an der Westgrenze des Reiches. Der Konflikt um die Anerkennung der deutschen Lehnshoheit über die alte Reichsstadt Besançon konnte zwar letztlich im Sinne des Königs entschieden werden, kam aber am ehesten einem Krieg mit Frankreich nahe.

Zur Durchsetzung seiner Interessen setzte Rudolf immer wieder auf eine kluge Heiratspolitik, womit er die machtpolitische Strategie späterer Habsburger bereits vorwegnahm. Rudolf war natürlich immer an einer Krönung zum Kaiser interessiert, war aber zu klug, um das Unternehmen um jeden Preis durchzuführen und sich in das italienische Chaos hineinziehen zu lassen. So wurde das Projekt immer wieder verschoben, doch für den schon recht alten Rudolf gab es das Problem, dass er nur die Nachfolge seines Sohnes Albrecht als deutscher König wirklich sichern konnte, wenn er selbst die Kaiserwürde innehatte. Der Reichstag in Würzburg 1287 endete mit einem Skandal, da der von Rom zwecks Verhandlungen über Rudolfs Romzug entsandte Legat des Papstes Honorius durch sein Verhalten den Zorn der deutschen Bischöfe erregte. Honorius starb kurz darauf, und sein Nachfolger wollte Rudolf nicht krönen. Somit kam es auch niemals zu einem Kaisertitel für den Grafen von Habsburg.

Trotz seines ausgeprägten Strebens nach Macht und Besitz gab sich Rudolf I. persönlich sehr bescheiden, legte keinerlei Wert auf prunkvolle Kleidung und einen aufwendigen Lebensstil. Stets sehr bescheiden gekleidet, was auch oft zu peinlichen Verwechslungen geführt haben soll, trug er angeblich bei der Schlacht bei Dürnkrut eine rostige alte Rüstung. Das führte gemeinsam mit einigen anderen Besonderheiten des Habsburgers zu vielen Anekdoten, von denen angeblich bereits 50 zu seinen Lebzeiten in Umlauf waren. Rudolf liebte das einfache Leben des »gemeinen« Volkes, bei dem er keine Berührungsängste hatte. Obwohl er einige Dichter um sich duldete, war er kulturell wenig interessiert und in seiner Bildung wohl auch eher recht praktisch orientiert. Eine gewisse Volksnähe und Gemütlichkeit, die er zur Schau stellte, soll aber nicht darüber hinwegtäuschen, dass der Habsburger bei der Durchsetzung seiner Interessen auch vor befohlenem Mord nicht zurückschreckte, wenn es sein musste. Er war eben ein Herrscher des Mittelalters, der Erfolg haben wollte – und auch hatte.

Als der König im Sommer des Jahres 1291 sein nahes Ende fühlte, ritt er unter Aufbietung seiner letzten Kräfte nach Speyer, um in der Stadt, in welcher er 18 Jahre zuvor seinen ersten Hoftag gehalten hatte, zu sterben. Er wollte im großartigen Dom von Speyer, in dem bereits die salischen Kaiser und Könige beigesetzt worden waren, seine letzte Ruhe finden. Nachdem er aufrecht von Germersheim nach Speyer geritten war, verließen ihn seine Kräfte rasch und er starb am 15. Juli 1291.

Das Grab des ersten habsburgischen Königs befindet sich somit im Dom von Speyer. Das Abbild Rudolfs auf seinem Sargdeckel war bereits zu seinen Lebzeiten geschaffen worden und zeigt ein recht lebensnahes Abbild. Es wurde nichts beschönigt und allegorisiert, denn Rudolf von Habsburg war ein sehr nüchterner Mensch. Diese Grabplatte ist auch das erste bekannte und überlieferte lebensechte Porträt eines Menschen des europäischen Mittelalters.

Über Rudolf von Habsburg gibt es eine Vielzahl sagenhafter Geschichten und Anekdoten, wobei stets erwähnt wurde, er sei ganz besonders religiös gewesen. Allerdings dient dieser immer wiederkehrende Hinweis eher seiner Verklärung und Legitimierung und ist bei genauerer Betrachtung seiner Persönlichkeit und Taten wohl kaum zutreffend. Seine Frömmigkeit wird wohl nicht über seinen Stand und seine Zeit hinausgegangen sein. Immerhin war Rudolf in erster Linie ein rücksichtsloser und aufstrebender Dynast, der bei Bedarf auch nicht vor Gewalt gegen die Kirche zurückschreckte. So ließ er Klöster niederbrennen und war als Parteigänger der Staufer selbst jahrelang in Kirchenbann.

»Glückte ihm nicht alles, so doch immer noch genug. Seine Gedankenwelt war minder erhaben als die seiner großen Vorgänger, die Art Königtum, die er schuf, minder leuchtend und seine Politik begrenzter, handfester als die staufische.« (Schoenstedt 1956, S. 217) Man kann es auch so sehen: Hätte das Reich mehr handfeste und nüchterne Herrscher vom Schlage dieses Habsburgers gehabt, dann wäre ihm wohl vieles erspart geblieben.

König Albrecht I.

(1255–1308)

Sein Wahlspruch: »Fugam victoria nescit« (»Der Sieg kennt keine Flucht«)

Albrecht kam wahrscheinlich im Juli 1255 in Rheinfelden als ältester Sohn Rudolfs von Habsburg zur Welt. Wie nicht anders zu erwarten, ist über seine Jugend eigentlich kaum etwas bekannt, und seine Erziehung dürfte sich im Wesentlichen auf Handfestes beschränkt haben. Er war jedenfalls bereits in jungen Jahren ein guter und furchtloser Kämpfer, der geistigen Bereichen offenbar wenig zugetan war. Der junge Habsburger war aber dennoch alles andere als ein Dummkopf, sondern ließ sich von einer sehr praktischen Intelligenz leiten.

Albrecht amtierte ab 1273 als Landgraf im Ober-Elsass, wo er sich bereits recht geschickt anstellte. Im Mai 1281 wurde er von seinem Vater als Reichsverweser der Reichsgüter in Österreich und der Steiermark eingesetzt. Albrecht wurde beim Reichstag von Augsburg am 17. Dezember 1282 gemeinsam mit seinem Bruder Rudolf zum Herzog von Österreich und Steiermark ernannt. Schon ein halbes Jahr später erklärte ihn die Rheinfelder Hausordnung allerdings zum alleinigen Inhaber dieser Rechte. Albrechts Bruder Rudolf sollte mit anderen Gebieten im südwestdeutschen Raum entschädigt werden, starb aber bereits 1290, ohne etwas erhalten zu haben. Das sollte für Albrecht später schlimme Folgen haben.

Albrechts Vater, König Rudolf I., setzte alles daran, um seinen Sohn noch zu eigenen Lebzeiten zum römischen König zu machen, was allerdings an den Kurfürsten des Reiches scheiterte. Auch ein weiterer Plan der Habsburger ließ sich nicht durchführen. Nachdem der ungarische König Ladislaus IV. 1290 ermordet worden war, wollte Rudolf seinen

Sohn Albrecht auf den Thron Ungarns setzen, da er Ungarn als heimgefallenes Reichslehen in Anspruch nahm. Doch massiver Widerstand in Ungarn und der baldige Tod König Rudolfs im Jahre 1291 machten auch diesen Plan zunichte.

Albrecht als frischgebackener österreichischer Herzog setzte zu Beginn seiner Herrschaft auf die Verdrängung des österreichischen und steirischen Adels durch schwäbische Herren aus seiner Klientel. Besonders die Grafen von Wallsee wurden dabei bevorzugt. Das steigerte nicht gerade die Beliebtheit Albrechts in seinen Herzogtümern, und schon 1291 gab es erste Aufstände in der Steiermark. 1295 erhob sich dann fast der gesamte österreichische Adel. Der Habsburger wusste aber, wie man sich durchsetzt, und blieb gegen die Aufständischen erfolgreich.

Im Jahr 1295 kam es dann zu einer nie geklärten Vergiftung Herzog Albrechts, die möglicherweise auf einen Mordanschlag zurückzuführen war, denn Feinde hatte er ja genug. Es könnte sich aber auch viel banaler um einen der kulinarischen »Unfälle« jener Zeit gehandelt haben, in der aufgrund der hygienischen Verhältnisse Lebensmittelvergiftungen fast an der Tagesordnung waren. Albrechts Behandlung erfolgte dann auch mit den üblichen Methoden, wie abführenden Mitteln. Doch die Koliken des Herzogs wurden immer schlimmer, und er verlor das Bewusstsein. Um das Gift aus dem Körper abfließen zu lassen, hängten ihn seine Ärzte zuletzt verkehrt herum an den Beinen auf. Es spricht für die Konstitution Albrechts, dass er auch diese »Behandlung« überlebte, allerdings verlor er dabei ein Auge. Es wird nicht viele Untertanen Albrechts in seinen Herzogtümern gegeben haben, die über seine Genesung erfreut waren, denn ganz besonders die Wiener trauerten noch immer dem »guten« König Ottokar nach.

Albrecht hatte sich vorerst damit abfinden müssen, dass 1292 der relativ schwache Adolf von Nassau zum deutschen König gewählt worden war. Der österreichische Herzog musste in der Folge auch einige Jahre lang gegen Unruhen und Aufstände in seinen Territorien vorgehen, was ihn daran hinderte, im Reich groß Opposition gegen den von ihm ungewünschten neuen König zu betreiben. Der relativ unbedeutende König Adolf, der bereits seine Wahl mit massiven Zugeständnissen an die Fürsten erkauft hatte, geriet infolge einer fehlenden Hausmacht rasch in große Schwierigkeiten. Besonders der fragwürdige Kauf der Landgrafschaft Thüringen von Albrecht »dem Entarteten« durch den König erboste die mächtigen Kurfürsten und brachte Adolf in Misskredit. Herzog Albrecht hatte die Rebellionen in seinem Herrschaftsbereich inzwischen unterdrückt und sich mit dem ihm lange Zeit feindlich gesonnenem König Wenzel II. von Böhmen ausgesöhnt. Jetzt hatte er die Gelegenheit, massiv in die Reichspolitik einzugreifen. Die Mehrheit der Fürsten bereitete bald die Absetzung Adolfs und die Wahl Albrechts zum deutschen König vor. Es kam bereits 1297 zu Kämpfen zwischen den verfeindeten Parteien. Die Kurfürsten eröffneten dann im Juni 1298 ein Gerichtsverfahren gegen den ungeliebten König Adolf von Nassau und klagten ihn verschiedener Vergehen an, von denen einige uns heute sehr skurril anmuten. Das äußerst fragwürdige und wohl gar nicht dem Reichsrecht entsprechende Verfahren führte schließlich zur Absetzung Adolfs und zur Wahl Albrechts zum deutschen König. Angeblich wollte der Habsburger die Wahl zunächst gar nicht annehmen, was allerdings sehr unwahrscheinlich ist, wenn man bedenkt, dass er einer der Hauptbetreiber der Angelegenheit war. Letztlich entschied, wie meistens im Mittelalter, das Schlachtfeld über die Zukunft des Reiches. Am 2. Juli 1298 kam es zur Schlacht bei Göllheim zwischen Kaiserslautern und Worms, in der sich die Heere der beiden »Könige« Albrecht und Adolf gegenüberstanden. Adolf von Nassau fiel nach heftigem Kampf mit einigen seiner wichtigsten Getreuen im dichten Kampfgetümmel. Die Sache war entschieden, und Albrecht erwies sich nicht als großzügiger Sieger, da er seinem getöteten Rivalen sogar die Beisetzung im Kaiserdom von Speyer verweigerte.

Albrecht von Habsburg wurde am 25. Juli 1298 in Aachen zum König gekrönt und belehnte seine Söhne am darauffolgenden Reichstag von Nürnberg. Rudolf, Friedrich (der

Schöne) und Leopold erhielten Österreich und die Steiermark. Damit war die Habsburger-Dynastie in den beiden Herzogtümern eigentlich fest gefügt, auch wenn die jungen Herzöge noch nicht viel zu sagen hatten. Der neue König machte sich in der Folge sehr energisch daran, die wichtigsten Reichsprobleme zu lösen. So konnte er durch eine Heiratsverbindung mit dem französischen König Philipp IV. »dem Schönen« die Grenzstreitigkeiten mit dem westlichen Nachbarreich für einige Zeit beilegen. Auch die Auseinandersetzung mit dem böhmischen König Wenzel II. über die Herrschaft in großen Teilen des kollabierten Königreichs Polen konnte durch einen Kompromiss zufriedenstellend geregelt werden. Es gab aber auch Widerstände vonseiten des Papstes Bonifatius VIII. und der rheinischen Kurfürsten zu überwinden. Diese wollten dem habsburgischen König nicht zu viel Macht zugestehen. Auch hier zeigte sich Albrecht kompromissbereit und verzichtete auf gewisse Ansprüche in Italien, was ihm dann auch als Untertänigkeit gegenüber dem Papst ausgelegt wurde. Doch Albrecht war ein nüchterner Realist, der wusste, dass die deutschen Könige in Italien selten etwas Gutes erfahren hatten. Deshalb lehnte er vielleicht auch die ihm vom Papst angebotene Kaiserkrönung in Rom ab.

Trotz oder vielleicht wegen seiner Bereitschaft zum Kompromiss schien Albrecht auf dem besten Weg, ein starker König zu werden, der das Reich wirklich unter seine Kontrolle bringen konnte. Da Albrecht wegen seiner vielen Verpflichtungen im Reich nicht genug Zeit für die Verwaltung des Hausbesitzes aufbringen konnte, übertrug er seinem ältesten Sohn Rudolf III. die Regierung Österreichs. Die zweite Generation der Habsburger scheint hier bereits ziemlich heimisch gewesen zu sein und sich in Sprache und Sitten den Landesbewohnern angepasst zu haben. Rudolf III. hatte aber in den Herzogtümern wenig zu sagen, da König Albrecht I. die Zügel fest in der Hand hielt. Zu jener Zeit konnten viele Klöster ihren Besitzstand stark vermehren, was der Habsburger nicht gerne sah, aber letztlich auch nicht verhindern konnte.

Im Jahre 1304 entschloss sich König Albrecht I. zu einem Kriegszug gegen den böhmischen König Wenzel II., an dem auch sein Sohn Rudolf III. teilnahm. Es ging um die ungarische Thronfolge, und der Papst, der mit der Einsetzung von König Wenzels Sohn als ungarischer König nicht einverstanden war, hatte König Albrecht um Hilfe ersucht. Dieser stellte nun Forderungen an Wenzel, die dieser nicht erfüllen konnte. Deswegen wurde gegen den Böhmen die Reichsacht ausgesprochen, und in dem nun folgenden Kriegszug belagerte Albrecht gemeinsam mit seinem Sohn die reiche Bergwerksstadt Kuttenberg, wobei die Bevölkerung im Umland der Stadt schlimmen Grausamkeiten ausgesetzt war. Die Belagerung konnte nicht erfolgreich zu Ende geführt werden, da durch den Wintereinbruch Krankheiten und Hunger im Heer der Habsburger ausbrachen. Sie zogen sich daraufhin zurück.

Nun starben in der Folge aber nacheinander König Wenzel II. und sein Sohn Wenzel III., der nur wenige Monate regiert hatte. Für Albrecht I. schien es jetzt eine günstige Gelegenheit zu geben, sich Böhmens zu bemächtigen und es zu einem habsburgischen Territorium zu machen. Der Habsburger erklärte also seinen Sohn Rudolf III. zum neuen böhmischen König. Wohl nicht ganz unerwartet rebellierten bald darauf aber die böhmischen Stände und beschlossen die Absetzung des neuen Königs. Albrecht I. griff jedoch hart durch und zwang die Empörer, seinen Sohn als König anzuerkennen. Das Königreich schien vorerst für das Haus Habsburg gesichert, aber Rudolf III. starb schon 1307 bei der Belagerung einer böhmischen Burg an der Ruhr. Die böhmischen Stände wählten nun den Meinhardinger Heinrich von Kärnten als neuen König.

Auch ein anderer Plan Albrechts I. ließ sich nicht realisieren. Als er nach dem Tod Albrechts des Entarteten dessen Lehen in Thüringen und Meißen als heimgefallenes Reichslehen einziehen wollte, kam es zu einer bewaffneten Auseinandersetzung mit den Söhnen des »Entarteten«. Der Habsburger drang mit einem großen Heer in die umstrittenen Gebiete ein und es kam am 31. Mai 1307 zur Schlacht bei Lucka. In dieser erlitt das Heer des Königs eine schwere Niederlage gegen die beiden Söhne des »Entarteten«, die eine gemischte Streitmacht aus Rittern, Bürgern und Bauern kommandierten. Wieder einmal hatte ein Ritterheer gegen gemischte Haufen, die vor allem aus Fußvolk bestanden, versagt.

Nach dieser Niederlage, die ihm auch viel Ansehen gekostet hatte, griff der König auf einem anderen Gebiet hart durch. Es gab schon lange einen Streit um Zollstationen, welche einige deutsche Fürsten eigenmächtig errichtet hatten. Albrecht I. zwang nun in diesem Zusammenhang die Erzbischöfe und den Pfalzgrafen bei Rhein zur Kapitulation. Doch schon mischte sich Papst Bonifatius ein, der Albrechts Vorgehen gegen die Mitglieder des Kurkollegiums nicht dulden wollte. In der Folge kam es wieder vermehrt zu Unruhen in Schwaben, dem Elsass, der Schweiz und in Baden. Albrecht verkündete mehrmals einen allgemeinen Landfrieden, der allerdings keine Wirkung zeigte.

König Albrechts I. Leben sollte 1. Mai 1308 in Königsfelden bei Brugg nicht weit von seiner Stammburg enden. Der vielleicht merkwürdigste Mordfall in der Geschichte des Hauses Habsburg zeichnete sich bereits am Vorabend der Tat ab, als der König auf einer Burg in der Nähe von Winterthur ein festliches Gastmahl veranstaltete. Dabei war auch sein Neffe Johann von Schwaben anwesend. Als Albrecht zu später Stunde jedem seiner Gäste einen Blumenkranz überreichen wollte, warf der junge Mann diesen dem König ins Gesicht und rief, er wäre zu alt, um weiterhin nur Blumen zu erhalten, und er wolle das, was ihm zustehen würde. Das Fest wurde durch diesen Eklat abrupt beendet. Als Albrecht I. am nächsten Tag auf dem Heimweg war, wartete sein Neffe mit einer Gruppe von Verschwörern auf ihn. Johann ritt auf seinen Onkel zu und spaltete ihm angeblich wortlos den Schädel. Der Mörder war der Sohn von Albrechts Bruder Rudolf, der im Vertrag von Rheinfelden auf Österreich verzichtet hatte und Herzog von Schwaben, Elsass und dem Aargau geworden war, ohne diese Herrschaft jemals wirklich antreten zu können. Dabei sollten er bzw. seine Erben auch niemals die versprochenen Entschädigungszahlungen erhalten haben. Manche Quellen meinen auch, dass Johann durch den Mord hoffte, seinen Onkel zu beerben, was allerdings weit hergeholt erscheint. Später gab man Johann von Schwaben wegen des Mordes den Beinamen »Parricida«, was eigentlich falsch ist, da er ja kein Vatermörder war, sondern seinen Onkel getötet hatte.

Albrecht hatte nach dem Tod seines Sohnes Rudolf seinen zweitältesten Sohn Friedrich für die Verwaltung Österreichs eingesetzt. Sein Wunsch, dass auch dieser Sohn eines Tages seine Nachfolge antreten solle, ging nicht in Erfüllung. Die Königswürde ging nun an Heinrich VII. aus dem Hause Luxemburg. Es sollte aber nicht lange dauern, bis sich die Häuser Habsburg und Wittelsbach einen erbitterten Krieg um das deutsche Königtum liefern würden.

Herzog Rudolf IV.
»der Stifter« (1339–1365)

»Die arge List mit Weisheit ist.« (Frei übersetzter Wahlspruch Rudolfs.)

Eines der sicherlich interessantesten Mitglieder des Hauses Habsburg war der am 1. November 1339 geborene Herzog Rudolf IV. Er sollte auch der erste Herrscher aus dem Hause Habsburg sein, der wirklich in Österreich geboren wurde. Rudolf wurde geboren, als sein Vater Herzog Albrecht II. nach 15-jähriger kinderloser Ehe den Glauben an einen leiblichen Erben wohl schon aufgegeben hatte. Es gab aber Gerüchte, welche die Vaterschaft des gelähmten Albrecht II. infrage stellten. Diese Gerüchte wurden später dadurch zum Verstummen gebracht, dass der Ehe schließlich noch fünf weitere Kinder entsprossen. Rudolf wuchs in der Wiener Burg auf und dürfte sehr sorgfältig erzogen worden sein. Er war jedenfalls des Schreibens mächtig und erfand später sogar eine eigene Geheimschrift. Dieser Rudolf war überhaupt vielleicht einer der intelligentesten Habsburger der Geschichte.

Rudolfs Mutter Johanna Gräfin von Pfirt wird in den Quellen als sehr gelehrte Frau geschildert, die sogar auf Latein kommunizierte. Sie scheint sich auch um die Erziehung und Bildung ihrer Söhne gekümmert zu haben. Die spätere Entwicklung ihres Sohnes Rudolf wird wohl in großem Maße auf ihren erzieherischen Einfluss zurückzuführen sein. Johanna starb 1351, als Rudolf zwölf Jahre alt war.

Albrecht II. hatte bereits seinem zehnjährigen Sohn von den Hochadeligen seiner Länder huldigen lassen. Zu jener Zeit gab es auch die große europäische Pestepidemie, die wohl wie die aufkommende Geißlerbewegung, die Judenverfolgungen und das Erdbeben von 1348 großen Eindruck auf den jungen Herzogssohn gemacht hat. Man spekulierte,

dass er vielleicht deshalb später das Glück und Wohlerge-
hen seiner Untertanen als wesentliches Fundament für den
Ruhm und die Macht seiner Regierung ansah.

Rudolf wurde bereits als Kind mit der Tochter des Markgrafen von Mähren und späteren Kaisers Karl IV. verlobt.
Der 14-jährige Herzogssohn heiratete Katharina schließlich
zu Ostern 1353 in Prag. Zu jener Zeit gab es auch die ersten
Berichte über Rudolfs bemerkenswertes Selbstbewusstsein,
sein heftiges Temperament und seine als »anmaßend« beschriebene Haltung. Er wurde bald schon in die Politik einbezogen und reiste mit seinem Schwiegervater zum Oberrhein und nach Zürich. Danach nahm er 1354 mit seinem
Vater am Krieg gegen das aufmüpfige Zürich teil. Dieser
übertrug ihm auch im Herbst 1357 die Verwaltung der Obe-
ren Lande, und Kaiser Karl IV. machte ihn zum Reichsland-
vogt im Elsass.

Als sein Vater Albrecht II. am 20. Juli 1358 starb, übernahm Rudolf gemeinsam mit seinen beiden Brüdern Albrecht III. und Leopold III. die Regierung der Erblande. Die
drei Brüder sollten gemeinschaftlich herrschen, doch solange
er lebte, besaß Rudolf IV. die eigentliche Regierungsgewalt,
und seine Brüder hatten wenig zu bestellen, obwohl auch
sie durchaus das Zeug zu einigermaßen fähigen Herrschern
hatten, wie sich später zeigen sollte.

Rudolfs Ehe mit der 1342 geborenen Katharina von Luxemburg scheint nicht unglücklich gewesen zu sein, blieb
aber kinderlos. Rudolf kam durch seine Frau in intensiven
Kontakt mit seinem kaiserlichen Schwiegervater und dessen glänzendem Prager Hof. Das beeindruckte den jungen
Mann sehr, und er wollte dem Kaiser an Prunk und Bedeutung nacheifern. Viele seiner Aktivitäten sind auf den Drang
zurückzuführen, seinen eigenen Rang zu erhöhen und seine
Residenzstadt Wien dem Glanz des kaiserlichen Prag anzunähern. Dazu kam auch, dass sich Rudolf das Auftreten und
das Gepränge eines Königs gab, womit er natürlich seine eigene Stellung im Reich erhöhen wollte.

Die »Goldene Bulle« von 1356 hatte die Stellung der
Kurfürsten und ihrer Territorien reichsrechtlich festgelegt

und damit auch die Privilegien dieser Fürsten bestätigt. Die Habsburger waren trotz oder gerade wegen ihrer starken Machtstellung und ihres beeindruckenden Länderkonglomerats dabei leer ausgegangen. Das war für den ehrgeizigen und von der Bestimmung seines Hauses erfüllten Rudolf ein herber Schlag. Es war für ihn schwer zu ertragen, dass er keinen seiner Macht entsprechenden Rang im Reich bekleidete. Da er ein junger Mann mit viel Energie und Fantasie war, machte er sich an die Arbeit, diesem Übelstand abzuhelfen. Hinter all seinen Bestrebungen stand sicherlich der Gedanke, einen geschlossenen und in gewissem Maß souveränen Herrschaftskomplex zwischen den habsburgischen Stammlanden am Oberrhein bis nach Italien und Ungarn zu schaffen, der von ihm und seinen Nachkommen in einer königsgleichen Stellung regiert wurde. Dazu musste es dann auch einen passenden Titel geben, denn jener eines Herzogs schien ihm zu gering.

1358 trat Rudolf IV. an seinen kaiserlichen Schwiegervater heran und schlug ihm vor, dieser solle ihn zum »König der Lombardei« erheben. Das hätte natürlich bedeutet, dass er neben dem Erhalt des Königstitels auch große Teile Norditaliens in seinen Machtbereich hätte integrieren können. Wie zu erwarten, kam von den Kurfürsten dazu ein klares »Nein«. Noch im gleichen Jahr arbeitete der ehrgeizige Habsburger an einem anderen Plan, der Wiederherstellung des ehemaligen Herzogtums Schwaben. Dazu ernannte er sich ohne kaiserliche Genehmigung zum Generalstatthalter des Reiches in Schwaben und im Elsass. Auch dabei stieß er auf wenig Begeisterung bei den anderen mächtigen Fürsten. Rudolf schien bei Kaiser Karl IV. vorerst eine gewisse Narrenfreiheit zu genießen, denn es gab eigentlich kaum Konsequenzen für seine Eigenmächtigkeiten.

Doch schon bald lieferte der junge Herzog sein Meisterstück: Er ließ während des langen Winters 1358/59 einen umfassenden Komplex von gefälschten Urkunden produzieren. In diesen verliehen die bedeutendsten Persönlichkeiten der abendländischen Geschichte wie Julius Caesar und Kaiser Nero den österreichischen Fürsten und ihren

Ländern bedeutende Privilegien und Rechte. Dabei wurde im »Privilegium maius« das echte von Kaiser Friedrich Barbarossa verliehene »Privilegium minus« beträchtlich erweitert. So wurden die Herrscher Österreichs den Kurfürsten gleich bzw. teilweise sogar über diese gestellt. Sie durften königsgleiche Insignien verwenden, hatten eine eigene Gerichtsbarkeit, das automatische Recht zur Primogenitur und eine quasi unabhängige Stellung im Reichsverband. Doch jetzt hatte Rudolf den Bogen überspannt, denn der Kaiser verweigerte ihm nach der Entlarvung des Konstrukts durch den italienischen Gelehrten Petrarca als Fälschung natürlich die Anerkennung dieses »Dokuments«. Rudolf IV. war auch nicht davor zurückgeschreckt, das echte »Privilegium minus« zu vernichten und dessen echtes Goldsiegel an seinem »Privilegium maius« anzubringen. Nun wurde der Ton zwischen Karl IV. und dem Herzog wirklich etwas rauer. Denn Rudolf blieb ein Wiederholungstäter und trat bald darauf mit einigen Titeln in Erscheinung, die ihm seiner Meinung nach zustünden. So war er nun ein »Pfalzerzherzog«, ein »Erz-Jägermeister« des Reiches bzw. Herzog von Schwaben und Elsass. Außerdem ließ er sich mit einer königlich wirkenden Erzherzogskrone mit Bügel und Kreuz blicken.

Karl IV. war schließlich doch recht ärgerlich, entzog Rudolf 1360 die Reichlandvogtei im Elsass und ordnete an, er müsse öffentlich den Titeln »Pfalzerzherzog« und »Herzog von Schwaben« entsagen. Außerdem müsse er unter Eid auf die Benutzung königlicher und kaiserlicher Insignien verzichten. Der Kaiser wollte wohl vor allem verhindern, dass der Habsburger sich mit Tricks in die illustre Reihe der Kurfürsten einschlich, indem er ein Erzamt, das nur einem Kurfürsten zustand, usurpierte oder gewisse Insignien gebrauchte. Es bedurfte noch einiger Auseinandersetzungen, bis Rudolf IV. von den meisten dieser Versuche Abstand nahm. Den Titel eines »Erzherzogs«, den der Kaiser nicht besonders beanstandet hatte, da er eine Neuschöpfung ohne rechtliche Ansprüche war, behielt der Habsburger aber.

Unter Rudolf IV. wurde ab 1359 intensiv am Umbau von St. Stephan gearbeitet, denn die Kirche sollte eine regelrech-

te »königliche« gotische Kathedrale werden und der »erz-
herzoglichen« Repräsentation dienen. Jetzt wurde auch mit
dem Bau der beiden hohen Türme und des hochgotischen
Langhauses begonnen. Am Portal des Gebäudes hat sich der
Herzog dann auch verewigt. Der ehrgeizige Rudolf wollte
dem Prager Veitsdom ein gleichwertiges Kirchengebäude
gegenüberstellen. Der Kirchenausbau ist dann auch der
Hauptgrund, warum man Rudolf IV. »den Stifter« nannte.
Auch wenn sich der Wunsch nach einem eigenen von Passau unabhängigen Landesbistum nicht verwirklichen ließ,
so ließ Rudolf die Kirche zur Kollegiatskirche erheben und
ein Allerheiligenkapitel errichten, dem ein von ihm gefürs-
teter Propst vorstand. Womit der Herzog also sogar begonnen hatte, in Österreich Fürstenränge zu vergeben, wozu er
natürlich reichsrechtlich gar nicht befugt war.

Auch die Gründung der Wiener Universität geht auf den
ehrgeizigen Herzog zurück. Ebenfalls in Konkurrenz zum
kaiserlichen Prag wollte er auch über eine derartige Bil-
dungseinrichtung verfügen und gründete diese 1365. Die
»Alma Mater Rudolphina« war damit nach Prag die zwei-
tälteste deutsche Universität. Mit dieser Gründung maßte
sich der Habsburger eigentlich wieder königliches Recht
an. Doch kam es erst 20 Jahre nach Rudolfs Tod zur Einrichtung einer theologischen Fakultät an dieser Hochschule.
Eine solche Fakultät war aber im mittelalterlichen Europa
entscheidend für die allgemeine Anerkennung als »wirkliche« Universität.

Wenn auch Rudolf mit seinen Plänen zur Wiederherstel-
lung des Herzogtums Schwaben scheiterte, so erwies sich die
Erwerbung Tirols als zukunftsweisend für seine Dynastie.
Im Jahre 1363 schloss der Herzog nach dem Tod des in Tirol
herrschenden Wittelsbachers Meinhard III., der mit Rudolfs
Schwester Margarete verheiratet war, einen Erbertrag mit
Margarete »Maultasch« von Tirol. Sie war die Mutter des
Verstorbenen und eine nicht ganz einfache und vom Schick-
sal recht gebeutelte Person. Der Habsburger trat damit 1363
die Regierung in dem wichtigen alpinen Transitland an.
Den bayerischen Verwandten aus dem Hause Wittelsbach

war das Ganze nicht recht, und sie griffen zu kriegerischen Maßnahmen. Der Konflikt sollte bis 1369 dauern und im Frieden von Schärding nur durch gewisse Konzessionen der Habsburger beendet werden. Margarete »Maultasch« durfte auf Anordnung Rudolfs IV. nie mehr nach Tirol zurück und musste ihren Lebensabend in Wien verbringen, wo später der von ihr bewohnte »Margaretengrund« dem heutigen fünften Wiener Gemeindebezirk seinen Namen gab.

Es ist umstritten, ob der Erbvertrag mit Margarete nicht auch eine Fälschung durch Rudolfs IV. bekannte Fälscherwerkstatt darstellt. Er wollte Tirol als Landbrücke zu seinen westlichen Territorien und als Sprungbrett nach Oberitalien, wohin er ebenfalls zu expandieren gedachte. 1364 folgte ein weiterer Coup Rudolfs IV., als er mit Kaiser Karl IV. den Brünner Erbvertrag abschloss, welcher die gegenseitige Erbfolge von Luxemburgern und Habsburgern festlegte. Damit wurde die Aussöhnung zwischen dem Kaiser und dem Herzog besiegelt. Auch mit Ungarn gab es bereits seit 1361 einen Erbvertrag. Der umtriebige Herzog wollte nichts dem Zufall überlassen.

Was die Wirtschafts- und Sozialpolitik Rudolfs IV. betrifft, so hat man ihn später sogar mit Kaiser Joseph II. verglichen. Er war sehr bemüht, den Handel und die Wirtschaft zu fördern, wobei er versuchte, durch Steuerfreiheiten gewisse Anreize zu geben. Außerdem sorgte er für Gewerbefreiheit. Auffällig ist die recht harte Besteuerung des Klerus durch den Herzog, was auch darauf hinweist, dass er kein Mann der Kirche war. Er überließ es späteren Habsburger-Generationen, einen großen Teil ihrer Zeit auf dem Kirchenboden und im Beichtstuhl zu verbringen.

Im Sommer 1365 reiste der erst 26-jährige Rudolf nach Mailand, da er die aus dem Hause Barnabo Visconti stammende Braut seines Bruders Leopold abholen wollte. Auch hier waren natürlich in erster Linie Machtinteressen im Spiel. Er erkrankte dabei jedoch an einem »hitzigen Fieber«, an dem er je nach Quelle am 26. oder 27. Juli starb. Seine bemerkenswerte und ereignisreiche Regierungszeit hatte nur 7 Jahre gedauert. Die Leiche Rudolfs IV. wurde angeblich in Rotwein gekocht und dann in eine Ochsenhaut eingewickelt. Der so konservierte Herzog wurde daraufhin nach Wien gebracht und in der von ihm gestifteten Fürstengruft der Stephanskirche beigesetzt. Der Leichnam war mit einem wertvollen Stoff aus Gold und Seide mit arabischen Inschriften bedeckt, der ursprünglich mehrere Jahrzehnte zuvor im Iran für den dortigen Herrscher hergestellt worden war. Der Tod des Herzogs soll allgemein tief betrauert worden sein. Schon zu seinen Lebzeiten war er von vielen als bedeutender Herrscher wahrgenommen worden.

Unglücklicherweise hatten die beiden Brüder des »Stifters« nicht ganz das Format, sein Lebenswerk angemessen weiterzuführen. Stattdessen zerstritten sich Leopold III. und Albrecht III. heillos, was letztlich zu einer Spaltung führte. Obwohl Rudolf IV., angeblich bereits von Todesahnungen erfüllt, in seiner Hausordnung von 1364 festgelegt hatte, dass beide gemeinsam regieren sollten, kam es schließlich nach längeren Auseinandersetzungen im Jahr 1379 zum Vertrag von Neuberg, in dem der habsburgische Besitz zwischen den Brüdern geteilt wurde.

Man kann heute das Porträt Rudolfs IV. im Wiener Dommuseum betrachten. Dieses lange Zeit über seinem Grab im Stephansdom aufgehängte Gemälde gilt als das erste (Halb-)Frontalporträt der abendländischen Kunstgeschichte. Es wirkt trotz der etwas ungeschickten Darstellung der erfundenen Krone eines Erzherzogs sehr realistisch, da sogar die beginnende Gesichtslähmung Rudolfs dargestellt wurde.

Rudolfs genial-freche Fälschung und die Erfindung des Titels eines Erzherzogs wurde erst unter Kaiser Friedrich III. im Jahre 1453 reichsrechtlich anerkannt. Im 16. Jahrhundert wurde dann der Titel eines Erzherzogs charakteristisch für alle Habsburger-Prinzen.

Herzog Albrecht III.
»mit dem Zopf«   (1349–1395)

»Albrechts Wirken auf geistigem Gebiet gehört zu dem bedeutendsten eines österreichischen Herrschers im Mittelalter.« (Gutkas 1973, S. 102)

Albrecht war der dritte Sohn von Herzog Albrecht II. und dessen Gemahlin Johanna von Pfirt. Sein genaues Geburtsdatum steht nicht fest und muss zwischen dem 18.11.1349 und dem 16.3.1350 angesiedelt werden. Der Geburtsort war auf jeden Fall die Burg zu Wien. Albrechts Eltern scheinen jedenfalls sehr an der Bildung ihrer Söhne interessiert gewesen zu sein, was zumindest bei ihm und seinem Bruder Rudolf auf fruchtbaren Boden fiel. Letztlich verfügte er über eine für jene Zeit sehr gute Allgemeinbildung. Albrecht konnte sich in den wissenschaftlichen Disput jener Zeit einschalten und durch seine Bildung auf allen Gebieten beeindrucken. Das sollte später auch der Wiener Universität zugutekommen, die 1384 endlich durch die päpstliche Genehmigung einer theologischen Fakultät eine bedeutende Aufwertung erfuhr.

Der frühe und unerwartete Tod Rudolfs IV. führte dazu, dass seine Brüder Albrecht III. und Leopold III. von Kaiser Karl IV. belehnt wurden. Man sollte dabei im Auge behalten, dass die beiden Brüder zu dieser Zeit 15 und 16 Jahre alt waren. Die frischgebackenen Herzöge machten sich sogleich daran, die bereits geplante Erbeinigung zwischen den Habsburgern und den Luxemburgern in die Wege zu leiten. Demzufolge vermählte sich Albrecht 1366 mit Elisabeth von Luxemburg, einer der Töchter Kaiser Karls IV. Die Braut war damals 8 Jahre alt, während ihr Gemahl bereits doppelt so alt war – immerhin schon 16. Elisabeth verstarb bereits 1373 im 16. Lebensjahr, ohne Kinder versteht sich. 1375 heiratete Albrecht III. dann zum zweiten Mal – die Braut war nun Beatrix von Zollern, die Tochter von Friedrich V., des Burggrafen von Nürnberg. Das Paar hatte 1377 einen einzigen Sohn, der später als Albrecht IV. die Nachfolge antreten sollte. Beatrix von Zollern sollte ihren Gatten um viele Jahre überleben und erst 1414 sterben.

Nach dem Regierungsantritt Albrechts und Leopolds kam es wieder zu Kämpfen mit dem Haus Wittelsbach um Tirol. Hierbei trugen die beiden Brüder schließlich den Sieg davon, und die bayerische Dynastie musste im Frieden von Schärding 1369 endgültig auf Tirol verzichten. Die Habsburger traten dafür nebst einer bedeutenden finanziellen Entschädigung die beiden Städte Schärding und Rattenberg an die Bayern ab. Als die beiden Habsburger 1369 versuchten, die Stadt Triest in ihren Besitz zu bekommen, kam es zu einem Krieg mit Venedig, der dieses schließlich verhinderte. 1382 jedoch unterstellte sich Triest freiwillig der Herrschaft der Habsburger, und es entstand ein Verhältnis, das bis 1918 dauern sollte. Als sich die beiden Herzöge jedoch ab 1373 an Kämpfen in Oberitalien beteiligten, um ihr Territorium zu erweitern, war der Gewinn trotz hohen Aufwandes nur sehr gering. Als 1374 die Görzer Linie der Meinhardinger ausstarb, wurde der Erbvertrag von 1363 schlagend, und Istrien und Teile der Windischen Mark gerieten in den Besitz der Habsburger, die damit bis zur Adria vordringen konnten. 1375 wurde auch von Leopold III. die Inbesitznahme des heutigen Vorarlbergs in die Wege geleitet, als dieser die Grafschaft Montfort-Feldkirch und große Gebiete des Bregenzerwaldes kaufte.

Als am 29. November 1378 Kaiser Karl IV. starb, änderten sich die Verhältnisse für die beiden Habsburger-Herzöge. Karl IV. war trotz der seltsamen Eskapaden Rudolfs des Stifters recht habsburgerfreundlich gewesen, was man von seinen Nachfolgern nicht unbedingt sagen konnte.

Bereits während seiner ersten Regierungsjahre sah sich Albrecht von seinem Bruder Leopold III. bedrängt, der eine Teilung der habsburgischen Länder forderte. Als es 1379 schließlich dazu kam, wurden damit die Albertinische und die Leopoldinische Linie der Habsburger gegründet. Albrecht III. erhielt nach dem Vertrag von Neuberg an der Mürz

Nieder- und Oberösterreich, während an seinen Bruder die übrigen Besitzungen fielen. Der neue deutsche König Wenzel genehmigte die Teilung, da er sich davon eine Verminderung der Macht der Habsburger erwartete.

Die Schweizer waren von der Expansion der Habsburger nach Westen in das Vorarlberger Gebiet nicht begeistert. Als Leopold III. noch weitere Territorien am Oberrhein und in Schwaben in seinen Besitz brachte, kam es ab 1379 zum Widerstand durch oberrheinische, schwäbische und schweizerische Städte. Schließlich kam unter der Einbeziehung von Luzern und Zürich ein Bündnis gegen die Habsburger zustande. Leopold III. wollte offensiv vorgehen und zuerst Luzern und dann Zürich bezwingen. Er griff dabei aber auf die alte Rittertaktik zurück, die an den Schweizer Gewalthaufen scheitern sollte. Die Schweizer lockten das Heer des Herzogs bei Sempach in ein unübersichtliches Gelände, wo er die Überlegenheit der gepanzerten Reiter nicht ausspielen konnte. Es kam hier am 9. Juli 1386 zu einer erbitterten Schlacht, die für den Habsburger mit einer vernichtenden Niederlage endete. Leopold III. kämpfte zäh und erbittert bis zuletzt, wurde dann aber überwältigt und getötet. Die Überreste des glücklosen Habsburgers wurden vorerst in Königsfeld beigesetzt, kamen dann aber später in die Stiftskirche St. Paul im Lavanttal.

Albrecht III. konnte jedenfalls nach dem Tod seines wenig geliebten Bruders Leopold III. die Gesamtregierung aller Erbländer antreten. Er übernahm die Vormundschaft über die vier minderjährigen Söhne seines Bruders. Dadurch sah sich Albrecht III. allerdings gezwungen, den erfolglosen Krieg seines Bruders gegen die Eidgenossen weiterzuführen. Prompt erlitt auch er eine Niederlage in der Schlacht bei Näfels 1388. Die mit ihren konventionellen Ritterheeren agierenden Habsburger konnten sich einfach nicht der Kampftaktik der schweizerischen Bauernhaufen anpassen. Der Herzog konnte jetzt zumindest einen einigermaßen erträglichen Waffenstillstand schließen, der 1394 auf 20 Jahre verlängert wurde. Ein großer Krieger war Herzog Albrecht III. jedenfalls nicht.

Innenpolitisch jedoch war er ein starker Herzog, und er konnte hier wesentliche Akzente setzen. Der Einfluss des Adels, der in Richtung einer selbstständigen Territorialpolitik tendierte, wurde nachhaltig zurückgedrängt und die Landesherrschaft weiter ausgebaut. Angeblich wurde erst durch Albrecht III. ein »österreichisches Landesbewusstsein« geschaffen. (Reifenscheid 2000, S. 58) Vor allem die Wiener sollten den Herzog noch lange als Förderer von Handel und Gewerbe in Erinnerung behalten. Albrecht III. hatte bereits in jungen Jahren nebst einigen anderen wirtschaftlichen Neuerungen eine neue und scheinbar recht zweckmäßige Weingarten-Ordnung festschreiben lassen. Außerdem verbot er den Import aller fremden Weine, um die eigene Weinwirtschaft zu schützen. Außerdem bemühte er sich auch um eine gerechtere Steuerordnung und erließ eine Satzung über »Gleichheit der Rechte und Lasten«.

Albrecht III. förderte das geistige Leben in seinen Landen, was auch dazu führte, dass sein Hofkaplan Leopold von Wien nicht nur die bedeutende Landeschronik (»Chronik der 95 Herrschaften«) verfasste, sondern auch einige lateinische Werke in die deutsche Sprache übersetzte. Der Herzog unterhielt auch rege Beziehungen zum französischen Königshaus, dem er seinen Hof kulturell und bildungsmäßig annähern wollte. Albrecht III. war zudem der erste wirkliche Bücherfreund unter den Habsburgern und gebärdete sich als Mäzen für Dichter, Musiker und Künstler aller Art. Er unterhielt in Laxenburg, das er großzügig ausbaute, eine Art von »Musenhof«. Der Herzog umgab sich mit einem Kreis von Künstlern und Wissenschaftlern, wobei er selbst als Mathematiker und Astrologe in Erscheinung trat. In Laxenburg beteiligte er sich auch selbst an der Gartenarbeit und beschäftige sich mit fortschrittlicher Tier- und Fischzucht. Albrecht führte auch das Werk Rudolfs IV. beim Dombau zu Wien weiter und investierte einiges an Mitteln in den Weiterbau von St. Stephan.

Die Wiener Universität erhielt unter der Herrschaft Albrechts III. endlich eine theologische Fakultät, diese konnte dann in der Folge rasch vollwertig ausgebaut werden. Die

Universitätsurkunde des Herzogs von 1384 sollte schließlich die Grundlage für die Universitätsverfassung bis 1848 bilden. Der Herzog ließ die Hörer in vier »Nationen« einteilen, die österreichische, rheinische, sächsische und ungarische. Dabei vereinigten die »Nationen« Studenten aus ganz verschiedenen Territorien, wobei die Italiener zu den Österreichern und die östlichen Slawen und Griechen zu den Ungarn zählten.

Kirchenpolitisch verhielt sich der Habsburger recht treu zum Papst und vermied entsprechende Konflikte. Sogar an einem »Kreuzzug« hat sich Albrecht III. 1377 beteiligt. Es war dies eine der damals immer wieder stattfindenden »Litauerfahrten« in Preußen, die beim europäischen Adel sehr beliebt waren. Der Dichter Peter Suchenwirth besang später die Heldentaten des Herzogs auf dieser bewaffneten Reise, bei der es recht blutig zuging. Albrecht III. war kein großer Feldherr und liebte vor allem die Ruhe und den Erwerb von Bildung. Doch nun wollte er wirklich einen Feldzug anführen und sich im Kampf gegen die litauischen »Heiden« die Ritterwürde verdienen. Der Herzog kehrte jedenfalls lebend von dem Abenteuer zurück, Heiden wurden kaum bekehrt, dafür aber viele ins Jenseits befördert.

1394 konnte Albrecht III. die Anwartschaft der Habsburger auf die restlichen Besitzungen der Grafen von Görtz sichern. Etwa zeitgleich war er an der Gefangennahme des Königs Wenzel I. beteiligt. Er scheint nun selbst den ehrgeizigen Plan verfolgt zu haben, die Reichskrone in seinen Besitz zu bringen und plante auch ein kriegerisches Unternehmen mit dem ungarischen König Sigismund. All das wurde aber durch seinen plötzlichen Tod verhindert. Angeblich soll Albrecht wenige Stunden vor seinem Tod noch Pläne in Richtung Königtum gemacht haben.

Herzog Albrecht III. starb am 29. August 1395 in seinem Lieblingsschloss Laxenburg. Er wurde in der Herzogsgruft im Wiener Stephansdom zur letzten Ruhe gebettet. Die Nachfolge trat sein Sohn Albrecht IV. an, der sich aber mit seinen Cousins aus der Leopoldinischen Linie verglich und die Regierungstätigkeit teilte. Die von Albrecht III. gegrün-

dete Albertinische Linie sollte noch einige Zeit weiter bestehen und starb erst mit dem Tod von Ladislaus Postumus
1457 aus.

Den Beinamen »mit dem Zopf« hat Albrecht III. wegen
seiner Gründung des Zopfordens erhalten. Seltsamerweise
trug er selbst gerne Zöpfe, und es gibt auch Abbildungen,
die ihn damit zeigen. Der Zopforden war eine von mehreren erfolglosen Ritter-Ordensgründungen durch die frühen Habsburger. Der Zopforden soll aus einem geflochte-
nen Zopf bestanden haben, der als Ring um ein eingelegtes
Wappen gebogen war. Es gibt aber auch andere Darstellungen. Möglicherweise wurde auch von den Mitgliedern des
Ordens erwartet, dass sie Zöpfe trugen. Albrecht III. ging
jedenfalls mit gutem Beispiel voran. Es gibt zudem Berichte,
dass sein Zopf aus dem Haar seiner Gemahlin Beatrix von
Zollern bestanden habe und er den Zopf bei offiziellen Anlässen über dem Brustharnisch trug.

König Albrecht II.
(1397–1439)

Wahlspruch: »Amicus optima vitae possessio« (»Ein Freund ist der beste Besitz des Lebens«)

Albrecht wurde am 10. August 1397 als einziger Sohn Herzog Albrechts IV. und dessen Gemahlin Johanna Sophie von Bayern-Straubing geboren. Der frühe Tod seines Vaters führte dazu, dass der erst siebenjährige Knabe dessen Nachfolge antreten musste. Während der Minderjährigkeit Albrechts verwalteten seine drei Großonkel seine Erblande. Zuerst war dies Wilhelm »der Artige«, der aber bereits 1406 starb, dann war Leopold »der Dicke« an der Reihe, der die Vormundschaft bis 1411 innehatte. Herzog Ernst »der Eiserne« führte die Vormundschaft einige Zeit gemeinsam mit Leopold, was sich nicht als ideale Lösung erwies. Es kam zu fortwährenden Streitigkeiten, die sogar in eine Art von Bürgerkrieg mündeten, der von 1407 bis 1409 dauerte. Der in der Zwischenzeit vom späteren Bischof von Freising und Reinprecht von Wallsee erzogene Albrecht war also eigentlich lange Zeit ein Spielball der Machtinteressen seiner Verwandten. Er nutzte den plötzlichen Tod seines Onkel Leopold »dem Dicken« im Jahre 1411, um endlich selbst die Regierung anzutreten. Die habsburgischen Ländereien hatten während der Vormundschaft und den heftigen Streitereien seiner Onkel schwer gelitten, und der ziemlich verwilderte Adel lieferte Fehden und Unruhen aller Art. Albrecht hatte das Glück, dass er das Wohlwollen König Sigismunds genoss, der ihn auch schon 1411 als zukünftigen Gemahl seiner einzigen Tochter Elisabeth auserkor. Dadurch ergaben sich für den jungen Habsburger, der als österreichischer Herzog der fünfte Albrecht war, große Zukunftsaussichten. Es war auch Sigismund, der ihn aus seiner Vormundschaft befreit hatte. Der junge Fürst, dessen Verstand später gerühmt wurde, konnte mit der Hilfe gut ausgesuchter Berater rasch die Ordnung in seinen Erblanden wieder herstellen. Dabei schreckte er aber nicht vor recht hartem Durchgreifen zurück.

Durch seinen künftigen Schwiegervater und Gönner König Sigismund wurde Albrecht auch intensiv in die Kämpfe mit den Hussiten verwickelt. Der Habsburger erwies sich dabei als unermüdlicher Kämpfer, wobei sich allerdings die Erfolge gegen die fanatischen Glaubenskrieger, die mit einer damals völlig neuen Taktik kämpften, in Grenzen hielten. Die Hussiten unternahmen auch immer wieder verheerende Einfälle auf österreichisches Gebiet. Sigismund war von dem Eifer, den der Herzog an den Tag legte, sehr beeindruckt und gab ihm am 28. September 1421 seine Tochter Elisabeth, die damals wohl erst 13 Jahre alt war, zur Braut. Im Oktober 1423 wurde Albrecht mit der Markgrafschaft Mähren belehnt.

Der Habsburger hatte bereits 1420/1421 die von ihm geplante Vernichtung der jüdischen Gemeinden im Herzogtum Österreich durchgeführt. Diese Aktion, die später als »Wiener Gesera« bezeichnet wurde, kostete mehreren Hundert Juden das Leben und führte zur Vertreibung oder Zwangstaufe der restlichen jüdischen Bevölkerung. Nach langer Zeit relativer Sicherheit durch den Schutz der Landesfürsten in Österreich war es bereits im November 1406 nach einem Großbrand im Judenviertel zu Ausschreitungen in Wien gekommen. Die jüdische Gemeinde war auch in die Auseinandersetzungen zwischen Albrechts Vormündern verwickelt, was ihr nicht unbedingt die Sympathie des jungen Herzogs eintrug. Die Vernichtung der jüdischen Gemeinden in seinem Herrschaftsgebiet wurde nun jedenfalls von Albrecht eiskalt geplant und mitleidslos inszeniert. Er wird dabei wohl neben wirtschaftlichen auch politische und religiöse Motive gehabt haben. Religiöse Toleranz war seine Sache nicht, was sein erbitterter Hass gegen »Ketzer« wie die Hussiten dokumentierte. Bereits 1419 waren die Juden der Kollaboration mit den Hussiten beschuldigt worden, und man unterstellte ihnen auch immer wieder, sie würden die »Ketzer« mit Waffen beliefern. Es lässt sich nicht mehr feststellen, ob diese Vorwürfe der Wahrheit entsprachen, doch der Habsburger-Herzog nützte die Gelegenheit und begann sein Vernichtungswerk. Am 23. Mai 1420 wurden die Juden in Albrechts Machtbereich gefangen genommen, die nicht Vermögenden mussten das Land per Schiff über die Donau verlassen, während man Kinder unter 15 Jahren zwangsweise taufte. Die wohlhabenden Juden hielt man weiter gefangen und folterte und misshandelte sie, um an ihre Vermögenswerte heranzukommen. Viele starben oder begingen Selbstmord in der Haft. Schließlich schaltete sich sogar Papst Martin V. ein, um zumindest das Los der jüdischen Kinder zu erleichtern. Am 12. März 1421 ließ der Herzog per Dekret das Todesurteil für die gefangenen Juden wegen »Bosheit und Hostienfrevels« verkünden. Kurz darauf wurden 120 Frauen und 92 Männer in Erdberg vor den Toren Wiens verbrannt. Nachdem er die Regierung in Mähren übernommen hatte, ließ Albrecht auch dort Judenverfolgungen durchführen. Später sollte sich sein Sohn Ladislaus Postumus ebenfalls als Judenverfolger betätigen. König Sigismund scheint sich nicht an der Brutalität seines Schwiegersohns im Umgang mit den Juden und »Ketzern« gestoßen zu haben. Diese Vorgänge werfen besonders aus heutiger Sicht einen großen Schatten auf den Habsburger, der als Herzog und späterer König nach seinem frühen Tod bei den Zeitgenossen meistens eine gute Nachrede hatte.

Albrecht ließ sich in seinem Kampf gegen die Hussiten lange Zeit nicht durch Rückschläge und die Verheerung großer Teile seines Herzogtums abbringen. Auch in Mähren bekämpfte er diese »Ketzer« und konnte fast das ganze Land unter seine Kontrolle bringen. Im letzten »Kreuzzug« gegen die Hussiten kam es allerdings zur vernichtenden Niederlage seiner Truppen in der Schlacht bei Taus am 14. August 1431. Nach dieser peinlichen Blamage sahen viele Fürsten sogar die Gefahr, dass die Hussiten nun das Reich überschwemmen würden. Man entschloss sich nun endlich zu ernsthaften Verhandlungen, und auch Herzog Albrecht lenkte ein. So war er dann 1436 im Gefolge des nunmehrigen Kaisers Sigismund, als dieser in Iglau die beim Konzil von Basel ausgehandelten Vereinbarungen mit den Hussiten bestätigte.

Kaiser Sigismund favorisierte schon lange seinen Schwiegersohn Albrecht als Nachfolger. Als der Kaiser am 9. Dezember 1437 in Znaim starb, stand Albrecht an seinem Sterbebett. Seine Nachfolge Sigismunds als König von Böhmen und Ungarn sowie im Reich schien trotz einiger Widerstände gesichert. Die ungarischen Stände wählten ihn bereits am 18. Dezember 1437 zum König. In Böhmen wurde Albrecht von den Katholiken und gemäßigten Utraquisten unterstützt, während andere Gruppen den polnischen König Władysław favorisierten. Es kam dann auch zu offenen Auseinandersetzungen. Albrecht marschierte mit bewaffnetem Gefolge am 29. Juni 1438 in Prag ein und wurde gekrönt. Damit hatte er klare Verhältnisse geschaffen. Eine in Böhmen eingedrungene polnische Armee ließ es schließlich nicht zu einer Schlacht kommen und zog sich zurück. Albrecht hatte nun eine Machtstellung errungen, die von keinem Reichsfürsten übertroffen werden konnte. Kern dieser starken Position blieben aber stets seine österreichischen Erblande.

Bereits am 18. März 1438 war Albrecht in Frankfurt von den Kurfürsten zum König gewählt worden. Für die Krönung wurde eine zweijährige Frist vereinbart, es sollte also niemals dazu kommen. Der nunmehrige König Albrecht II. konnte in der ihm noch verbleibenden kurzen Lebenszeit im Reich wenig bewegen, außer dass er einen Reichstag einberief, sich mit Landfriedensentwürfen beschäftigte und einer Initiative der Kurfürsten im Schisma-Streit zustimmte. Dann wandte er sich wieder den Problemen in Böhmen und Ungarn zu. Seine Bedeutung für das Heilige Römische Reich liegt wohl eher darin, dass mit ihm nach einer über hundertjährigen Unterbrechung wieder ein Habsburger auf den deutschen Thron kam und er damit eine lange Reihe einleitete, die bis zum Ende des Reiches dauern sollte.

Bereits 1438 war der osmanische Sultan Murad II. in Siebenbürgen eingefallen und hatte schwere Verwüstungen angerichtet. Große Teile des verschreckten ungarischen Adels erwarteten, dass Albrecht die Situation bereinigen würde. Als er sich intensiv um die ungarischen Verhältnisse kümmerte, stieß er aber wie viele seiner Vorgänger und Nachfolger als ungarische Könige auf eine Vielzahl von Schwierigkeiten. Albrecht musste vorerst versuchen, die königliche Macht gegen den aufsässigen Adel durchzusetzen und Streitigkeiten zwischen den Ungarn und eingewanderten deutschen Siedlern beizulegen. Diese Probleme verhinderten zudem, dass er rasch ein schlagkräftiges Heer aufstellen konnte. Deshalb konnte Albrecht II. die Türken auch nicht an der Inbesitznahme Serbiens hindern. Die ungarischen Magnaten weigerten sich, dem deutschen König militärische Kontingente zur Verfügung zu stellen, und es kam erneut zu schweren Ausschreitungen gegen Deutsche in verschiedenen Städten, die viele Todesopfer forderten. Währenddessen wüteten die Türken bereits in ungarischen Gebieten. Albrecht zog nun mit den von ihm angeworbenen Söldnern, deren Zahl nicht mehr als 24000 Mann betrug, gegen die Osmanen. Doch wurde dieser Feldzug zu einem Fiasko, da es schwere Nachschubprobleme gab, ein großer Teil der Männer an der Ruhr erkrankte und immer mehr desertierten. Nachdem sich sein Heer fast aufgelöst hatte und die ungarischen Magnaten noch immer nicht zu einer wirksamen Hilfe bereit waren, zog sich der bereits selbst kranke König zurück. Ab Gran musste er bereits in einer Sänfte getragen werden, und in Langendorf (Neszmély) legte er sich schließlich zum Sterben nieder. Am 27. Oktober 1439 starb Albrecht II. auf den so viele ihre Hoffnungen gesetzt hatten, im Alter von nur 42 Jahren höchstwahrscheinlich an der Ruhr.

Albrecht II. hinterließ zwei Töchter und eine schwangere Gemahlin. Sein erster Sohn war bereits bei der Geburt gestorben. Der lange erhoffte Erbe Ladislaus wurde erst am 22. Februar 1440 geboren, weshalb er auch den Beinamen »Postumus« erhielt. Der früh verstorbene König wird als groß gewachsen, »von fester Gestalt, mit sonnverbrannten Zügen, gewaltigen Lippen und hervorstehenden Zähnen« geschildert. Er sei »nicht liebenswürdig und gewinnend, vielmehr ernst und verschlossen« erschienen. Seine Bildung soll gering gewesen sein, Latein habe er nie beherrscht, sei aber ein Meister im Krieg und auf der Jagd gewesen. Dafür wurden seine Rechtschaffenheit, sein gerader Sinn und seine Güte, die sich nur den Juden und »Ketzern« gegenüber verschlossen habe, gelobt. (Voigt 1875, S. 229)

Mit seinem Dreifachkönigtum nahm Albrecht II. eine ähnliche Position vorweg, wie sie die Habsburger späterer Zeit über mehrere Jahrhunderte innehaben sollten. Doch war sie bei ihm nur ererbt und konnte durch seinen frühen Tod und den frühen Tod seines Sohnes nicht gehalten werden. Spätere Generationen der Habsburger mussten diese Stellung dann erneut weitaus mühsamer erwerben und immer wieder verteidigen. Albrecht II. ist einer der Habsburger, die am wenigsten in der kollektiven Erinnerung präsent sind, und seine Persönlichkeit erscheint uns heute durch seine geplante und brutale Judenverfolgung in keinem guten Licht.

Kaiser Friedrich III.
»Der Friedfertige« (1415–1493)

»Von Albrechts Vetter, Friedrich,
Viel Gutes nicht läßt sagen sich.
An Trägheit groß, an Geist gering,
Ihm Ruhe über Alles ging.« (Max Barack 1888)

Herzog Ernst »dem Eisernen« aus der Leopoldinisch-Innerösterreichischen Linie der Habsburger wurde am 21. September 1415 in Innsbruck ein Sohn geboren, der den Namen Friedrich erhielt. Die Mutter des kleinen Habsburgers war die zweite Frau von Herzog Ernst, Cimburgis von Masowien, die wahrscheinlich die später so berühmte Habsburgerlippe in das Erbgut der Familie einbrachte. Die gebürtige Polin war auch bekannt für ihre großen Körperkräfte und soll sogar mit bloßer Hand Eisennägel aus den Wänden gezogen haben. Herzog Ernst und seine Gemahlin waren ein recht energisches und tatkräftiges Paar, das diesbezüglich anscheinend nichts auf seinen Sohn Friedrich vererbt hat.

Ernst »der Eiserne« starb, als sein Sohn Friedrich noch keine neun Jahre alt war. Unter den fünf überlebenden Kindern des Herzogs, der sich übrigens bereits mit dem Titel eines »Erzherzogs« schmückte, war Friedrich der älteste Sohn. Er trat die Nachfolge seines Vaters als Herzog von Kärnten, Steiermark und Krain an. Vorerst erhielt er jedoch in der Gestalt von Herzog Friedrich IV., der eine recht spektakuläre Figur war und den inoffiziellen Titel »Friedel mit den leeren Taschen« erhielt, gemeinsam mit seinen Geschwistern einen Vormund. Erst ein Schiedsspruch Albrechts V. (des späteren Königs Albrecht II.) befreite Friedrich im Alter von bereits 20 Jahren von der Vormundschaft seines Onkels.

Es verwundert, dass der gar nicht abenteuerlich veranlagte Friedrich 1436 eine Pilgerreise nach Jerusalem unternahm. Hier wurde er auch im September dieses Jahres am

Heiligen Grab vom Prior des Franziskanerklosters zum Grabesritter geschlagen. Friedrich hatte eine anscheinend sehr praktische Einstellung zur Kirche und machte keinen übertrieben bigotten Eindruck. So sollte er im Jahre 1448 ein Konkordat mit dem Papst abschließen, das endlich dazu führte, dass Wien ein eigenes Bistum werden konnte. Damit endete für die Hauptstadt der Habsburger letztlich anlässlich von Friedrichs zweiter Romreise im Jahre 1468 die »Betreuung« durch das Bistum Passau.

Nach seiner Rückkehr versuchte Herzog Friedrich Einiges, um die wirtschaftlichen Verhältnisse seiner Länder zu ordnen, was ihm nur ansatzweise gelang. 1439 starb sein ehemaliger Vormund Herzog Friedrich IV., doch ein anderer Todesfall im gleichen Jahr sollte sich als viel bedeutender erweisen.

Der unerwartete Tod Albrechts II. am 27. Oktober 1439 führte dazu, dass Friedrich zum Vormund des Ladislaus Postumus wurde, des erst nach dem Tod des Königs geborenen Sohnes. Das Kind, dem von seinem Vater das Herzogtum Österreich hinterlassen worden war, wurde zu einem wichtigen Trumpf in den Händen Friedrichs. Als Vormund des kleinen Ladislaus konnte er die Macht im Herzogtum ausüben und versuchen, die endgültige Kontrolle darüber zu erhalten und später dem mündigen Königssohn die Herrschaft vorzuenthalten. Dazu kam noch Friedrichs Vormundschaft für seinen Neffen Siegmund aus der Tiroler Linie, die nach dem Tod Herzog Friedrichs IV. ebenfalls 1439 anfiel. Doch für Friedrich ging es nun vor allem um die die deutsche Königskrone.

Als Friedrich am 2. Februar 1440 von den Kurfürsten zum deutschen König gewählt wurde, musste er wegen der schwierigen Verhältnisse in Österreich die Krönung vorerst verschieben. Schließlich wurde er als Friedrich III. am 17. Juni 1442 in Aachen gekrönt, wobei niemand ahnen konnte, dass er 53 Jahr lang regieren würde. Jene, die ihn bereits kannten, hatten keine großen Hoffnungen für seine Herrschaft. Außer einer gewissen Ausdauer und seiner Sparsamkeit konnte er keine wirklichen Talente aufbieten. Hatte er doch im Jahre 1436 eine Pilgerreise ins Heilige Land unternommen und dabei seine finanziellen Mittel stets wie ein Buchhalter dokumentiert. Seine Sparsamkeit während der Reise ermöglichte ihm, auf der Rückreise in Venedig eine Menge Waren einzukaufen, mit denen er zuhause noch ein Geschäft machen konnte. Ein derartiger Krämer wurde also Herrscher des Heiligen Römischen Reiches! Ansonsten attestierten ihm selbst wohlmeinende Zeitgenossen eine große geistige Trägheit, aus der er sich so gut wie nie aufrütteln ließ. Wissenschaft und Kunst sollten am Hof Friedrichs III. ziemlich unbeachtet bleiben, und ein Bücherleser war der langweilige Habsburger auch nicht. Das mag alles besonders bitter für den Humanisten Enea Silvio Piccolomini gewesen sein, der später als Pius II. Papst wurde. Immerhin hat er einige Jahre als Sekretär des Kaisers zugebracht.

1443 brachen die bewaffneten Auseinandersetzungen mit den Schweizern erneut aus. Dieser Konflikt wurde von Friedrich noch glückloser als von seinen Vorgängern geführt. Der Versuch, die Stammgüter im Aargau, wo sich auch die Habichtsburg befand, zurückzuerobern, scheiterte. Friedrich III. zeigte in dem Konflikt, den er 1450 geschlagen beenden musste, seine ganze Schwäche, die ihn sein Leben lang verfolgen sollte. Die Tiroler nutzten die Kämpfe mit den Schweizern und zwangen Friedrich, Sigismund, den Sohn Friedrichs IV. von Tirol, aus seiner Vormundschaft zu entlassen. Es kam auch zu familieninternen Streitigkeiten im Hause Habsburg, was zu einer erneuten Teilung der Erbländer führte. Friedrichs Bruder Herzog Albrecht VI. bekam die Vorlande, Herzog Sigismund erhielt Tirol, während der König Innerösterreich behielt und offiziell Österreich ob und unter der Enns für Ladislaus Postumus verwaltete. Es kam auch immer wieder zu kriegerischen Einfällen der Ungarn in Niederösterreich, die damit die Auslieferung von Ladislaus Postumus erzwingen wollten. Da diese Angriffe aber nicht das gewünschte Ergebnis brachten, war der ungarische Adel schließlich bereit, einem Kompromiss zuzustimmen. Ladislaus Postumus sollte demnach bis zu seinem 18. Lebensjahr bei Friedrich III. bleiben und Fürst Johann Hunyadi einstweilen Ungarn verwalten.

1448 unternahm Friedrich den Versuch einer kirchlichen Neuordnung Österreichs, wobei er von Enea Silvio Piccolomini beraten wurde. Es wurde ein Konkordat mit Papst Nikolaus V. geschlossen, das diesem mehr Rechte in den Kirchen einräumte und die Errichtung von neuen Bistümern in Wien, Wiener Neustadt und Laibach vorsah. Doch wurde dieses Konkordat niemals als Reichsgesetz angenommen.

Am 1. August 1451 wurde in Lissabon in Anwesenheit des portugiesischen Königs Alfonso V. und seiner Hofgesellschaft die Ehe zwischen der Infantin Eleonora und König Friedrich III. geschlossen. Das Zeremoniell erfolgte »per procurationem«, da der Habsburger nicht anwesend war. Die Braut reiste dann nach Italien, wo sie einige Monate später in Siena ihrem Gemahl das erste Mal persönlich gegenübertrat. Das Paar begab sich dann nach Rom, wo es am 16. März 1452 von Papst Nikolaus V. offiziell getraut wurde. Darauf folgte die Kaiserkrönung Friedrichs III., welche die letzte eines deutschen Herrschers in Rom war. Die letzte Kaiserkrönung, jene Karls V., fand dann 1530 in Bologna statt. Friedrich III. hatte sicherheitshalber den kleinen Postumus mit nach Rom genommen, da er wohl zu Recht befürchtete, dass man ihm dieses wertvolle Pfand sonst entreißen würde.

Kaum war Friedrich III. aus Rom zurück, ereignete sich Bedeutungsvolles für die Zukunft der Dynastie. Der nunmehrige Kaiser bestätigte das »Privilegium maius«, die freche Fälschung Herzog Rudolfs IV. Nachdem 1453 auch die Kurfürsten zustimmten, wurden alle Bestimmungen dieses »Dokuments« gültiges Reichsrecht. Damit war auch der Titel »Erzherzog« von nun an legitim. Da die österreichischen Stände keine Freunde des Habsburgers waren und es auch niemals werden sollten, hatten sie seinen Romaufenthalt dazu benutzt, mit den Ständen Ungarns und Böhmens ein Bündnis einzugehen, das die Herausgabe von Ladislaus Postumus erzwingen sollte. Sicherheitshalber kehrte Friedrich III. gar nicht ins untreue Wien zurück, sondern begab sich in das »allzeit getreue« Wiener Neustadt, wo er bald von einem Aufgebot der verbündeten Stände erfolglos belagert wurde. Friedrich dachte gar nicht daran, den jungen Ladislaus an die Stände herauszugeben und übergab diesen an den Grafen Ulrich II. von Cilli. Der gab aber dann doch den jungen Mann an die Stände, nachdem ihn diese massiv unter Druck gesetzt hatten. Ladislaus wurde nach Wien gebracht und dort als Landesfürst gefeiert, was den Kaiser natürlich nicht sehr freute. Der nun für mündig erklärte Sohn Albrechts II. wurde noch im gleichen Jahr 1453 zum böhmischen König gekrönt. Schon bald war er offiziell der Herr von Böhmen, Mähren, Ungarn und Österreich ob und unter der Enns. Doch diese »Herrschaft«, die in Wirklichkeit von allerlei »Beratern« abhängig war, sollte nicht allzu lange währen. 1456 musste Ladislaus wegen der ungarischen Wirren, bei denen die wirklich Mächtigen einander wechselseitig ermordeten, nach Prag fliehen. Hier sollte er ein Jahr später mit Magdalena von Frankreich verheiratet werden. Doch dazu kam es nicht, denn am 23. November 1457 ereilte den 17-Jährigen plötzlich der Tod. Rund um den für Friedrich III. und einige andere Machthaber so günstigen Todesfall sind verschiedene Verschwörungstheorien entstanden. Ein Mord an dem jungen Mann scheint durchaus möglich, doch gibt es auch die Behauptung, er sei an Leukämie oder gar an der Beulenpest gestorben. Jedenfalls übernahm Friedrich III. die österreichischen Gebiete, während in Böhmen der »Hussitenkönig« Georg von Podiebrad und in Ungarn Matthias Hunyadi, genannt »Corvinus«, an die Macht kamen. Mit Ladislaus Postumus starb auch die seit 1379 existierenden Albertinische Linie der Habsburger aus.

Es folgten auf den tragischen Tod des jungen Postumus für Friedrich jetzt auch massive familiäre Auseinandersetzungen, da es wieder um die Verteilung der nun frei werdenden Ländereien ging. 1458 bequemte man sich zu einem Vertrag, nach dem Friedrich III. Niederösterreich und sein Bruder Albrecht VI. Oberösterreich erhielt. Doch der Streit zwischen den beiden Brüdern sollte damit nicht zur Ruhe kommen, da Albrecht VI. auch Anteil an der allgemeinen Regierung haben wollte. Die Angelegenheit mündete schließlich in eine Art von Bruderkrieg, und der sture und streitsüchtige Albrecht VI. nahm sogar die Hilfe der Böhmen, Ungarn, Schweizer und Tiroler in Anspruch, um einen regelrechten Vernichtungsfeldzug in den Territorien Friedrichs zu starten. 1462 wurde Wien belagert, die Wiener Bürger traten ins Lager Albrechts VI. über und belagerten nun ihrerseits den Kaiser in der Hofburg. Der böhmische König Georg von Podiebrad griff schließlich ein und zwang den Kaiser und seinen Bruder zu einem Vertrag, nach dem Friedrich III. zwar im Besitz Niederösterreichs verblieb, aber die Regierung des Landes an Albrecht VI. abtreten musste. Nach dieser Blamage und dem Eingeständnis seiner eigentlichen Machtlosigkeit konnte Friedrich III. seinen Bruder zwar zum Reichsfeind erklären und ihn ächten, aber das war eher ein Akt ohnmächtigen Protestes. Letztlich hatte der schwache Kaiser aber das Glück, dass sein ungeliebter Bruder dann doch recht bald das Zeitliche segnete und sich dieses Problem damit erledigte.

Doch Friedrich wurde nun bereits in das nächste Desaster hineingezogen, da ihn einige Magnaten in Westungarn zum Gegenkönig von Matthias Corvinus gewählt hatten. Wie bei ihm üblich, konnte sich Friedrich III. auch hier weder militärisch noch diplomatisch durchsetzen und musste in den Verträgen von Ödenburg und Wiener Neustadt 1463 Matthias Corvinus als König Ungarns anerkennen. Bei seiner zweiten Romreise 1468 konnte Friedrich als einen seiner wenigen Erfolge das Wiener Bistum durchsetzen. Doch auch jetzt nutzten Adelige die Abwesenheit Friedrichs für einen Aufstand. Aufständische brachten einen großen Teil der Steiermark unter ihre Kontrolle. Letztlich war der Kaiser selbst daran schuld, da er den einstmals getreuen Andreas Baumkircher durch seinen Undank vor den Kopf gestoßen und somit zum Führer des Aufstandes gemacht hatte. 1470 musste Friedrich III. klein beigeben und den Rebellen Zugeständnisse machen. 1471 gelang es ihm aber, Baumkircher und andere Rebellenführer in die Falle zu locken und ohne ordentliches Verfahren rasch hinzurichten. Während dieser Ereignisse kam es laufend zu osmanischen Einfällen in das Habsburger-Territorium, was zu schweren

Verlusten in der Wirtschaft und bei der Bevölkerung führte. Friedrich III. tat aber ganz seiner Wesensart nach kaum etwas, um dieses Übel nachhaltig zu bekämpfen. Stattdessen interessierte er sich für das Herzogtum Burgund, deren Herrscher eine Tochter hatte, die wohl die begehrteste Braut Europas war.

Friedrich III. traf sich 1473 in Begleitung seines Sohnes Maximilian mit Herzog Karl dem Kühnen von Burgund. Bei dem Treffen in Trier wurde über die Verlobung von Maximilian mit der Tochter des Burgunders, Maria, gesprochen. Es wurde vermerkt, dass der Herzog den Kaiser bei der Begegnung durch seine Prunkentfaltung weit in den Schatten stellte. Bezüglich des Reichtums war der Habsburger gegenüber dem Burgunder-Herzog eine arme Kirchenmaus, wobei die machtpolitischen Verhältnisse auch nicht viel besser standen. Durch die Ehe der Burgunderprinzessin mit dem Habsburger sollten eine Vermählung Marias mit dem französischen König verhindert und den Habsburgern eine überragende Hausmacht im Reich gesichert werden. Doch Karl der Kühne wollte etwas für seine Bereitschaft haben, was ihm der Kaiser nicht geben wollte – die römische Königswürde und damit die Anwartschaft auf die Herrschaft im Reich. Da auch die Kurfürsten gegen einen solchen Plan waren, konnte keine Einigung erzielt werden. Drei Jahre später sah die Situation bereits anders aus, da der stolze Burgunder mit seinem militärischen Expansionsplänen gescheitert und nach einigen schweren Niederlagen in große Bedrängnis geraten war. Somit kam also dann 1476 das Eheversprechen zwischen Maximilian und Maria doch zustande. Am 6. Januar 1477 fiel Karl der Kühne im Kampf mit seinen Angstgegnern, den Schweizern, in der Schlacht von Nancy. Seine Tochter Maria war wie erwartet die Alleinerbin und heiratete am 19. August 1477 Erzherzog Maximilian. Den Habsburgern fiel nun ein großer Teil des burgundischen Länderkonglomerats in die Hände, was einen großen Zuwachs an Macht brachte. Der Preis dafür war die jahrhundertelange Feindschaft mit Frankreich, die sich später dann auf das deutsch-französische Verhältnis übertrug.

»Kriege mögen andere führen, du glückliches Österreich heirate«, soll König Matthias Corvinus eher im Spott gesagt haben. Der Ungar nahm jedenfalls nach einigen Erfolgen gegen die Osmanen seinen Kampf gegen Friedrich III. wieder auf. Da ihm der Habsburger wieder militärisch wenig entgegenzusetzen hatte, waren bald große Teile Österreichs unter der Enns besetzt. Wien wurde ab 1483 belagert und 1485 erobert. Der ungarische König saß nun in der Wiener Hofburg, die er zu seinem Regierungssitz erkoren hatte. Maximilian konnte seinem Vater nicht zu Hilfe eilen, da er mit der Absicherung seines burgundischen Erbes voll beschäftigt war. Somit blieb dem geflüchteten Habsburger-Kaiser nichts anderes übrig, als wieder einmal abzuwarten. Matthias Corvinus tat ihm wie schon viele zuvor den Gefallen und starb 1490. Erst dann kam Wien wieder in den Besitz der Habsburger. Angeblich waren die Wiener davon gar nicht begeistert.

Friedrich III. war nun ein für mittelalterliche Verhältnisse bereits sehr alter Mann. Wenn er in seiner Herrschaft bisher doch manchmal Erfolge erzielt hatte, so war das mehr auf den Faktor Glück als auf seine Fähigkeiten zurückzuführen. Doch hatte er zumindest alle seine wichtigsten Feinde überlebt. Eine seiner letzten Herausforderungen war der Versuch Herzog Sigismunds von Tirol, seine Ländereien einschließlich Vorarlbergs an die bayerischen Wittelsbacher zu verkaufen. Hier schritt Friedrich III. nun für seine Verhältnisse sehr energisch ein und zwang Sigismund zum Verzicht auf dieses Vorhaben. Stattdessen wurde er mit einer Rente von 50000 Gulden abgefunden und überließ seine Ländereien dem Kaiser, der damit endlich den habsburgischen Besitz wieder in einer Hand vereinigen konnte.

Friedrich III. beschäftigte sich im Alter vermehrt mit seinem A.E.I.O.U.-Kult. Er kennzeichnete damit unter anderem alle in seinem Besitz befindlichen Dinge. Zu dieser Buchstabenkombination gab es später eine Vielzahl von Theorien und Erklärungsversuchen. Die Habsburger behielten die geheimnisvollen Buchstaben bis ins 20. Jahrhundert bei, und auch heute noch beschäftigen sich immer wieder Autoren mit diesem Problem. Die volkstümliche Erklärung der Buchstabenkombination (»Alles Erdreich ist Österreich untertan«) versuchte die Dynastie jedenfalls bald nach Friedrichs III. Tod in die Tat umzusetzen.

Der Kaiser hatte seine Gattin Eleonore bereits lange überlebt, sie war schon 1467 gestorben. Die beiden Ehepartner waren charakterlich sehr verschieden, gemeinsam dürften sie nur gehabt haben, dass sie beide sehr religiös waren und keinen Alkohol tranken, wobei Letzteres zu jener Zeit als sehr ungewöhnlich galt. Eleonore war viel energiegeladener als ihr lethargisch-phlegmatischer Gemahl, sie liebte die Jagd, den Tanz und das Spiel, während Friedrich am liebsten vor sich hinbrütete. Das Paar hatte insgesamt sechs Kinder, von denen aber nur Maximilian und Kunigunde überlebten. Friedrich III. gab in erster Linie seiner Gattin die Schuld am frühen Tod der vier Kinder, da sie versucht hatte, diese portugiesisch zu ernähren. Die beiden überlebenden Kinder wurden auf Anordnung des Kaisers recht spartanisch erzogen und sollten sich nur von Obst, Gemüse und Wasser ernähren. Eleonore war über all das nicht sehr glücklich und soll ständig unter Heimweh gelitten haben. Das fast schon krankhafte Sparen und die Kleinlichkeit ihres langweiligen Gatten dürften der Portugiesin immer wieder zugesetzt haben. Dazu kamen die schweren Bedrängnisse für die Familie durch die politischen und militärischen Niederlagen Friedrichs III. Immerhin war die kaiserliche Familie während der Belagerung durch die Wiener in der Hofburg sogar gezwungen gewesen, Hunde, Katzen und Ratten zu verspeisen. Womit die Kinder zumindest damals tierisches Eiweiß erhielten. Eleonore wurde nur 30 Jahre alt und starb vermutlich an einer Magen-Darm-Infektion.

Nach seinem endgültigen Rückzug nach Linz im Jahre 1490 beschäftigte sich Friedrich in erster Linie mit Alchemie und Astrologie. Politisch zu bestellen hatte er sowieso nicht mehr viel. Der alte Kaiser ließ die Linzer Burg mit starken Befestigungen ausbauen und hielt sich am liebsten in einem der Türme auf. Nun machte sich aber auch Friedrichs für mittelalterliche Verhältnisse fast biblisches Alter bemerkbar.

Der schrullige Kaiser begann an Altersbrand zu leiden, wobei es wenig nutzte, dass er bei offiziellen Anlässen sein krankes linkes Bein abdeckte. Als zu Beginn des Jahres 1493 sein Fuß und das Bein bis zum Knie schwarz wurden, war klar, dass etwas geschehen musste. Nun wurden die bekanntesten Ärzte jener Zeit oft von weit her an den kaiserlichen Hof geholt, um auf Nummer sicher zu gehen. Am 8. Juni 1493 kam es dann zu einer Amputation des Beines, natürlich bei vollem Bewusstsein des Patienten. Die Operation schien erfolgreich, doch Friedrich III. sollte sich dennoch nicht mehr richtig erholen. Er starb am 19. August 1493 nach heftigen Verdauungsbeschwerden, die angeblich durch den Verzehr von Melonen ausgelöst worden waren. Kaiser Friedrich III. war immerhin 78 Jahre alt geworden.

Der seltsam energielose Habsburger hatte fast allgemein keine gute Nachrede. Schon seine Zeitgenossen waren über seine glanzlose Politik und seine Inaktivität wenig begeistert. Die Verachtung mischte sich nur mit etwas Erstaunen über die Zähigkeit, mit der »des Römischen Reiches Erzschlafmütze« seine teilweise schwer nachvollziehbaren Ziele verfolgte. So wirklich echte Bewunderer hat Friedrich III. eigentlich bis heute keine gefunden. Es gibt in der Geschichte immer wieder Herrscher, die trotz mangelnder Fähigkeiten mit viel Glück dennoch »über die Runden kommen«. Dieser Habsburger war einer davon. Maximilian sollte schließlich die Politik seines Vaters mit etwas anderen Mitteln viel energischer und erfolgreicher fortsetzen.

Kaiser Maximilian I.
»Der letzte Ritter« (1459–1519)

»Ist Maximilian auch weder ein Staatsmann noch ein Feldherr ersten Ranges gewesen, so hat er doch die Grundlagen eines großen Reiches durch seine diplomatische Arbeit legen dürfen.«
(Heinrich Ulmann 1884)

Der am 22. März 1459 in der Lieblingsstadt Kaiser Friedrichs III., Wiener Neustadt, geborene Maximilian wurde zum genauen Gegenteil seines Vaters. War Friedrich III. ein Herrscher mit sehr wenig Energie, Entschlossenheit und Tatkraft, so zeigte Maximilian schon recht früh fast ein Übermaß an diesen Gaben. Kühn und ritterlich scheute er sich nicht vor Entscheidungen und verfolgte seine Ziele mit viel Energie, womit er seinen Vater und dessen bedächtige, zögerliche und fast passive Persönlichkeit kontrastierte. Es war jedenfalls Friedrich III., der dafür sorgte, dass sein Sohn eine für jene Zeit sehr sorgfältige und umfassende Erziehung erhielt. In körperlichen Belangen und bei den Waffenübungen zeichnete sich der forsche junge Maximilian ebenso aus wie beim Studium verschiedener Wissens- und Kunstfächer. Er lernte neben Latein auch eine Reihe europäischer Sprachen, was ihm im späteren Leben oft einen großen Vorteil verschaffte.

Maximilian verbrachte den größten Teil seiner Kindheit in Wiener Neustadt, die auch die Lieblingsstadt seines Vaters war. Zumindest wurde er hier nicht von einer hasserfüllten Bürgerschaft attackiert. Seine Mutter soll ihm bereits sehr früh portugiesische Heldensagen erzählt und in ihm den Wunsch auf ein Heldenleben geweckt haben. Da Eleonore von Portugal bereits starb, als Maximilian erst acht Jahre alt war, musste der junge Erzherzog von da an fast ohne jede Nestwärme aufwachsen. Friedrich III. war völlig auf sich selbst fixiert und alles andere als ein Familienmensch und verständnisvoller Vater. Sein Sohn Maximilian sollte schließlich auch in dieser Beziehung grundverschieden von ihm sein, wenngleich er eine gewisse Menschenscheue und ziemlich viel Geiz doch von seinem Vater geerbt hatte.

Schon als Vierjähriger erlebte der kleine Erzherzog den Kampf seines Vaters gegen seinen Onkel Albrecht VI. mit. Er erlebte, dass die Wiener, die seinen Vater nicht mochten, die Tore für Albrecht VI. öffneten, obwohl der Kaiser in der Stadt war. Friedrich III. verschanzte sich mit den Seinen in der Hofburg, während draußen die Bevölkerung Albrecht VI. feierte. Dann wurde die Burg auch noch belagert und mit Kanonen beschossen. Maximilian sollte dieses Erlebnis und den darauf folgenden schmählichen Deal seines Vaters, um sich das Leben zu erkaufen, niemals vergessen. Er mied während seiner Herrschaft die Stadt weitgehend und fühlte sich in ihr offensichtlich niemals wirklich wohl.

Kaiser Friedrich III. hat schon sehr früh, als Maximilian im Schlosshof noch seinen Spielen nachging, die Verheiratung seines Sohnes mit der Tochter des reichen und mächtigen Herzogs von Burgund betrieben. Es war klar, dass Maria eines Tages die Erbin des reichsten und schlagkräftigsten Staates in Europa werden würde. Es gab aber mehrere Anwärter für diese ertragreiche Verehelichung, und Herzog Karl der Kühne war auch kein leichter Verhandlungspartner. Der Burgunder wollte zwei Dinge erreichen – erstens die Erhebung seiner Länder zu einem Königreich und zweitens die Anwartschaft auf die Nachfolge des Habsburgers als Kaiser des Heiligen Römischen Reiches. Ein Treffen der beiden Herrscher in Trier im Herbst 1473 brachte aber nicht das gewünschte Ergebnis. Maximilian erlebte aber als 14-Jähriger in Trier die schimmernde Pracht und den Reichtum der Burgunder, gegen den der Kaiser wie ein erbärmlicher Habenichts erschien. Friedrich III. wollte die Wünsche des Herzogs nach der Verleihung der Königskrone, die sich dieser schon vorsorglich hatte anfertigen lassen, nicht befriedigen und verließ einen Tag vor der geplanten Krönung Hals über Kopf die Stadt, wobei er noch riesige Schulden hinterließ, da er für seinen Aufenthalt nicht zahlen konnte.

Da Karl der Kühne nach der Enttäuschung von Trier seinen verhängnisvollen Weg zur Eroberung möglichst vieler neuer Territorien antrat und dadurch immer mehr isoliert wurde und in die Defensive geriet, war er schließlich 1476 bereit, seine Tochter doch dem Kaisersohn zur Braut zu geben, ohne auf Gegenleistungen zu bestehen. Die Verlobung wurde vereinbart, und das junge Paar wechselte Porträts und Ringe, in der Hoffnung, sich doch bald einmal persönlich kennenzulernen. Ein knappes Jahr später lag der kühne Herzog, der das Schicksal zu sehr herausgefordert hatte, tot auf dem Schlachtfeld und die als sanft beschriebene Marie, die sich für die Falkenjagd, die Musik und Handarbeiten interessierte, hatte es nun angesichts der Lage sehr eilig, Maximilian in ihre Arme zu schließen.

Es war die große Sensation jener Zeit, als Maximilian Maria von Burgund, die Alleinerbin Karls des Kühnen, schließlich ehelichte. Der damit verbundene Länder- und Machtzuwachs für das Haus Habsburg brachte aber auch eine Vielzahl von Konflikten mit sich, wobei insbesondere Frankreich zum Hauptfeind wurde. Als Maximilian seiner Braut nach dem Tod ihres Vaters zum ersten Mal persönlich gegenüberstand, konnte er mit ihr kaum kommunizieren, da keiner die Sprache des anderen verstand. Doch sollen sie spontan so etwas wie Zuneigung oder sogar Liebe füreinander empfunden haben. Die Hochzeit wurde am 19.8.1477 in der Nähe von Gent recht bescheiden gefeiert. Man war sich der kommenden Probleme nur zu bewusst. König Ludwig XI. von Frankreich wollte Burgund nicht den Habsburgern überlassen und ließ massiv die Waffen sprechen. Maximilian musste sich also bereits kurze Zeit nach seiner Hochzeit zum Kampf stellen. Die angeblich sehr glückliche Ehe des jungen Paares dauerte nur fünf Jahre, da die als »lieblich« beschriebene Maria dann Opfer ihrer sportlichen Ambitionen wurde und einem Reitunfall zum Opfer fiel. Der Ehe entsprossen zwei Kinder, deren Existenz großen Einfluss auf die Zukunft des Hauses Habsburg und Europas haben sollte. Maria hat kurz vor ihrem Tod ihre Kinder Philipp und Margarete zu ihren Erben eingesetzt und Maximilian mit deren Vormundschaft und der Verwaltung des Besitzes betraut. Angeblich soll der Habsburger den Verlust seiner jungen Gemahlin sehr lange tief betrauert und bis an sein eigenes Lebensende nicht haben überwinden können. Maximilian zeigte eindeutig mehr militärisches Geschick als sein lethargischer Vater. Mit Hilfe von Hilfsgeldern der Engländer konnte er beträchtliche Truppenverbände ins Feld führen und lieferte den Franzosen einen erbitterten Kampf. Am 7. August 1479 konnte der Erzherzog bei Guinegate einen bedeutenden Sieg über die zahlenmäßig überlegene Streitmacht Ludwigs XI. erringen. Schien die Verteidigung des burgundischen Erbes zunächst erfolgreich vonstattenzugehen, so brachte der Tod Marias am 27. März 1482 eine erhebliche Zäsur. Maximilians Stellung in den burgundischen Territorien wurde nun viel schwieriger, und die Legitimität des Habsburgers wurde vielerorts infrage gestellt. Die Franzosen schürten diese Stimmung und unterstützten die Aufstände der Burgunder gegen Maximilian. Sie besetzten das eigentliche Herzogtum Burgund, das ja ein französisches Lehen war, trachteten aber danach, möglichst viele weitere vordem französische Gebiete unter ihre Kontrolle zu bringen. Um die Situation zu entschärfen, verlobte Maximilian seine kleine Tochter mit dem jungen französischen König Karl VIII. Doch der Konflikt ging weiter, und Maximilian stand mehrmals am Rande der totalen Niederlage, bewies aber immer wieder genug Geschick, um diese zu verhindern.

1486 musste sich der aus Wien von den Ungarn verdrängte und auch überall sonst ins Hintertreffen geratene Friedrich III. dazu bequemen, seinen Sohn Maximilian zum römisch-deutschen König wählen zu lassen, womit er wohl auch sein eigenes Kaisertum rettete. Auch wenn sein Vater dagegen war, zog der nunmehrige König Maximilian danach wieder nach Burgund, um weiter für seine Interessen zu kämpfen. In Brügge wurde er von der Bürgerschaft und den Ständen gefangen gesetzt und musste drei Monate hinter Gittern verbringen. Damit war der Entwürdigung des deutschen Königs und stolzen Habsburgers aber nicht genug, man zwang ihn schließlich auch unter Drohungen, einen Vertrag zu unterschreiben, in dem er auf Flandern verzichtete und die Herrschaft Frankreichs über Burgund anerkannte. Friedrich III. konnte sich schließlich aufraffen und seinen Sohn mithilfe von Reichstruppen wieder befreien. Maximilian konnte 1489 in Frankfurt einen Vertrag mit dem neuen französischen König Karl VIII. schließen, der ihm die Regentschaft über Flandern wieder zurückgab.

Da seine Situation in Burgund nun besser fundiert war, konnte der Habsburger sich mit den Problemen der Erbländer beschäftigen. Nachdem Sigismund von Tirol endlich zum Rücktritt gezwungen worden war, huldigten die Tiroler Stände Maximilian I. Er entdeckte dabei auch seine Vorliebe für die Stadt Innsbruck, die schließlich sein liebster Aufenthaltsort wurde. Als der scheinbar unüberwindliche Matthias Corvinus 1490 endlich gestorben war, konnte Maximilian in Wien einziehen und in der Folge die Ungarn aus Niederösterreich, der Steiermark und Kärnten vertreiben. Maximilian wollte sogar angesichts dieser Erfolge das ganze Königreich Ungarn erobern, kam aber nur bis Stuhlweißenburg, da ihm dann das Geld zur Bezahlung der Söldnertruppen ausging. Der neu gewählte ungarische König Wladislaw Jagiello war aufgrund der Lage 1491 bereit, den Frieden von Pressburg zu schließen, der Maximilian den Titel eines ungarischen Königs und die Thronfolge in Ungarn und Böhmen garantieren sollte.

Der Habsburger hatte bereits 1490 per procurationem die Herzogin und Erbin der Bretagne, Anna, geheiratet. Diese Ehe sollte ihm einen weiteren bedeutenden Machtzuwachs garantieren, denn die junge Dame war die Erbin des begehrten Herzogtums, das wie ein Stachel im Fleisch Frankreichs steckte. Doch der französische König Karl VIII. macht dem Habsburger hier einen Strich durch die Rechnung und schnappte sich einfach die Braut und ihre Mitgift an Ländereien. Zu diesem Zweck schickte er die für ihn vorgesehene Tochter Maximilians, Margarete, einfach zu den Habsburgern zurück, obwohl diese einen großen Teil ihrer Kindheit am französischen Hof verbracht hatte. Wieder einmal hatte es ein französischer König fertiggebracht, die Habsburger durch einen skrupellosen, aber geschickten Schachzug zu brüskieren. Maximilian heiratete in der Folge am 16. März 1494 in Hall in Tirol Bianca Maria Sforza aus dem Mailänder Herzogsgeschlecht, die ebenfalls als gute Partie galt. Immerhin erhielt der Habsburger dadurch eine sehr großzügige Mitgift der wohlhabenden Mailänder Dynastie. Die Heirat muss auch vor dem Hintergrund des Kampfes zwischen den Habsburgern und den Franzosen um die Vorherrschaft in Italien gesehen werden. In der Folge sollte auch Mailand mehrmals den Besitzer wechseln.

Kaiser Friedrich III. starb 1493 und Maximilian, der bereits sieben Jahre zuvor zum römischen König gewählt worden war, bestieg ohne große Probleme den Thron des Reiches. Doch sah er sich bald ziemlich widrigen Umständen gegenüber, da die Fürsten unter der allzu langen und schwachen Herrschaft seines Vaters große Unabhängigkeit erlangt hatten. Maximilian versuchte große Reformen durchzusetzen, doch überall schlug ihm Widerstand entgegen. Das von ihm erlassene Reichsfriedensgesetz sollte das allgemeine Faustrecht wieder beseitigen, in Frankfurt wurde 1495 das Reichskammergericht eingeweiht, und die Reichsfinanzen sollten reformiert werden. Gerade hier hatte Maximilian mit den meisten Problemen zu kämpfen, was dazu führte, dass er immer wieder gezwungen war, mit großen finanziellen Schwierigkeiten fertig zu werden und auf die Mittel seiner Erblande zurückzugreifen bzw. Kredite bei Fugger und Co. aufzunehmen. In den habsburgischen Erbländern versuchte Maximilian in der Folge auch, die noch sehr mittelalterlichen Verwaltungsstrukturen nach burgundischem Vorbild zu verbessern und installierte eigene Finanzbehörden. Überhaupt setzte er im Gegensatz zu seinem völlig antriebslosen Vater auf Modernisierung. Vor allem das Steuerwesen sollte verbessert werden, um das gravierendste Problem in den Griff zu bekommen. Doch sollte Maximilian I. dem Problem mangelnder Finanzen niemals wirklich entkommen.

Die Zeit war unruhig, und Maximilian sah sich zwei großen Bedrohungsherden gegenüber – den Osmanen und

Frankreich. Dazu kamen noch kriegerische Auseinandersetzungen mit den Eidgenossen und einigen italienischen Stadtstaaten. Persönlich militärisch begabt, was bei Habsburgern nicht die Regel darstellte, war Maximilian die meiste Zeit seiner Regierung gezwungen, kriegerische Konflikte zu bestreiten. Finanzielle Probleme und der mangelnde Rückhalt durch die Reichsstände führten einige Male dazu, dass trotz aller Tapferkeit und allen Mutes des Habsburgers Erfolg versprechende Kriegszüge wieder aufgegeben werden mussten und bereits errungene Vorteile verloren gingen.

Maximilian hat trotz seiner ständigen finanziellen Probleme immer wieder auch große Pläne, deren Umsetzung allerdings gewaltiger Mittel bedurft hätte. So wollte er die Osmanen wieder aus Europa hinausdrängen und Konstantinopel befreien. Sogar für das Amt des Papstes als Nachfolger von Julius II. wollte er sich bewerben. Der Habsburger wollte auch den Deutschen Orden in Preußen vor den diesen immer mehr bedrängenden Polen retten. Und vieles mehr an fantastischen Plänen, die wenig Chance auf Verwirklichung hatten. Was sich allerdings unter seiner Herrschaft etablierte, waren einige durchaus bedeutende Entwicklungen, die sich als zukunftsträchtig erwiesen. So erlebten die Universitäten, besonders jene in Wien, unter ihm einen großen Aufschwung, die Post konnte sich in den Erblanden und im Reich etablieren und das Landknechtswesen nahm unter Maximilians Förderung Gestalt an.

Die schweizerischen Eidgenossen waren nicht bereit, einige Beschlüsse des Wormser Reichstags, wie den gemeinen Reichspfennig und das Reichskammergericht, anzuerkennen. Deshalb erklärte Maximilian I. den Eidgenossen am 22. April 1499 den Reichskrieg. Doch erlitt er nach alter Habsburger-Tradition auch dieses Mal wieder eine Niederlage gegen das rebellische Bergvolk und musste den Schweizern Zugeständnisse machten, was spätere Historiker als Beginn der Loslösung der Eidgenossen vom Reich sahen. Die Erbschaft der Grafschaft Görz, die mit verschiedenen anderen Territorien in der Region Tirol, Friaul und Krain verbunden war, führte zu einem Konflikt mit Venedig. Das hatte einen recht lange andauernden Krieg zur Folge, der auch einen Romzug Maximilians zwecks Kaiserkrönung verhinderte. Der Habsburger nahm daraufhin am 4. Februar 1508 im Dom von Trient den Titel »Erwählter Römischer Kaiser« an, dem der Papst seinen Segen gab. Letztlich musste Maximilian mit den Venezianern Frieden schließen und auf einige Gebiete verzichten.

Im Jahre 1494 kam es zu einem Bündnis Maximilians I. mit den spanischen Majestäten Königin Isabella und König Ferdinand. Dieser Vertrag sollte dadurch garantiert werden, dass die Kinder Maximilians – Erzherzog Philipp und Erzherzogin Margarete – mit den Sprösslingen der spanischen Könige – Infant Johann und Infantin Johanna – verheiratet wurden. Dieses weltgeschichtlich äußerst bedeutsame Ereignis sollte auch gegen Frankreich und dessen skrupellose Machtpolitik, die sogar Bündnisse mit dem osmanischen Erzfeind einschloss, gerichtet sein. Letztlich entstand daraus die habsburgische Weltmacht. Dazu kam noch eine zweite Doppelhochzeit von enormer historischer Bedeutung. Hatte Maximilian bereits 1491 mit König Wladislaw von Böhmen und Ungarn einen Erbvertrag geschlossen, so wurden schließlich 1506 in Wien konkrete Heiratspläne zwischen den Häusern Habsburg und Jagiello vereinbart. Am Fürstenkongress in Wien kam es dann am 22. Juli 1515 im Stephansdom zur Verlobung der Thronanwärter der Habsburger und Jagiellonen.

Eine Leidenschaft Maximilians I. galt dem Orden des Goldenen Vlieses, welcher 1429 von Herzog Philipp dem Guten von Burgund gestiftet worden war. Der Habsburger war seit Sommer 1478 das Oberhaupt dieses Ordens, der die Geschichte seiner Dynastie bis ins 20. Jahrhundert begleiten sollte. Von nun am war immer ein Habsburger Großmeister des Ordens. Maximilian I. liebte im Gegensatz zu seinem Vater einen ziemlich prunkvollen Lebensstil. Zusammen mit seinen hohen Ausgaben für die vielen militärischen Unternehmungen führte das dazu, dass immer Ebbe in den Kassen des Kaisers herrschte. Das machte ihn aber auch abhängig von Krediten der großen Bankhäuser, von denen die

Fugger die weitaus Bedeutendsten waren. Maximilian kaufte sich 1501 sogar ein Haus in Augsburg, dem Stammsitz der Fugger, um seinen Bankiers nahe zu sein. Das trug ihm den Titel eines »Bürgermeisters von Augsburg« ein. Da er seine Schulden meistens nicht zurückzahlen konnte, musste Maximilian den Bankhäusern viele Privilegien einräumen. Eigentlich war die nicht standesgemäße Ehe mit der Tochter des Mailänder Machthabers Sforza auch aus der finanziellen Not des Habsburgers geboren worden. Diese Heirat brachte Maximilian ein nicht unbeträchtliches Vermögen an Mitgift ein und dem Mailänder Emporkömmling Sforza eine gewaltige Standeserhöhung.

Was seine Einstellung zur Religion betrifft, so dürfte diese in Maximilians Leben nicht jene dominante Rolle gespielt haben, die sie bei anderen Angehörigen seiner Dynastie hatte. Der Kaiser war aber in seinem Kampf gegen die Osmanen von einer gewissen Kreuzzugideologie beseelt, die damals bereits einen Anachronismus darstellte. Die Jagd war eine große Leidenschaft Maximilians I., und einige Anekdoten und sagenhafte Geschichten berichten noch heute darüber. Der Kaiser beschäftige sich mit der ritterlichen Turnierkunst, Heldendichtung, Geschichte und Musik. Im Gegensatz zu seinem Vater war ihm auch die Liebe und Verbundenheit der Bevölkerung ein wichtiges Anliegen. Dabei scheute er auch den Kontakt zu den Bürgerlichen und zum einfachen Volk nicht. Das förderte natürlich seine allgemeine Popularität. Maximilian war seinen Ratgebern und Dienstboten gegenüber manchmal zu nachsichtig und erregte durch sein Schwanken bei wichtigen Entscheidungen die Kritik seiner näheren Umgebung. Seine oft sehr fantastischen Pläne scheiterten regelmäßig an der allgemeinen Geldnot.

Zeit seines Lebens war Kaiser Maximilian ein eifriger Freund und Beschützer der Wissenschaften und Künste, hatte freundschaftlichen Umgang mit bedeutenden Humanisten und förderte die Kunst Dürers und Vischers. Er setzte zum Beispiel Ulrich von Hutten in Augsburg selbst den Dichterkranz aufs Haupt. Auf seine Initiative hin wurden zwei allegorische Biografien von ihm selbst und seinem

Vater erstellt, die mit »Teuerdank« und »Weißkunig« betitelt wurden. Maximilian beauftragte zudem die führenden Künstler seiner Zeit, für ihn Holzschnitte anzufertigen. Auch Dürer erstellte zahlreiche Arbeiten für den Kaiser, die unter anderem dessen Gebetbuch zierten.

Das Schicksal wollte es, dass Maximilian nicht das hohe Alter seines Vaters erreichen sollte. Bis ans Ende seines Lebens trachtete der Kaiser danach, die Verwaltung und damit auch das Steueraufkommen seiner Territorien weiter zu verbessern. So berief er Ende 1518 einen Generallandtag nach Innsbruck ein, um dieses Vorhaben weiter voranzutreiben. Doch die Stadt verwehrte ihm, welcher sie immer so geschätzt hatte, wegen seiner Schulden den Einzug. Er trat daraufhin schwer enttäuscht im Januar 1519 die beschwerliche winterliche Reise von Innsbruck zum Landtag nach Linz an. Er sollte die Stadt aber nicht mehr erreichen, denn er starb am 12. Januar 1519 in der Burg von Wels. Als Todesursache wird heute Darmkrebs vermutet. Der Kaiser hatte seinen Tod auf seltsame Weise geplant und verfügt, dass sein Sarg bereits seit vier Jahren auf allen seinen Reisen mitgeführt wurde. Auf sein Geheiß wurde er nach seinem Tod gegeißelt, seine Haare geschoren und die Zähne ausgebrochen. Das Leichenhemd hatte er vor seinem Tod noch selbst angelegt. Es gibt ein Bild von dem toten Kaiser, das irgendwie erschreckend wirkt. Maximilian wurde auch seinem Wunsch gemäß in der Kapelle der Burg in Wiener Neustadt beigesetzt, allerdings wurde sein von ihm in Auftrag gegebenes monumentales Grabmal in Innsbruck in der Hofkirche aufgestellt, wo es heute noch die Aufmerksamkeit vieler Touristen erregt.

Von vielen als letzter ritterlicher Kaiser des Mittelalters gesehen, ist Maximilian I. auch heute noch einer der bekanntesten Vertreter seiner Dynastie. Bei genauerer Betrachtung wird Kaiser Maximilian seinem Ruf nicht ganz gerecht. Es ist kaum mehr Mittelalterliches an ihm, er erscheint eher als ein Renaissanceherrscher auf dem Weg zu einem Herrscher der »Moderne«, der auch auf einen gewissen Populismus setzte. Maximilian selbst ließ sich als den besten Turnierkämpfer seiner Zeit darstellen, förderte aber wie kein anderer vor ihm die Entwicklung der Artillerie und setzte voll auf die Landsknechte als neue Form der Infanterie, die den adeligen gepanzerten Rittern keinen Spielraum mehr ließ. Durch den Erwerb Burgunds für das Haus Habsburg und die beiden Doppelhochzeiten ist die Geschichtsmächtigkeit Kaiser Maximilians I. für die weitere Entwicklung Europas kaum zu überschätzen. Er ist somit einer der wichtigsten Angehörigen seiner Dynastie.

Kaiser Karl V.

(1500–1558)

»Ich habe immer meine Unfähigkeit erkannt; heute aber fühle ich mich ganz nutzlos, und dieses mein Leben, das Gott mir mit solcher Trübsal erfüllt, dient mehr zur Buße für meine Sünden als zum Leben.« (Karl V. bei seiner Abdankung)

Karl wurde am 24. Februar 1500 in Gent geboren, wo sein Vater Philipp der Schöne als Verwalter der burgundischen Niederlande residierte. Bei der Taufe trug ihn Mary Tudor, die Witwe Karls des Kühnen von Burgund auf dem Arm, die seine Stiefurgroßmutter war. Der kleine Junge hatte einen missgebildeten Unterkiefer, der ihm später noch viele Schwierigkeiten machen sollte, ihn jedoch vorerst einmal lange Zeit daran hinderte, richtig sprechen zu lernen. Als Karl noch nicht richtig laufen konnte, wurde er bereits Mitglied des Ordens vom Goldenen Vlies. Die Eltern des kleinen Habsburgers, Philipp der Schöne und Johanna, die man später »die Wahnsinnige« nennen sollte, zogen nach dem Tod Königin Isabellas im November 1504 nach Spanien und ließen Karl in der Obhut seiner verwitweten Tante Margarethe zurück. Diese hielt sich vornehmlich in der Residenz in Mechelen auf, wo man am Hof französisch sprach. Karl war erst sechs Jahre alt, als sein Vater am 25. September 1506 in Burgos starb.

Als Kind eher schwächlich und sehr phlegmatisch erhielt der junge Habsburger mit neun Jahren den Herrn von Chièvres als Erzieher, der kein großer Freund der Spanier war. Der magere und ungeschickte Junge sollte nun vor allem Fechten, Schießen, Reiten und Jagen lernen, die wichtigsten Erziehungsziele für Adelige aller Schattierungen. Doch erhielt Karl dann auch den Löwener Theologieprofessor und späteren Papst Hadrian VI. zum Lehrer, der ihn neben der Vermittlung einer gewissen Allgemeinbildung zu übertriebener Frömmigkeit erzog. Später konnte er sich nie mehr von dieser Prägung lösen und agierte deshalb in religiösen Belangen sehr unflexibel.

Das Schicksal wollte es, dass Karl schon mit 16 Jahren den spanischen Thron besteigen musste. Bereits mit 15 Jahren großjährig erklärt, sollte er nach dem Tod König Ferdinands und der Verbannung seiner Mutter, die nun offen psychisch krank war, sein spanisches Erbe übernehmen. Als spanischer König war er nun Karl I. Der junge Habsburger hatte sehr ungern die Niederlande verlassen und sich in das für ihn weitgehend fremde Spanien begeben. Hier war er auch nicht unbedingt willkommen und tat gleich zu Beginn seiner Herrschaft einiges, was ihn weiter unbeliebt machte. So ließ er seinen in Spanien aufgewachsenen jüngeren Bruder Ferdinand außer Landes schaffen und umgab sich mit seinem Anhang aus den Niederlanden, wie den Herrn von Chièvres. Viele der Niederländer erhielten nun auch ertragreiche und einflussreiche Ämter in Spanien. Auch wurde der große Pomp, den der schmächtige junge König entfaltete, in Spanien nicht gerne gesehen. Die spanische Ständeversammlung, die Cortes, zeigte dann auch ihren Unmut, und der junge König aus den Niederlanden, der lange Zeit kein Wort Spanisch sprach, hatte anfangs keinen guten Stand. Die spanischen Großen waren dann auch verärgert, als Karl schon bald nach Deutschland reiste, da er dort ein noch größeres Erbe antreten sollte.

Kaiser Maximilian I. wollte bereits zu seinen Lebzeiten die Wahl seines Enkels zu seinem Nachfolger durchsetzen, scheiterte jedoch an dem Widerstand der Kurfürsten. Erst nach dem Tod Maximilians im Jahre 1519, der ihm auch die Herrschaft über die Österreichischen Erblande einbrachte, konnte sich Karl mit massiver Unterstützung des Kurfürsten Friedrichs des Weisen durchsetzen und wurde einstimmig gewählt. Damit schlug er seine illustren Konkurrenten, wie König Franz I. von Frankreich und König Heinrich VIII. von England, aus dem Feld. Den Hauptausschlag für die Wahl Karls dürften aber die riesigen Bestechungssummen gegeben haben, die man den Kurfürsten zukommen ließ, um sie zur »richtigen« Wahl zu motivieren. Das brachte den jungen Habsburger dann in große Abhängigkeit vom Bankhaus Fugger und dessen Geschäftspartnern, die jene große Geldmenge zur Verfügung gestellt hatten. Das und der ständige weitere Geldbedarf für die Kriege gegen Frankreich und die Osmanen sollten Karl für seine gesamte Herrschaft zu einem Schuldner machen.

Der junge Herrscher reiste dann 1520 von Spanien über die Niederlande nach Deutschland, um sich am 23. Oktober 1520 in Aachen krönen zu lassen. Er beherrschte wie seinerzeit in Spanien auch hier nicht die Landessprache, obwohl er wegen seiner Abstammung als »deutscher« Kandidat gegolten hatte. Karl nannte sich von nun an »Erwählter Römischer Kaiser«. Schon bald wurde der Habsburger auch in den Religionskonflikt rund um Martin Luther hineingezogen. Als Luther 1521 beim Reichstag in Worms erscheinen musste, hielt sich Karl an das Versprechen der Zusicherung des freien Geleits, da er das negative Beispiel Kaiser Sigismunds und dessen Wortbruch gegenüber Jan Hus vor Augen hatte. Es bestand allerdings kein Zweifel, dass der junge Herrscher die Lehren des Mönchs aus Wittenberg ablehnte. Karl tat in der Folge vieles, um die Reformation in Deutschland wieder zu beseitigen, erlitt aber dabei im Großen und Ganzen Schiffbruch.

Ab Beginn 1522 war Karl V. infolge seiner vielen Verpflichtungen neun Jahre nicht im Reich anwesend. Immerhin musste er auch in Spanien die ziemlich gefährliche aufständische Bewegung der Comuneros unterdrücken und andere für ihn gefährliche Entwicklungen auf der Iberischen Halbinsel in den Griff kriegen. Sein Bruder Ferdinand erhielt mehr Kompetenzen und die Zusage, eines Tages sein Nachfolger als römisch-deutscher Kaiser zu werden. Karl V. ließ sich auf den Reichstagen durch Gesandte vertreten, deren Vorgehen aber oft nicht mit dem Reichsregiment abgesprochen war. Das Wormser Edikt erwies sich als ziemlich zahnlos, und die Stände wollten in der religiösen Frage ein eigenes Konzil. Der Habsburger untersagte aber die Einrichtung eines deutschen Konzils, denn er wollte keine eigenständige Nationalkirche.

Die Bauernkriege, die zwischen 1524 und 1526 das Heilige Römische Reich erschütterten, waren aus einer Kombination sozialer Probleme und dem Einfluss der Reformation geboren worden. Karl V. beteiligte sich kaum an der Niederschlagung der Bauernaufstände. Die wesentlichste Rolle spielten dabei der Schwäbische Bund und einige Reichsstände, die allesamt fast immer mit größter Brutalität vorgingen.

Hauptgegner Karls V. war für lange Zeit Frankreich, mit dem er wegen dessen Besitzergreifung von Mailand und der Vorenthaltung des burgundischen Herzogtums vier Kriege führte. Diese militärischen Auseinandersetzungen, die nicht die einzigen seiner Regierungszeit sein sollten, kosteten Karl viel Geld und Menschenleben und führten nur zu bedingten Erfolgen. Die Kriegsschauplätze wechselten, und Karl V. konnte vorerst bis Mai 1522 ganz Oberitalien in seine Hand bekommen. Doch tendierten Venedig und der Papst zunehmend an die Seite Frankreichs, wobei außerdem in Italien eine antikaiserliche Stimmung Platz griff. König Franz I. von Frankreich konnte im Gegenschlag gegen den Habsburger wieder militärische Erfolge erzielen und Mailand und weitere italienische Territorien in seinen Besitz bringen. Doch als die Franzosen die Stadt Pavia belagerten, kam es zur Schlacht mit einem habsburgischen Entsatzheer. Dabei erlitten die Franzosen eine schwere Niederlage und ihr König wurde gefangen genommen.

Die Bedrohung durch die Osmanen wurde nach der Schlacht bei Mohács 1526, in der der ungarische König Ludwig II. sein Leben verlor, für die Habsburger akut. Denn von nun an waren die habsburgischen Erblande massiv von den Türken bedroht. Außerdem hatte Karls Bruder Ferdinand durch den Tod König Ludwigs II. Anspruch auf die Kronen Böhmens und Ungarns. Der daraufhin unvermeidliche Krieg mit den Osmanen führte 1529 zur Belagerung Wiens durch Sultan Suleyman I. Karl V. war zu jener Zeit militärisch massiv in Italien engagiert und konnte seinem Bruder Ferdinand nicht zu Hilfe kommen. Als die Belagerung Wiens letztlich an verschiedenen Umständen scheiterte und der türkische Sultan sich zurückzog, verblieb Ferdinand nur ein sehr kleiner Teil des ungarischen Territoriums, der nicht vom Feind besetzt war.

Karl zeigte eine merkwürdige Mischung aus Realitätssinn und burgundischer Ritterromantik, als er Franz I. nach der Schlacht von Pavia als Gefangenen nach Madrid brachte. Nun hätte der Habsburger die Gelegenheit gehabt, große Geldsummen oder Grenzveränderungen zu fordern. Doch er wollte das alte Burgund haben, das ihm der französische König aber nicht geben wollte und konnte. Karl ließ Franz I. nach Paris reisen und dieser widerrief dort das erpresste Zugeständnis, obwohl zwei seiner Söhne Geiseln in Spanien waren. Der stolze Habsburger sah sich in seiner Ehre getroffen und reagierte wie ein alter Rittersmann. Er forderte den Franzosen erfolglos zum Duell, wobei er diese Forderung 1528 nochmals wiederholte. Franz I. dachte bereits in anderen Kategorien und dachte deshalb gar nicht daran, sich auf etwas Derartiges einzulassen. Schon bald war ein solcher Ehrenhandel auch für Karl V. nicht mehr denkbar, denn er wurde heftig von der Gicht heimgesucht, die ihn nicht mehr loslassen sollte.

Der Kaiser war durch seinen Lebensstil für die Gicht prädestiniert. Als Freund von mehr als opulenten Tafelfreuden, großer Mengen Alkohols zu jeder Tageszeit und ähnlicher »Genüsse« untergrub er konsequent seine Gesundheit. Karl soll bereits am Morgen mehrere Krüge eiskalten Biers getrunken haben, da er meinte, dies würde seine Atmung verbessern. Auch zum Mittagessen gab es viele kalte Getränke, mit denen große Mengen an meist sehr ungesunder Nahrung hinuntergespült wurden. Danach gab es dann statt einer Verdauungspause oft ein erhitzendes Ballspiel. Es wurde auch immer wieder darauf hingewiesen, dass der Kaiser durch die Deformation seines Kiefers nicht richtig kauen konnte und deshalb die Nahrung größtenteils meistens einfach hinunterschlang, wodurch seine Verdauung stets gestört war.

Was seine eheliche und außereheliche Nachkommenschaft betraf, so verhielt er sich sehr loyal. Karl verheiratete seine voreheliche Tochter Margarethe mit Ottavio Farnese, dem Neffen des Papstes. Margarethe sollte dann auch als

Statthalterin der Niederlande eine gute Figur machen. Der mit der Regensburgerin Barbara Blomberg gezeugte Sohn Don Juan wurde von Karl ebenfalls anerkannt. Don Juan erwies sich dann als fähiger Militär und Flottenführer und siegte in der Seeschlacht bei Lepanto, womit dem Osmanischen Reich ein sehr schwerer Schlag versetzt werden konnte. Auch Karls Schwester Maria, die Witwe des Königs von Ungarn, wurde einige Zeit mit der Statthalterschaft der Niederlande betraut. Im Großen und Ganzen war Karls V. Personalpolitik auch unabhängig von seinen Familienangehörigen weitaus besser und erfolgreicher als jene seines Sohnes und Nachfolgers Philipp II.

Mit seinem Bruder Ferdinand hatte Karl immer wieder Spannungen und Meinungsverschiedenheiten. Er war dann auch enttäuscht darüber, dass anstelle seines Sohnes Philipp sein Bruder Ferdinand 1531 zum deutschen König gewählt wurde. Wobei man vielleicht anmerken müsste, dass eine Wahl Philipps den Dreißigjährigen Krieg wohl um fast 100 Jahre vorverlegt hätte. Der spätere Kaiser Ferdinand I. sollte immer im Schatten seines Bruders stehen, doch war er in vielen Bereichen der geschicktere und pragmatischere Realpolitiker. Das Jahr 1531 brachte auch die Gründung des »Schmalkaldischen Bundes«, der ein Verteidigungsbündnis protestantischer Fürsten und Städte gegen die repressive Religionspolitik Karls V. darstellte. Die Führung des Bundes hatten die Fürsten von Kursachsen und Hessen. Dieses Bündnis sollte schließlich der Sargnagel der Reichspolitik des Kaisers werden.

Die Finanzen der Habsburger wurden durch den immer wieder aufflammenden Krieg gegen die Franzosen immer mehr strapaziert. Karl V. war bei seinen Geldgebern, wie dem Bankhaus Fugger, tief verschuldet. Ganz besonders wichtig war immer die Bezahlung der Landsknechts-Truppen, die das Gros der damaligen Armeen ausmachten. In Oberitalien führte der sehr erfolgreiche Feldherr Georg von Frundsberg 1527 die habsburgischen Landsknechte und ging wie immer sehr erfolgreich offensiv vor. Doch als die Soldzahlungen ausblieben, kam es zu einer Meuterei, die mit einem Schlaganfall des bereits in die Jahre gekommenen Frundsberg endete. Daraufhin zog die weitgehend führerlose Armee nach Rom und erstürmte am 25. Mai 1527 die Stadt, worauf das berüchtigte »Sacco di Roma« folgte. Rom wurde geplünderte, Tausende Menschen wurden ermordet und selbst der Papst konnte sich nur durch die tapfere Aufopferung seiner Schweizergarde retten. Die Stadt sollte viele Jahre benötigen, um sich davon zu erholen, und das Ansehen Karls V. erlitt einen schweren Schlag. Die Koalition gegen den Habsburger wurde gestärkt und seine Truppen gerieten immer mehr in Bedrängnis. Doch durch den geschickten Einsatz der genuesischen Flotte konnte Karl V. zuletzt noch das Kriegsgeschehen für sich entscheiden, und König Franz I. musste wieder Frieden schließen.

Im »Damenfrieden von Cambrai« verzichtete Frankreich auf italienische Gebiete und auf seine Lehensansprüche in Flandern und Artois. Karl V. verzichtete seinerseits auf den sowieso unrealistischen Anspruch auf Burgund. Letztlich konnte der Habsburger durch den Vertrag seine Vorherrschaft in Italien für lange Zeit sichern. Doch die Auseinandersetzungen mit Frankreich sollten für ihn niemals wirklich enden.

Am 24. Februar 1530 konnte sich Karl V. in Bologna feierlich von Papst Klemens VII. zum Kaiser krönen lassen, was auch die letzte derartige Krönung in der Geschichte war. Bereits zwei Tage zuvor hatte Karl auch die Eiserne Krone der Lombardei erhalten. Zu jener Zeit begann der Habsburger auch, auf ein Konzil zur Reform der Kirche zu drängen. Damit wollte er auch die religiösen Probleme im Reich lösen. Die Päpste Clemens VII. und Paul III. waren davon nicht begeistert, da sie den Einfluss des Kaisers fürchteten. Franz I. von Frankreich wollte auch keinerlei Zugeständnisse machen und versuchte zudem noch, den Konflikt im Reich anzuheizen. Karl V. konnte es schließlich doch durchsetzen, dass per 23. Mai 1537 ein Konzil in Mantua einberufen wurde. Die Protestanten in Deutschland einigten sich aber darauf, das Konzil zu boykottieren. Die Franzosen erreichten eine Verschiebung des Konzils, doch der Kaiser blieb weiterhin bei seinem Vorhaben. Nach viel Hin und Her kam es schließlich 1545 zum Konzil von Trient. Es sollte zwanzig Jahre dauern, und sein Abschluss gilt allgemein als der wirkliche Beginn der Gegenreformation.

Durch seine Besitzungen in Amerika, die während Karls V. Regierungszeit durch die Eroberungen von Männern wie Cortez und Pizarro massiv ausgedehnt wurden, herrschte der Habsburger über ein Reich, das die bis dahin gekannten Dimensionen sprengte. Karl soll angeblich selbst gesagt haben, er regiere ein Reich, in dem »die Sonne niemals unterging«. Auch wenn das sehr viel mit den damals noch unzureichenden Kenntnissen über den Umfang der Welt zu tun hat, so war seine Einschätzung nicht ganz falsch. Die Besitzungen in Übersee produzierten große Reichtümer, konnten jedoch den immensen Geldbedarf des Habsburgers kaum jemals annähernd decken. Zuviel verschlangen vor allem die vielen Kriege zu Lande und zu Wasser sowie die prächtige Hofhaltung. Der riesige Herrschaftsbereich Karls V. war auch ein großes verwaltungstechnisches Problem. Die Territorien wurden einfach nur durch die Person des Herrschers zusammengehalten, eine gemeinsame Verwaltung oder gemeinsame Institutionen gab es so gut wie nicht. Dieses Problem sollte die Habsburger in ihren Herrschaftsbereichen bis ins 19. Jahrhundert verfolgen.

Der Frieden in Karls großem Reich war immer nur von kurzer Dauer, denn 1532 kam es zu einem neuen Krieg gegen die Osmanen. Daran beteiligte sich der Kaiser persönlich, konnte aber keine wesentlichen Erfolge erzielen. Karl V. überließ den Krieg an der Südostgrenze des Reiches in der Folge seinem Bruder Ferdinand. Papst Clemens VII. tendierte zunehmend in Richtung der Franzosen, und König Franz I. konnte mit den deutschen Protestanten ein Bündnis abschließen. Frankreich schloss auch Bündnisse mit den Osmanen und den Barbareskenstaaten ab, um den Habsburger in die Zange zu nehmen. Karl V. sah sich einem sehr starken feindlichen Bündnis gegenüber, das er nicht wirklich schwächen konnte. Aber auch dem französischen König gelang es nicht, wirkliche Erfolge zu erzielen.

Sozusagen als Befreiungsschlag unternahm der Kaiser 1535 den Tunisfeldzug, der mit der kurzfristigen Eroberung von Tunis endete. Hier nahm Karl V. zum ersten Mal aktiv als Kämpfer an einer Schlacht teil und konnte durch den Sieg sein Ansehen sehr steigern. Als er nach dem Tunisunternehmen nach Rom zog, wurde er begeistert empfangen. Die alte Kreuzzugidee schien wiedergeboren. Doch der französische König Franz I. war inzwischen wieder in die Offensive gegangen, und so ging der Krieg mit Frankreich weiter. Ein Angriff Karls V. auf Marseille scheiterte, doch näherte sich inzwischen der Papst wieder an ihn an. Es kam 1538 zu einem Bündnis, das gegen die Türken gerichtet war. Der Papst vermittelte nun auch einen Waffenstillstand mit den Franzosen, der allerdings nicht lange dauern sollte. Wieder einmal wurde darin der Status quo bestätigt.

Ab 1540 zeichnete sich schon ein neuer Waffengang mit Frankreich ab, das durch die Ermordung seiner Gesandten durch spanische Soldaten brüskiert worden war. Obwohl sein Bruder seine Hilfe gegen die Osmanen benötigt hätte, unternahm Karl 1541 eine Flottenexpedition gegen Algier, wohl um an seinen Erfolg gegen Tunis anzuschließen. Doch dieses Mal war er nicht vom Glück verfolgt, denn ein heftiger Sturm machte dem Unternehmen ein vorzeitiges Ende. Nun kam es auch zum erwarteten Krieg gegen Frankreich, wobei Karl V. ein Bündnis mit Heinrich VIII. von England einging. Franz I. geriet bald in die Defensive und verlor jeden Rückhalt gegen den Kaiser im Reich. Die Reichsstände waren jetzt vollkommen auf der Seite Karls V. und der endgültige Sieg über die Franzosen mit der möglichen Eroberung von Paris schien nahe. Doch wieder machte der Geldmangel einem Habsburger-Kriegszug einen Strich durch die Rechnung. Die Söldner meuterten, da sie keinen Sold bekamen, und die Armee löste sich auf. Franz I. hatte aber nun doch die Aussichtslosigkeit weiterer Kriegführung gegen den Kaiser erkannt, und es kam 1544 zum Frieden von Crépy. Franz I. sagte zu, sich nie mehr mit den protestantischen Ständen im Heiligen Römischen Reich zu verbinden und Teilnehmer für ein Konzil auf Reichsboden zu schicken.

Der Kaiser sah nach dem Frieden mit Frankreich die Zeit gekommen, seine Macht im Reich entscheidend zu verstärken. Dabei wollte er mehrere Ziele verfolgen, wie die Schaffung einer Universalmonarchie, die ihm als Kaiser viel mehr Macht im Reich geben sollte und damit die endgültige Neutralisierung Frankreichs und die Lösung der Religionsfrage in seinem Sinne ermöglichen sollte. In der Wahl seiner Mittel wollte er dabei nicht wählerisch sein und vor allem auch auf Gewalt setzen. Schon durch seinen Angriff auf das Herzogtum Jülich-Kleve 1543 hatte er gezeigt, wie er sich so etwas vorstellte. Karl V. dürfte wohl bereits damals den Entschluss zu einem gewaltsamen Vorgehen gegen die Protestanten gefasst haben, wobei ihm natürlich der Papst seine Unterstützung zusicherte. Bevor es jedoch zum großen Krieg kam, gab es noch einige Verzögerungen und Geplänkel. So ging die Kurpfalz zur Reformation über, und es kam 1546 zu »Religionsgesprächen« in Regensburg, die natürlich keine Annäherung brachten. In Regensburg fiel schließlich auch die endgültige Entscheidung zum Krieg gegen die Protestanten, wobei sich neben dem Papst der Herzog von Bayern und Moritz von Sachsen als wichtigste Verbündete an die Seite Karls V. stellten.

Zunächst versuchte der Kaiser, wichtige protestantische Städte wie Frankfurt am Main, Augsburg, Ulm und Straßburg durch eine Art von Wirtschaftskrieg zu neutralisieren, was allerdings nicht ganz gelang. Dann kam es zum regelrechten Krieg gegen den Schmalkaldischen Bund. Dieser verfügte über ein sehr großes Heer und konnte theoretisch mehr Truppen ins Feld schicken als der Kaiser. Doch es gelang seinen Anführern nicht, ihre Aktivitäten zu koordinieren. Die Kaiserlichen hatten bald die ersten Erfolge, und Karl V. hatte schließlich fast ganz Oberdeutschland in seiner Gewalt. Er marschierte 1547 in Richtung Sachsen, da er dort eine Entscheidungsschlacht suchen wollte. Zu dieser Zeit verdammte auch das Konzil von Trient Teile der protestantischen Lehre als ketzerisch, was jede Gesprächsbasis beendete. Interessanterweise ließ der Papst den Kaiser zu jener Zeit in Stich und suchte wieder ein Bündnis mit Frankreich.

Ein gar zu starker Karl V. war in Rom auch nicht genehm, und das inzwischen weitgehend zu einer Farce verkommene Konzil von Trient wurde ins papsttreue Bologna verlegt.

Am 24. April 1547 kam es zur Schlacht bei Mühlberg, in der Karl V. die protestantische Armee und ihre Anführer Kurfürst Johann Friedrich von Sachsen und Philipp von Hessen besiegte und gefangen nahm. Johann Friedrich wurde in der Folge sogar zum Tode verurteilt, aber niemals hingerichtet. Die Kurwürde Johann Friedrichs erhielt nun Herzog Moritz von Sachsen. Die Gefangenschaft der beiden Reichsfürsten sollte mehrere Jahre dauern. Der italienische Maler Tizian, der damals vielleicht der berühmteste seiner Zunft war, malte Karl V. 1549 als Triumphator, wobei man allerdings bei genauerer Betrachtung des Bildes feststellen muss, dass der große Sieger eher müde und verbraucht aussieht.

Das Wichtigste für den Kaiser schien nun die Ausnutzung seines Sieges für die Umsetzung seiner Ziele auf Reichsebene. Aus diesem Grund wurde in Augsburg ein Reichstag einberufen, der zwischen September 1547 und Mai 1548 tagen sollte. Er wurde als der »geharnischte Reichstag« bezeichnet, da die Stadt besetzt war und unter spanischer Besatzung stand. Karl V. hatte nun vor, hier alle seine Vorstellungen durchzusetzen. Neben der Wiederherstellung des Reichskammergerichts und des Landfriedens ging es ihm vor allem um die religiösen Belange. Die evangelischen Stände sollten das Konzil anerkennen und Teilnehmer unter dem sicheren Geleit des Kaisers dorthin entsenden. Doch der Papst dachte gar nicht daran, diesem Plan des Habsburgers zuzustimmen. Deshalb entschloss sich der Kaiser, das Religionsproblem »provisorisch« zu lösen. Katholische Theologen wurden beauftragt, Reformvorschläge für die Duldung der Protestanten auszuarbeiten. Wie nicht anders zu erwarten, fielen diese Vorschläge gänzlich antiprotestantisch aus. Als Karl V. einen Ausschuss aus den Vertretern beider Lager einsetzte, kam es nur zu wüsten Streitereien. Eine andere Kommission erarbeite schließlich eine »Lösung«, bei der es einige Zugeständnisse für die protestantischen »Ketzer« gab, aber diese letztlich zur »alten« Kirche zurückkehren sollten. Der Kaiser empfand das als guten Vorschlag, und es kam zum »Augsburger Interim«, das diese »Lösung« durchsetzen sollte, aber überall scheiterte. Weder Protestanten noch Katholiken wollten damit etwas zu tun haben und der Versuch des Kaisers, die »neue Kirche« durch militärische Gewalt durchzusetzen, verschärfte die Situation drastisch. Bei der Dramatik der religiösen Auseinandersetzung gerieten andere wichtige politische Entwicklungen ins Hintertreffen, obwohl sie nicht unwichtig waren. So wurde im »Burgundischen Vertrag« die Stellung der Habsburgischen Niederlande neu definiert, was zur staatlichen Eigenständigkeit dieser Reichsregion in großem Maß beitrug.

Karl V. hatte wie schon oft mit meist völlig unzureichenden Mitteln versucht, das Problem mit den Protestanten in den Griff zu bekommen. Dabei hatte er ganz nach seiner Art lange Zeit mit Drohungen, List, scheinbarer Geduld und Nachgiebigkeit operiert. Nun hatte er auch auf die Gewalt gesetzt, um die Kirchenspaltung zu beenden. Doch eine Einigung der Kirche war nicht mehr möglich, was Karls Anspruch, nach dem zu einem universalen Kaisertum auch nur eine Kirche gehörte, ziemlich infrage stellte.

Die scheinbar überwältigende Übermacht des Kaisers nach dem Schmalkaldischen Krieg und neue Versuche zur Lösung der religiösen Frage führten bei den Reichsständen zu großer Empörung. Es kündigte sich ein Bund der Unzufriedenen an, der sowohl proevangelisch als auch antikaiserlich sein sollte. Die Bewegung erhielt viel Zulauf und fand schließlich in Moritz von Sachsen, der dem Kaiser die Gefolgschaft aufgekündigt hatte, einen Erfolg versprechenden Anführer. Die Aufständischen scheuten auch nicht davor zurück, sich mit König Heinrich II. von Frankreich zu verbünden. Karl V. wurde durch den sogenannten »Fürstenaufstand« zwar nicht ganz überrascht, aber er reagierte viel zu spät. Der französische König drang im Februar 1552 in Lothringen ein und besetzte die dortigen Hochstifte, die zum Reich gehörten. Eine Armee der aufständischen Fürsten griff die österreichischen Erblande an, und der Kaiser, der sich in Innsbruck befand, geriet in Gefahr. Der Markgraf von Brandenburg-Kulmbach unternahm in Eigenregie einen Kriegszug gegen die religiösen Territorien in Franken und gegen die Stadt Nürnberg. Karl V. sah sich in einer sehr schlechten Position, da er von den Niederlanden abgeschnitten war, kaum Truppen und noch viel weniger Geld hatte. Von einer Position der Stärke war er in ein machtpolitisches Vakuum gefallen. Er musste nun auf Verhandlungen mit seinen Gegnern setzen, wie es sein Bruder Ferdinand bereits tat. Die Aufständischen forderten einen dauerhaften Religionsfrieden, und Ferdinand zeigte den Willen, auf diese Forderung einzugehen.

Der Kaiser wollte vor allem Zeit schinden, doch die Aufständischen drangen bis Innsbruck vor, und Karl V. musste nach Villach fliehen. Die meisten katholischen Fürsten des Reiches und sogar einige geistliche Territorialherren wollten nun auch einen Religionsfrieden auf Dauer. Ferdinand beschwor seinen Bruder, auf die Forderungen einzugehen und verwies auf die Gefahr durch die Türken. Karl war es inzwischen gelungen, eine Armee aufzustellen, und er versuchte nun, die Verhandlungen durch neue Forderungen zu torpedieren. Es kam aber dann nach langem Feilschen doch zum »Passauer Vertrag«, der eigentlich die Rückkehr zum »Nürnberger Anstand« bedeutete. Die Bedingungen des Religionsfriedens sollte dann ein Reichstag entscheiden. Karl hatte damit alle seine Erfolge durch den Sieg im Schmalkaldischen Krieg wieder eingebüßt. Der Kaiser wandte sich jetzt dem Krieg gegen Frankreich zu und ging dazu sogar ein Bündnis mit Albrecht Alkibiades, dem übel beleumdeten Markgrafen von Brandenburg-Kulmbach ein. Das nützte ihm aber auch nicht viel, denn der Feldzug in Lothringen wurde kein Ruhmesblatt für die habsburgischen Waffen.

Karl V. musste sich wohl nach dem Scheitern seines Feldzuges gegen Metz und dem »Passauer Vertrag« eingestehen, dass seine Reichspolitik völlig erfolglos war. Er zog sich verbittert nach Brüssel zurück und überließ das Reich wieder einmal seinem geschickten Bruder Ferdinand. Der im Passauer Vertrag vereinbarte Reichstag musste einberufen werden, auch wenn Karl sich dagegen sträubte. Er entschied schließlich, den Reichstag in Augsburg einzuberufen, aber Ferdinand I. den Vorsitz zu überlassen. Obwohl der Kaiser größte Bedenken hatte, wurde am 25. September 1555 dort der Augsburger Religionsfrieden beschlossen. Darin wurde die lutherische Form des Protestantismus anerkannt, und alle Reichsstände mit Ausnahme der geistlichen Herrschaften hatten von nun an das Recht der freien Religionswahl. Der Grundsatz »cuis regio, eius religio« sollte von nun an gelten. Noch vor dem Ende des Reichstags erschien ein kaiserlicher Abgesandter bei Ferdinand und kündigte die Abdankung seines Bruders zu seinen Gunsten an. Karl V. wollte den Reichsabschied mit dem Religionsfrieden als wichtigstem Punkt nicht in seinem Namen veröffentlicht wissen. Doch der Gesandte kam etwas zu spät, und der Reichstagsabschied wurde doch unter dem Namen des Kaisers veröffentlicht. Karl V. hätte sich somit dieses Eingeständnis seines Scheiterns ersparen können. Bis zur eigentlichen Abdankung sollte dann noch etwas Zeit vergehen.

Karl V. war enttäuscht über die Entwicklung besonders im Reich und ganz besonders in Bezug auf die protestantischen »Ketzer«. Müde geworden und an verschiedenen Krankheiten laborierend, entschied er sich für den stückweisen Rückzug von der Macht. Er hatte sich mit seiner Nachfolge schon seit einiger Zeit beschäftigt. Es war klar, dass das spanische Erbe an seinen Sohn Philipp gehen sollte, aber die Nachfolge im Reich war viel schwieriger. Karl V. hatte längere Zeit die fixe – und wohl auch sehr unrealistische – Idee, dass sein Sohn Philipp einst auch nach Ferdinands I. Tod das Heilige Römische Reich erhalten sollte. Dieser Plan stieß aber auf den Widerstand von Ferdinand und dessen Sohn Maximilian. Ein Kompromissplan mit der Reihung, dass auf Ferdinand Philipp und dann Maximilian folgen sollten, was als »spanische Sukzession« bezeichnet wurde, scheiterte letztlich, und dem Reich blieb dadurch wohl viel Chaos erspart, das ein katholischer Hardliner wie Philipp sicher angerichtet hätte. Im September 1555 wurde dann die Entscheidung zur Teilung der Besitzungen des Hauses Habsburg gefällt.

Die spanische Linie sollte die italienischen Besitzungen und die Niederlande erhalten, während die österreichische Linie die Erblande, Ungarn und Böhmen sowie den Anspruch auf die Kaiserkrone bekommen sollte. Das war der eigentliche Beginn zweier habsburgischer Dynastien in Europa.

Schon 1554 ließ Karl V. das Königreich Neapel aus Anlass der Hochzeit seines Sohnes Philipp an diesen übertragen. Interessanterweise war nach dem spanischen Staatsrecht Karl selbst erst durch den Tod seiner geisteskranken Mutter am 13. April 1555 wirklich alleiniger König von Spanien geworden. Der Kaiser legte am 2. Oktober 1555 sein Amt als Großmeister des Ordens vom Goldenen Vlies zurück und übergab noch im gleichen Monat die Herrschaft über die Niederlande an Philipp. Karl V. inszenierte diesen wichtigen Staatsakt betont feierlich und in Trauerkleidung. Dabei stützte er sich auf Wilhelm von Oranien, der später noch eine sehr wichtige Rolle spielen sollte. Der Kaiser hielt eine bewegende Ansprache, in der er über sein Leben referierte. Er räumte große Fehler ein, die er gemacht habe, wobei zuerst seine Jugend, dann sein menschliches Irren und seine Leidenschaften und zuletzt die Müdigkeit die Ursachen gewesen wären. Er entschuldigte sich auch bei allen, denen er Unrecht getan oder die er gekränkt hätte. Dieser ungewöhnliche Rücktritt eines Herrschers mitsamt einer kritischen Selbstabrechnung hätte Schule machen können, fand aber im Lauf der Geschichte kaum Nachahmer.

Auch Kastilien, Aragon, Sizilien und die Kolonien gingen am 16. Januar 1556 an Karls Sohn Philipp über. Im Reich war die Situation etwas schwieriger, da der Habsburger seine Herrschaft nicht einfach übertragen konnte. Die Zustimmung der Kurfürsten musste gewonnen und der Einfluss Frankreichs ausgeschaltet werden. Nach dem Waffenstillstand von 1556 schien die Situation dafür gut, doch dann wurde das Ganze durch eine neue Offensive der Türken doch noch verzögert. Karl V. ging zurück nach Spanien und betraute Ferdinand mit der Regierung des Reiches. Am 12. September 1556 übermittelte er den Kurfürsten dann seine eigentliche Abdankungsurkunde. Er sollte der einzige

Herrscher des Heiligen Römischen Reiches sein, der einen solchen Schritt unternahm. Für Ferdinand begann nun eine Zeit der Ungewissheit, denn er wurde erst am 26. Februar 1558 durch die Kurfürsten anerkannt und konnte sich von nun an »erwählter Kaiser« des Reiches nennen.

Der bereits schwer kranke und sehr müde wirkende Kaiser hatte somit letztlich der gesamten Regierung entsagt und zog sich in das abgelegene Kloster San Yuste in der spanischen Estremadura zurück. Hier bewohnte er ein villenartiges Gebäude im Stil der Renaissance, das direkt an das Kloster angebaut war. Karl empfing hier Besucher, die ihm angenehm waren, beschäftigte sich mit dem Reparieren von Uhren und las seine Lieblingsschriftsteller, wenn er nicht gerade mit religiösen Zeremonien beschäftigt war. Karl V. hatte von einem seiner Räume einen direkten Blick auf den Hochaltar der Klosterkirche. Der frühzeitig gealterte Kaiser residierte in seinem Alterssitz nur mit einem Hofstaat von 50 Personen. Hier starb er nach nicht ganz zwei Jahren einer bemühten Beschaulichkeit am 21. September 1558. Erst 2007 konnte bewiesen werden, dass Karl V. an den Folgen der Malaria gestorben war, die in der Gegend um Yuste grassierte. Da hatte sich der Habsburger instinktsicher den richtigen Alterssitz ausgesucht. Zunächst in San Yuste beigesetzt, wurden seine Überreste schließlich in den Escorial bei Madrid überführt. In seinem letzten Testament hatte er verfügt, dass für ihn 30000 Seelenmessen gelesen werden müssten, was sein Sohn Philipp II. natürlich eifrig befolgte. Dann musste der neue König den Staatsbankrott anmelden, denn sein Vater hatte in seiner 36-jährigen Herrschaft 28 Millionen Dukaten Schulden angehäuft – eine für jene Zeit astronomische Summe.

Kaiser Karl V. hatte das Konzept einer Universalmonarchie verfolgt, nach dem er als der Kaiser über alle übrigen Könige gestellt sei. Damit verbunden war sein Anspruch, den Frieden in Europa zu bewahren, das Abendland vor seinen Feinden, die in diesem Fall in erster Linie die Osmanen waren, zu schützen und auch der erste Diener und Beschützer der Kirche zu sein. Diese Ansprüche stießen aber bei den anderen Herrschern Europas nicht auf große Zustimmung, vor allem dann, wenn sie, wie König Franz I. von Frankreich und sein Nachfolger, selbst eine Vorherrschaft in Europa anstrebten. Auch wenn sich Karl V. in großem Maße auf die Schätze aus den neu erworbenen Übersee-Kolonien stützen konnte, blieb es ihm letztlich verwehrt, sein Konzept wirklich durchzusetzen. Er war sicherlich der mächtigste Herrscher im gesamten Abendland, konnte aber letztlich die Gefahr durch die Osmanen und den Machtanspruch der französischen Könige nicht ausschalten, genauso wenig wie es ihm gelang, die Spaltung der Kirche als Folge der Lehren Luthers zu verhindern.

Karl V. hatte am 10. März 1526 Isabella, die Schwester von König Johann III. von Portugal, geheiratet. Sein ältester Sohn war Philipp II., der in Spanien sein Nachfolger werden sollte. Seine Tochter Maria sollte 1548 Erzherzog Maximilian heiraten, welcher schließlich Kaiser wurde. Karls Tochter Johanna heiratete 1552 den Infanten Johann Manuel von Portugal. Ein Sohn Karls starb bereits nach der Geburt. Außerdem hatte der Habsburger noch einige illegitime Kinder, von denen er zwei als legitim anerkannte.

Kaiser Maximilian II.
(1527–1576)

»Maximilian II. war eine singuläre Erscheinung unter den Habsburgern des 16. Jahrhunderts.« (Hamann 1988, S. 361)

Dieser Herrscher wurde am 31. Juli 1527 als Sohn Kaiser Ferdinands I. und Annas von Böhmen geboren. Maximilians Mutter war eine interessante Frau, die als milde und klug beschrieben wurde, viele Sprachen beherrschte und sogar dem Hofrat ihres Mannes vorsaß, was damals als sehr ungewöhnlich galt. Sie trat sogar als Autorin eines Buches hervor. Ferdinand I. war seiner Gattin auch sehr anhänglich, nahm sie überallhin mit und verzichtete auf Mätressen. Es ist anzunehmen, dass diese bedeutende Frau großen Einfluss auf die Entwicklung des jungen Maximilians hatte.

Der als weich und lebensfroh beschriebene junge Habsburger erhielt eine gute Ausbildung. Maximilians II. Persönlichkeit wird meist als sehr angenehm beschrieben. Er soll persönlich liebenswürdig, gewinnend, leutselig und sprachgewandt gewesen sein. Maximilian hatte schon in jungen Jahren einige sehr gute Freunde unter den deutschen Fürsten, wie Albrecht V. von Bayern und Christoph von Württemberg, und scheute nicht vor Kontakten mit den verfemten Protestanten zurück. Sein Vater Ferdinand I. war jedoch entsetzt über die lutherfreundliche Einstellung seines Sohnes und deshalb sehr besorgt für die Zukunft. Darum musste Maximilian auch eine erzkatholische Prinzessin aus dem spanischen Zweig der Familie heiraten.

Maximilian heiratete am 13. September 1548 in Valladolid Maria, die älteste Tochter Kaiser Karls V. mit Isabella von Portugal. Diese Braut war zuvor bereits für einen der Söhne von König Franz I. von Frankreich vorgesehen gewesen, bis man sich in Madrid anders entschied. Maria war eine Cousine 1. Grades von Maximilian, was sich wohl auch auf die gemeinsame Nachkommenschaft auswirkte. Während des Reichstags in Augsburg war ein Ehevertrag ausgearbeitet worden, in dem Maria auch auf alle territorialen Ansprüche verzichtete und bloß eine jährliche Rente garantiert bekam. Das Paar übte in der Folge während der Abwesenheit Karls V. die Regentschaft in Spanien aus. Dabei zeigte sich schon, dass Maximilian und Maria eigentlich nicht zusammenpassten. Die aggressive katholische Religiosität der Spanierin war für Maximilian schwer zu akzeptieren. Maria war ihrerseits entsetzt über die religiösen Ansichten ihres Gatten, die an die »ketzerischen« Lutheraner erinnerten. Als sich Karl V. von der politischen Bühne zurückzog, wurde Maria im Oktober 1550 alleinige Statthalterin Spaniens. Maximilian holte seine Gemahlin 1552 nach dem Tod ihres Vaters von dort ab, und die Regierungsgeschäfte wurden an Marias Bruder Philipp II. übergeben. Auch in Wien gab es weiterhin religiöse Meinungsverschiedenheiten zwischen den Ehepartnern. Maria gab nicht auf und versuchte immer wieder, ihren Mann prokatholisch zu beeinflussen, ohne damit wirklich durchschlagenden Erfolg zu haben. Deshalb versuchte sie in der Folge, zumindest ihre Kinder vor dem lutherischen »Virus« zu schützen und zu katholischen Hardlinern zu erziehen. Was ihr auch teilweise gelang, aber bei ihrem Sohn Rudolf, dem Nachfolger Maximilians II., nicht von Erfolg gekrönt war.

Die Bevormundung durch die Spanier und die Pläne Karls V., seine Thronfolge eventuell zu umgehen, führten zu einer massiven antispanischen Haltung bei Maximilian und bestärkten ihn wohl auch in der Ablehnung des politischen Katholizismus. Vor allem der Hofprediger Sebastian Pfauscher hatte großen Einfluss auf ihn und verstärkte seine protestantischen Neigungen. Maximilian II. praktizierte nach außen hin einen Kompromisskatholizismus nach dem Vorbild seines Vaters, ging aber wohl innerlich weit darüber hinaus. Ferdinand I. erkannte dieses und versuchte alles, um seinen Sohn am Abfall vom »wahren Glauben« zu hindern, was zusätzlich durch Drohungen der spanischen Verwandtschaft und des Papstes verstärkt wurde. Dabei kränkte Ferdinand I. seinen Sohn auch noch dadurch, dass er gegenüber seinem zweitgeborenen Sohn Ferdinand mehr Zuneigung zeigte als gegenüber Maximilian. Der künftige Kaiser musste 1560 ein weitgehend erzwungenes Bekenntnis zur katholischen Kirche ablegen. Versuche Maximilians, die Unterstützung protestantischer Fürsten zu erhalten, scheiterten. Das aufgezwungene Bekenntnis hinterließ bei Maximilian eine seelische Verwundung, die seine Abneigung gegen jede Art von Dogmatismus, aber auch seine Neigung, sich zu verstellten und der Umwelt etwas vorzuspielen, verstärkte.

Da er nun seinen Nachfolger »entschärft« glaube und zunehmend vor sich hin kränkelte, betrieb Ferdinand I. jetzt die Nachfolge durch Maximilian. Dieser wurde am 14. Mai 1562 zum König von Böhmen und am 24. November desselben Jahres zum römisch-deutschen Kaiser gekrönt. Am 16. Juli 1563 kam es noch zur Krönung zum König von Ungarn. Als Ferdinand I. am 25. Juli 1564 starb, folgte ihm Maximilian I. als Herrscher des Heiligen Römischen Reiches.

Zu Beginn seiner Herrschaft setzte der neue Kaiser auf Reichsebene weitgehend auf die Weiterverfolgung der Politik seines Vaters, zeigte aber eine äußerst konfessionelle Zurückhaltung, was bei den protestantischen Fürsten große Hoffnungen weckte und ihm nach und nach ihr Vertrauen eintrug. Nun konnte der Religionsfrieden von 1555 endlich wirklich umgesetzt werden.

Maximilian II. hatte bei Antritt des Erbes seines Vaters Teile davon an seine beiden jüngeren Brüder Ferdinand und Karl abtreten müssen. So konnten die beiden in Innsbruck und Graz jeweils als eigenständige Regenten Nebenlinien bilden. Der Kaiser sah, dass sich in seinen Erblanden der Protestantismus weiter ausbreitete, zumal er vor allem dem Adel sehr attraktiv erschien. Da er wegen der Türkenkriege immer große Summen benötigte, musste sich Maximilian I. mit den in großem Maß protestantischen Adeligen und Ständen stets in gutes Einvernehmen setzen. Was ihm allerdings im Gegensatz zu seinem Vater nicht sehr schwer fiel. Da er im Reich bereits gegenüber den Protestanten sehr liberal agierte, übertrug er dieses Verhalten nach einem gewissen Zögern auch auf seine Erblande und stellte dem Adel die Augsburger Konfession frei. Er ging am 14. Januar 1571 sogar noch weiter und versuchte mit der »Religionssekuration« eine gewisse staatskirchliche Kontrolle auch über die protestantische Konfession zu erlangen.

Die religiöse »Libertät« galt aber immer in erster Linie dem Adel, und auch bei gewissen hussitischen Relikten und Traditionen beim böhmischen Protestantismus zeigte der Kaiser weniger Verständnis. Seine beiden Brüder wollten diese Entwicklung in ihren Territorien nicht voll mittragen, wobei besonders Ferdinand in Tirol sich als religiös nicht sehr tolerant erwies. Gegenüber dem weiter stärker werdenden Calvinismus im Reich zeigte Maximilian II. kaum Toleranz und versuchte diese Entwicklung zu verhindern. Als er auf dem Reichstag von Augsburg 1566 gegen die reformierte Kurpfalz vorging, erhielt er aber weder bei den Katholiken noch bei den Lutheranern Unterstützung. Danach verhielt er sich auch gegenüber dem Calvinismus sehr zurückhaltend. Das schlimme Beispiel Frankreichs vor Augen, versuchte Maximilian II. alles, um diesbezügliche Konflikte in seinem Reich zu verhindern.

Ein Problem stellte für den Kaiser natürlich das spanische Vorgehen in den Niederlanden sowohl in politischer wie religiöser Hinsicht dar. Er vermied es aber, es zu einem offenen Bruch mit seinem Cousin Philipp II. kommen zu lassen. Dieser hatte jedoch keine gute Meinung von Maximilian und war voller Misstrauen. Auch bezüglich der Verhältnisse in Italien gab es große Meinungsverschiedenheiten der beiden habsburgischen Herrscher. Dass Maximilian II. trotz allen Nichtverständnisses vonseiten der bigotten Spanier seine beiden Söhne Rudolf und Ernst zur Erziehung nach Spanien schickte, ist unter anderem auf den massiven Einfluss seiner Gattin Maria und seinem Bestreben, es sich mit den Spaniern nicht ganz zu verderben, zurückzuführen. Er konnte wohl nicht ahnen, dass die spanische »Erziehung« bei dem sensiblen Rudolf zu einem schweren psychischen Schaden führen würde.

Modern mutet heute eine Bestimmung Maximilians II.
aus dem Jahre 1570 an, dass Deutsche nicht mehr in aus-
ländische Kriegsdienste treten durften. Das war wohl auch
darin begründet, dass er selbst möglichst viele Soldaten für
seinen Türkenkrieg benötigte. Dieser Krieg war das wichtigste außenpolitische Ereignis in der Regierungszeit Maximilians II. Aufgrund einer Auseinandersetzung mit dem
ungarischen Gegenkönig und späteren Fürsten von Siebenbürgen, Johann Sigismund Zápolya, der den Tod Kaiser Ferdinands I. zu Gebietserweiterungen benutzen wollte, kam
es zum Eingreifen der Osmanen im Jahre 1566. Maximilian II. konnte erreichen, dass ihm der Reichstag eine recht
hohe Summe für die Kriegsführung zur Verfügung stellte,
und konnte eine verhältnismäßig große Armee ins Feld schicken. Der Kaiser ging mit seinen beiden Brüdern persönlich
zur Armee, die von Lazarus von Schwendi kommandiert
wurde. Obwohl Sultan Süleyman I., der als Kriegsherr sehr
gefürchtet war, bei der Belagerung der Stadt Szigeth starb,
konnten die Kaiserlichen diesen Vorteil kaum ausnutzen.
Es zeigte sich rasch, dass Maximilian über keinerlei militärische Begabung verfügte. Er dürfte sich dessen wohl auch
bewusst gewesen sein und schloss mit dem neuen Sultan
Selim II. den Frieden von Adrianopel, der weitgehend den
Status quo bestätigte und Zápolya zum Fürsten von Siebenbürgen machte. Besonders übel wurde vermerkt, dass sich
der Kaiser verpflichtete, dem Sultan einen jährlichen Tribut
von 30000 Dukaten zu zahlen. Das minderte das Ansehen
Maximilians II., der damit vertraglich eine Art von Oberho-
heit des Sultans anerkannt hatte. Trotz des Vertrages ging
der Kleinkrieg an den Grenzen weiter und es kam auch immer wieder zu kleineren Raubzügen. Doch der große Krieg
war für die nächsten 25 Jahre beendet.

Der Habsburger-Kaiser hatte 1572 versucht, seinen
Sohn Ernst als polnischen König zu etablieren, was nicht
gelang. Schließlich versuchte Maximilian II. selbst, die
Königskrone der desolaten »Adelsrepublik« zu erlangen.
Nach einer Doppelwahl mit Stefan Báthory im Jahre 1575
schlug dem Kaiser jedoch dort immer mehr Opposition

entgegen. Maximilian II. wollte wohl eine militärische Entscheidung suchen, kam aber wegen seines frühen Ablebens nicht mehr dazu. Als Cosimo I. von Medici vom Papst zum Großherzog von Toskana erhoben wurde, kündigte er den Lehnsverband, der ihn mit dem kaiserlichen Reichsitalien verband. Der Kaiser musste deshalb eingreifen und den Medici-Fürsten zwingen, die Lehnsabhängigkeit wieder anzuerkennen. Der stete Machtzuwachs seines spanischen Vetters Philipp II. war ein stetes Ärgernis für Maximilian II., was immer wieder zu Konflikten führte. Letztlich konnte der Kaiser die Ausbreitung der Spanier in Italien aber nicht verhindern.

Maximilian II. wusste schon lange, dass er herzkrank war, und rechnete nicht mit einem langen Leben. Deshalb begann er schon recht früh, sich um seine Nachfolge zu kümmern. Sein Sohn Rudolf bereitete ihm große Sorge, da er seiner Persönlichkeit und seiner spanischen Erziehung misstraute. Mehr hielt er von seinem zweiten Sohn Ernst, der irgendwie auch zu seiner wichtigsten Vertrauensperson wurde. Da die starken protestantischen Reichsstände keinen neuen katholischen Herrscher wollten, musste Maximilian II. sehr diplomatisch vorgehen und die Gegensätze innerhalb der Protestanten ausnutzen. Im Jahre 1575 kam es schließlich beim Regensburger Reichstag zur Wahl Rudolfs zum deutschen König. Bei einem weiteren Reichstag in Regensburg, den der Kaiser ein Jahr später abhielt, ging es um Geldleistungen für die Rüstung gegen die Türken. Die Protestanten wollten diese Gelegenheit nutzen und stellten massive Forderungen nach der freien Religionswahl der geistlichen Fürsten, was der katholischen Seite einen schweren Schaden zugefügt hätte. Der körperlich schwer angeschlagene Maximilian II. konnte diese Gefährdung des Religionsfriedens zurückweisen, dürfte aber durch die Aufregung ziemlich gelitten haben. Er starb noch im Laufe des Reichstages am 12. Oktober 1576, wobei er bis zuletzt die katholischen Sterbesakramente verweigerte. Obwohl ihn seine Gattin und der ganze katholische Anhang flehentlich baten, er möge die Sakramente annehmen, blieb der Sterbende bis zum Schluss standhaft. Seine letzten Worte sollen gewesen sein: »Ich ergebe mich in den Willen Gottes, da ich weiß, dass ich meine Pflicht gegen den Schöpfer erfüllt habe.« (Reifenscheid 2000, S. 139)

Kaiser Rudolf II.
(1552–1612)

»Die ganze Epoche stand unter keinem guten Stern, und die schweren Wolken, die den Himmel verdüsterten, schienen ebenso unheilverkündend zu sein wie der neue Kaiser.« (McGuigan 1976, S. 179)

Rudolf wurde am 18. Juli 1552 in Wien geboren. Er war der älteste Sohn von Kaiser Maximilian II., der insgesamt 15 Kinder hatte. Die Mutter, die spanische Habsburgerin Maria war von ihrer katholischen Mission besessen und versuchte, möglichst viel Einfluss auf ihre Söhne zu nehmen. Außerdem war es ihr ein wichtiges Anliegen, einen möglichst engen Kontakt mit Spanien zu halten. In der an sich gründlichen Erziehung des jungen Rudolf wurde auch auf Betreiben der Mutter versucht, ihn gegen die protestantische »Ketzerei« zu immunisieren. Rudolf wurde im Alter von 12 Jahren mit seinem jüngeren Bruder Ernst nach Spanien geschickt. Er sollte dort bis zu seinem 19. Lebensjahr bleiben, um von seinem Onkel Philipp II. zu einem guten Katholiken und guten Regenten erzogen zu werden. Hinter dieser Aktion stand in erster Linie Rudolfs Mutter Maria. Ihr schwebte vor, dass man den jungen Prinzen dort auch zu einem willigen Werkzeug der Gegenreformation machen würde. Dann sollte er eines Tages mit äußerster Strenge den blühenden Garten der religiösen Toleranz in Deutschland und seinen Erblanden ausjäten und jede Form von Glaubensfreiheit im Keim ersticken.

»Die Ketzerverbrennung mit ihrem beißenden Todesgestank hat tiefe Wunden in Rudolfs zarte Seele gebrannt. Hier nimmt das unheilvolle Werk, das sich ein ganzes Leben hindurch in ihm vollziehen wird, seinen Anfang.« (Dauxois 1997, S. 98) Der Aufenthalt in Spanien scheint für den weichen und sensiblen Knaben die Hölle gewesen zu sein, allerdings eine Hölle, in der es auch attraktive Seiten für ihn gab. »Zusammen mit dem unglücklichen Don Carlos hatte er überdies von allerlei verbotenen Früchten genascht; so gilt es als sicher, dass er homosexuell war.« (Herm 1994, S. 280) König Philipp II. scheint schon bald geahnt zu haben, dass sein junger Verwandter aus Wien seinen Erwartungen doch nicht ganz entsprechen würde.

Kaiser Maximilian II. soll nach Rudolfs Rückkehr über die Wesensveränderung und die steife Würde seines Sohnes echt entsetzt gewesen sein. Der junge Habsburger gab sich nun stolz, distanziert, herrisch und standesbewusst. Doch hinter all dem lauerten seine Schüchternheit und seine ausgeprägte Neigung zur Depression. Offiziell war Rudolf wegen der Hochzeit seines Onkels Karl von Innerösterreich in die Heimat zurückgekehrt. Nach außen hin entsprach der Erzherzog ziemlich dem hochadeligen Idealbild. Er war auch im ritterlichen Kriegshandwerk ausgebildet worden und durchaus fähig, an einem Turnier teilzunehmen. Doch im Wesentlichen interessierten ihn diese Dinge nicht. Wie sein Vater war Rudolf sprachbegabt und konnte sich neben Deutsch auch in Spanisch, Französisch, Latein und Tschechisch ausdrücken. Zudem hatte er viel Ahnung von und Interesse an Literatur, Musik, Plastik und Malerei.

Maximilian II. bereitete seinen Sohn von nun an systematisch auf die Nachfolge in den Erblanden und im Reich vor. Rudolf wurde zum Statthalter des Erzherzogtums Österreich gemacht und 1572 zum König von Ungarn gekrönt. Um die Krönung Rudolfs zum König von Böhmen zu sichern, musste Maximilian II. den Utraquisten und Protestanten die freie Religionsausübung zusichern. Dann konnte die Krönung Rudolfs in Prag 1575 erfolgen. Es war klar, dass Rudolf auch die Nachfolge seines Vaters im Reich antreten sollte, doch viele deutsche Fürsten trauten dem in Spanien erzogenen Kaisersohn nicht über den Weg. Trotzdem konnte sein Vater durchsetzen, dass er am 27. Oktober 1575 auch zum römischen König gewählt wurde. Da Maximilian II. noch nicht sehr alt war, dachte niemand an eine rasche Thronfolge durch Rudolf. Doch das Schicksal wollte es anders, und der

Kaiser starb überraschend am 12. Oktober 1576 während des Reichstags in Regensburg. Der politisch nicht sehr erfahrene Rudolf stand nun plötzlich an der Spitze des komplexesten und kompliziertesten politischen Gebildes Europas. Er sollte schon bald zeigen, dass er seiner Aufgabe nicht wirklich gewachsen war.

Für die Protestanten in Rudolfs II. Herrschaftsbereich brachen nun andere Zeiten an, denn während seiner ersten Regierungsjahre ging der junge Kaiser recht aggressiv gegen sie vor. In Wien waren nur mehr katholische Gottesdienste erlaubt, und auch im Rest der Erblande sollte Ähnliches geschehen. Doch Rudolfs Untertanen hielten sich einfach nicht daran, zumal bald klar war, dass es dem neuen Kaiser an der nötigen Konsequenz in der Umsetzung fehlte. Der Kaiser war bereits damals von Schwermut, Selbstzweifeln und weitgehend psychosomatischen Krankheiten geplagt. Die Pläne für seine Verheiratung sabotierte er konsequent, wobei er an dieser Taktik bis an sein Lebensende festhalten sollte.

Obwohl er Wien niemals wirklich mochte, regierte Rudolf II. zunächst sieben Jahre lang in der Hauptstadt des Reiches. Während dieser Zeit scheint sein Widerwille gegen diese Stadt, in der seit der Eröffnung des Testaments seines Vaters anscheinend ein Ärgernis nach dem anderen auf ihn einstürzte, immer weiter gewachsen zu sein. Irgendwann hielt es der Kaiser nicht mehr in Wien aus und zog mit seinem Hofstaat nach Prag, das ihm um vieles attraktiver erschien. Hier residierte er in der weitläufigen Burg über der Moldau, die »Hradschin« genannt wurde. Wenn Rudolf allerdings geglaubt hatte, er könne auch seinen Problemen davonlaufen, dann hatte er sich schwer getäuscht.

Rudolf als der Alleinerbe der väterlichen Titel und Territorien war ständig mit dem Ärger seiner Brüder konfrontiert, die statt Macht nur Geld als Abfindung erhalten hatten. Da sie die Schwäche ihres Bruders Rudolf kannten, begannen Ernst, Matthias, Maximilian, Wenzel und Albrecht Forderungen zu stellen. Doch Rudolf wollte seine Macht behalten und speiste die anderen mit weniger wichtigen Ämtern ab.

Wenzel starb recht bald und war somit aus dem brüderlichen Rennen. Als besonders feindselig erwies sich der bigotte Matthias, der noch seinen Vater auf dem Sterbebett religiös genötigt hatte. Diesem Bruder, den er für starrsinnig, selbstgefällig und unreif hielt und dessen impulsive Handlungen er fürchtete, traute Rudolf überhaupt kein Amt zu. Matthias sollte ihm das niemals vergeben und eines Tages fürchterliche Rache nehmen.

Auch das Verhältnis Rudolfs zu seiner Mutter Maria war eigentlich schon seit seiner Rückkehr aus Spanien nicht das beste. Der Kaiser verbat sich ihre Einflussnahme, und es kam immer mehr zu schweren Spannungen. 1582 resignierte die Spanierin, die wohl innerlich nie wirklich in Österreich angekommen war, nach dem Tod ihrer jüngsten Tochter und ging nach Spanien zurück. Hier lebte sie zurückgezogen als Zwitterwesen zwischen Nonne und Fürstin bis zu ihrem Tod im Jahre 1603. Sie dürfte ihrem Sohn Rudolf wohl niemals seine »Ketzereien« verziehen haben.

Rudolf scheint persönlich religiös weitgehend tolerant gewesen zu sein, blieb aber offiziell weiterhin katholisch. Dabei entwickelte er jedoch, wie einige Beobachter nach Rom berichteten, wenig Eifer und boykottierte sogar die Ohrenbeichte und die Osterkommunikation. Vielleicht war ihm in seinem tiefsten Inneren die christliche Religion sogar ziemlich egal. Und das, obwohl er ja jahrelang in Spanien ultrakatholisch indoktriniert worden war. Oder vielleicht gerade deswegen. Die katholischen Hardliner waren entsetzt, dass sich der Kaiser mit »Ketzern« umgab. So befanden sich in den Diensten Rudolfs II. Lutheraner, Calvinisten und Utraquisten. Den Jesuiten gegenüber blieb er misstrauisch, weil er wohl auch ihren Machtanspruch fürchtete.

Rudolf hatte aber auch nicht die Kraft, sich den Forderungen der Gegenreformation wirklich in den Weg zu stellen, zumal diese in den Erblanden ja von seinen Brüdern und seiner Verwandtschaft massiv vorangetrieben wurde. Der Gottesdienst der Protestanten wurde 1577 in Wien verboten, Prediger ausgewiesen und protestantische Schulen geschlossen. Der Kampf gegen die Protestanten war auch einer gegen die Stände, die in einigen Erbländern mehrheitlich protestantisch waren. Auch hier zeigte Rudolf keine eigene Linie, sondern war ein Getriebener seiner bigotten Verwandtschaft, ohne sich selbst wirklich ernsthaft gegen die Stände durchsetzen zu können.

Wie auf fast allen politischen Gebieten zeigte der Kaiser auch in den Reichsangelegenheiten kaum Initiative oder zumindest echtes Interesse. Während sich durch die Gegenreformation die Stimmung und die konfessionelle Spaltung der Reichsstände stetig verschlimmerten, boykottierte Rudolf sogar drei der fünf Reichstage, die in seiner Regierungszeit stattfanden. Das war für einen Herrscher des Heiligen Römischen Reiches eigentlich ein unerhörter Vorgang. Da er auch bei akuten reichsinternen Konflikten eine ziemlich unglückliche Figur machte, verlor der Habsburger nach und nach allen Rückhalt bei den Reichsständen.

Als Rudolf II. seine Regierung antrat, hatte er zwei wesentliche Herausforderungen – den konfessionellen Zwiespalt in den Erblanden und im Reich sowie die Türkengefahr. Beiden Problemen gegenüber hat er letzten Endes versagt. Während der ersten Hälfte seiner Herrschaft hatte der Kaiser das Glück, dass mit dem osmanischen Erzfeind ein relativer Friede herrschte. Die Situation änderte sich grundlegend, als 1592 in Konstantinopel die Kriegspartei das Ruder übernahm. Das führte in der Folge rasch zum Ausbruch des sogenannten «Großen Türkenkrieges», der die zweite Hälfte von Rudolfs Herrschaft überschatten sollte. Der Krieg wurde von beiden Seiten mit wechselndem Erfolg geführt, und Erfolge und Misserfolge wechselten einander ab. Rudolf spielte dabei als Person eine sehr passive Rolle und besuchte niemals das Kampfgebiet. Trotzdem versuchte er einige Male, sich als Türkensieger und Verteidiger des Abendlandes zu präsentieren. Die entsprechenden propagandistischen Darstellungen muten deshalb etwas skurril an. Seinen Sinn fürs Exotische zeigte Rudolf allerdings, als er versuchte, diplomatische Beziehungen zu Persien aufzunehmen. Die Perser sollten die Türken in einen Zweifrontenkrieg verwickeln und so die kaiserliche Kriegsführung entlasten. Dazu kam sogar 1605 eine persische Delegation nach Prag, was für viel Aufsehen sorgte, aber letztlich wenig konkrete Ergebnisse brachte.

Seit 1604 war die Situation der kaiserlichen Türkenabwehr zusätzlich erschwert, da in Ungarn ein Aufstand unter Stefan Bocskay ausgebrochen war, was den Bedarf an Truppen und noch mehr finanziellen Mitteln dafür weiter vergrößerte. Rudolf musste in den meisten seiner Territorien mit den Ständen um die Steuern feilschen, was dazu führte, dass er den vielen protestantischen Ständevertretern auch konfessionell entgegenkommen musste. Das sahen wiederum sein Bruder Matthias und der Rest der habsburgischen Verwandtschaft nicht gerne.

Die häufigen sozialen Unruhen in den Erblanden der Habsburger, die sich teilweise in Form von Bauernaufständen manifestierten, standen auch in engem Zusammenhang mit dem unglücklichen langen Türkenkrieg und dem dadurch verschärften Steueraufkommen. Verbunden mit der religiösen Problematik ergab das einen sozialen Sprengsatz, der sich einige Male heftig entlud. In Nieder- und Oberösterreich kam es 1595 und 1597 zu blutigen Bauernunruhen. Noch vor der Niederschlagung der Aufstände machte Rudolf II. den halbherzigen Versuch, den Aufständischen den Wind aus den Segeln zu nehmen, indem er die Robot auf den Gütern der Grundeigentümer einschränkte. Die Bauern glaubten dem »guten Kaiser«, wurden aber dann in seinem Auftrag von regulären Truppen angegriffen und massakriert.

Es scheint so, als habe sich Rudolfs II. psychische Gesundheit ab 1598 sehr verschlechtert. Er mied von nun an große Gesellschaften völlig und aß fast ausschließlich nur mehr alleine. Das Misstrauen des Kaisers selbst gegenüber seinem engsten Umfeld nahm immer mehr zu und vergiftete die Atmosphäre bei Hof. Rudolf war ständig von der Angst besessen, vergiftet oder verhext zu werden. Er schlug seine Diener, trank sehr viel Alkohol und beschäftigte sich mit Selbstmordplänen. Das Reich und die österreichischen Erblande wurden also in einer Zeit, in der sie eine starke und überlegte Führung benötigt hätten, da sich das Gespenst eines großen Glaubenskrieges bereits abzeichnete, von einem psychisch Schwerkranken »regiert«.

Teilweise sehr obskure Persönlichkeiten und ganz besonders die Kammerdiener des Kaisers entwickelten Strategien, die psychischen Absonderlichkeiten Rudolfs für ihre eigenen Zwecke auszunutzen und ihn entsprechend zu manipulieren. Einige dieser Persönlichkeiten entwickelten dabei eine große Meisterschaft, wie Oberstkämmerer Wolf Rupf, der Kammerdiener Hans Popp oder Hieronymus Machowsky und Philipp Lang. Wobei besonders Letzterer im Namen des Kaisers ein ziemliches Schreckensregime ausübte und sich hemmungslos persönlich bereicherte.

Der von seinem Bruder Matthias betriebene Friede mit den Türken kam endlich 1606 zustande und bildete den eher ruhmlosen Abschluss eines langen Krieges, der letztlich wenige Veränderungen gebracht, Rudolfs Ansehen aber massiv geschädigt und seine Probleme verstärkt hatte. Matthias konnte dann auch noch im selben Jahr beim Frieden von Wien den ungarischen Aufstand beenden, was die Konkurrenz und Feindschaft der beiden Brüder weiter verstärkte. Matthias und seine Parteigänger bezichtigten Rudolf immer offener der Untätigkeit und warfen ihm vor, durch seine Heiratsunwilligkeit das Nachfolgeproblem nicht lösen zu wollen. Der »Bruderzwist im Hause Habsburg«, der latent schon seit dem Vertrag von Schottwien von 1600, den die Erzherzöge Matthias, Ferdinand und Maximilian gegen Rudolf geschlossen hatten, bestand, sollte nun in seine heiße Phase treten.

Schon 1605 hatten die Erzherzöge vereinbart, dass Matthias in Prag mit Rudolf bezüglich einer Ablösung verhandeln sollte. Der Kaiser war erbost und lehnte Gespräche ab. 1606 wurde Rudolf von seinen Verwandten für geisteskrank erklärt und sein Bruder Matthias zum Familienoberhaupt ernannt. Man betrieb nun vonseiten der Familie recht offen die Absetzung des Kaisers, wozu auch bereits die eigenmächtigen Friedensschlüsse von Matthias mit den Osmanen und Ungarn gehörten. Die Verschwörer hatten relativ leichtes

Spiel, da Rudolf ganz seiner Art gemäß kaum etwas Sinnvolles zu seiner Verteidigung tat und stattdessen immer mehr in seine Wahnvorstellungen flüchtete. Seine Gegenspieler setzten nun auch auf die Stände in Österreich, Ungarn und Mähren, die ebenfalls mit dem Kaiser unzufrieden waren. Entsprechende Bündnisse kamen 1608 zustande. Matthias rückte schließlich sogar militärisch gegen seinen Bruder vor. Doch verweigerten sich die Stände Böhmens, Schlesiens und der Lausitz gegen das Vorgehen gegen den Kaiser. Man sah sich letztlich zu einem Kompromiss gezwungen, und es kam am 25. Juni 1608 zum Vertrag von Lieben. Rudolf II. verzichtete darin auf Österreich, Ungarn und Mähren zugunsten seines Bruders Matthias, die restlichen Territorien und die Kaiserwürde sollten ihm allerdings erhalten bleiben.

Doch die Rudolf treu gebliebenen Stände erwarteten sich für ihre Treue zu ihm gewisse Zugeständnisse, die dieser aber verweigerte. Nun brach auch in Böhmen ein Aufstand aus, und der psychisch kranke Mann in seinem Prager Palast geriet noch mehr in Bedrängnis. Er musste sich 1609 zur Ausstellung von »Majestätsbriefen« bequemen, die den protestantischen Adeligen bedeutende Privilegien und vor allem die Religionsfreizeit verbrieften. Diese Zugeständnisse sollten einige Jahre später eine sehr wichtige Rolle für den Ausbruch des Dreißigjährigen Krieges spielen.

Doch bald sollte es noch schlimmer für den schwachen kranken Kaiser kommen. Rudolf II. setzte auf das sogenannte »Passauer Kriegsvolk« als letzte verbliebene Machtbasis. Diese Söldnerhaufen unter dem Kommando des Habsburgers Erzherzog Leopold hatten ab 1609 im Jülich-Klevischen-Erbfolgestreit für den Kaiser gekämpft und wurden von ihm nun auch in Böhmen eingesetzt. Doch das führte jetzt auch zum Abfall der böhmischen Stände von Rudolf, dem es auch nicht mehr gelang, Leopold und seine Söldner unter Kontrolle zu bringen. Daraufhin rückte Matthias mit Truppen heran, und die »Passauer« setzten sich ab. Matthias nützte die günstige Gelegenheit und ließ sich am 23. Mai 1611 zum König von Böhmen krönen. Damit war Rudolf faktisch völlig macht- und schutzlos und konnte sich nur mehr an seinen Kaisertitel klammern. Er wurde von seinem Bruder aber nicht aus der Prager Burg vertrieben, sondern konnte seine letzten Lebensmonate als Schatten seiner selbst in seinem mit Kunstschätzen vollgestopften Wohnsitz verbringen. Dort starb er dann am 20. Januar 1612 im Alter von 60 Jahren. Er hatte sich zuletzt geweigert, einen Priester kommen zu lassen, und an seinem Totenbett wachten nur zwei seiner Kammerdiener. Man munkelte, Rudolf II. habe im Sterben die Stadt Prag verflucht. Der abergläubische Matthias wagte es dann auch nicht, sich dem Leichnam zu nähern. Aber er war der Sieger und konnte in der Folge auch den Kaisertitel an sich bringen.

Rudolf II. war der wohl größte Kunstsammler seiner Zeit gewesen und hinterließ unzählige Kunstschätze. Obwohl sehr viel davon gegen Ende des Dreißigjährigen Krieges den Schweden in die Hände fiel und in ganz Europa verstreut wurde, sind auch noch die Restbestände beeindruckend. Der Grundstock einiger bedeutender Sammlungen des Wiener Kunsthistorischen Museums geht auf Rudolf II. zurück. Er hinterließ auch viele Gemälde im Stil des Manierismus und bedeutende Kunstwerke der Steinschneidekunst. Zu den Malern, die der Kaiser um sich scharte und förderte, gehören unter anderem Hans von Aachen, Giuseppe Arcimboldo und Bartholomäus Spranger. Rudolf betätigte sich selbst eifrig als Goldschmied und Kunstdrechsler. Außerdem hatte er auch die größte Münzsammlung seiner Zeit. Die Hauskrone, die Rudolf 1602 anfertigen ließ, wurde ab 1804 als Krone des Kaiserreiches Österreich verwendet.

Einige Historiker haben immer wieder versucht, positive Aspekte an der Persönlichkeit und der Karriere Kaiser Rudolfs II. zu entdecken. Bei einigermaßen objektiver Betrachtungsweise wird man aber erkennen müssen, dass dieser psychisch kranke und völlig überforderte Mann eine Katastrophe für seine Dynastie und vor allem für das Reich, in dem er »herrschte«, darstellte.

Kaiser Ferdinand II.
(1578–1637)

»Ohne Kaiser Ferdinand II. gäbe es heute wahrscheinlich kein katholisches Österreich, vielleicht überhaupt kein Österreich.« (Hantsch 1962, S. 157)

Jener Mann, den viele für den eigentlichen Hauptkriegsverbrecher des Dreißigjährigen Krieges halten, wurde am 9.7.1578 in Graz geboren. Sein Vater Erzherzog Karl II. von Innerösterreich-Steiermark war das Oberhaupt einer habsburgischen Nebenlinie, die ihren Sitz in Graz hatte. Der Erzherzog musste im Geburtsjahr des jungen Habsburgers im »Brucker Libell« den protestantischen Ständen massive Zugeständnisse zur Religionsfreiheit machen, und es schien, als wären die Tage eines katholischen Innerösterreich gezählt. Ferdinand war das sechste Kind des Erzherzogs, dem noch neun weitere folgen sollten. Erzherzog Karl II. hat als Politiker keine besonders gute Nachrede und wird eher als schwach und nachgiebig betrachtet. Er hatte aber auch ständig damit zu tun, die Südgrenze seines Territoriums gegen die Türken zu verteidigen, was ihm wenig sonstigen Spielraum ließ.

In den frühen Jahren seiner Kindheit kümmerte sich nur Ferdinands Mutter Maria Anna um seine Erziehung. Deren wichtigstes Erziehungsziel war, aus dem kleinen Ferdinand einen möglichst frommen Katholiken zu machen. Obwohl sie ihn sehr streng behandelte, entwickelte der junge Erzherzog eine tiefe Anhänglichkeit und großen Respekt vor seiner Mutter, den er nie ablegen sollte. Da Maria Anna große Angst hatte, dass ihr Sohn an dem zu jener Zeit auch in Graz sehr starken Protestantismus Gefallen finden könnte, wurde beschlossen, ihn zum Studium nach Ingolstadt zu schicken. Dort herrschten unter dem Schutz Herzog Wilhelms von Bayern die Jesuiten und betrieben die Universität als eine

Kaderschmiede der Gegenreformation. Hier wurde Ferdinand ab dem Frühjahr 1590 streng katholisch indoktriniert. Der Vater des jungen Habsburgers starb im selben Jahr, und während der nächsten sechs Jahre führten die Erzherzoge Ernst und Maximilian für den unmündigen Ferdinand die Regierung. Als er im Sommer 1594 in Regensburg zum ersten Mal seinen Vetter Kaiser Rudolf II. traf, stellte ihm dieser die Rückkehr nach Graz in Aussicht. In völliger Falscheinschätzung der Situation bot der vorwiegend protestantische Adel Innerösterreichs im März 1595 dem jungen Erzherzog einen freundlichen Empfang.

Im darauffolgenden Jahr übernahm Erzherzog Ferdinand als der Dritte seines Namens die Regierung Innerösterreichs. Es konnte ihm nun gar nicht rasch genug gehen mit der Aufhebung gewisser Zugeständnisse, die sein toleranterer Vater den Protestanten gemacht hatte. Vorerst wurde die den Rittern und Herren gewährte Gewissensfreiheit abgeschafft, dann wurde nach und nach die Ausübung der protestantischen Religion unmöglich gemacht. Im Kampf gegen die von ihm so sehr gehassten Lutheraner griff Ferdinand III. auch zur nackten Gewalt, wenn es sein musste. Bestärkt durch den unheilvollen Einfluss seines Beichtvaters, der natürlich ein Jesuit war, zwang Ferdinand die Protestanten massenweise zur Auswanderung, wobei ihm wirtschaftliche Nachteile für sein Land völlig egal waren. Der Erzherzog förderte auch das Leben der Orden und stiftete eine Reihe von Klöstern. Außerdem wollte er ein eigenes Bistum in Graz errichten, was ihm aber nicht gelang. Mit der Vernichtung des Protestantismus in seinem Herrschaftsbereich gelang es Ferdinand auch, die Stände zu entmachten und fast absolutistische Zustände zu erreichen. Der Adel revanchierte sich dafür aber durch wenig Hilfe für Ferdinands Kampf gegen die Türken, die deshalb wichtige Geländegewinne erzielen konnten. Aber so etwas konnte einen eifrigen Glaubenskrieger wie Ferdinand nicht weiter erschüttern.

Der berühmte habsburgische Bruderzwist zwischen Kaiser Rudolf II. und seinem Bruder Matthias beherrschte zu jener Zeit weitgehend das Geschehen im Reich. Ferdinand war vorsichtig in seiner Positionierung und wechselte mehrmals die Position. Er befürchtete auch, dass dieser Konflikt das Erzhaus schwächen und den Protestanten nützen würde. Als der Sieg von Matthias sich abzeichnete und Rudolf II. 1611 als König von Böhmen abgesetzt wurde, ging Ferdinand offen zur siegreichen Partei über. Es war klar, dass der kinderlose und kränkelnde Matthias wohl kein sehr langes Leben vor sich haben würde. Ferdinand war bereit, diese Erbschaft anzutreten. Der schwache Kaiser Matthias zierte sich lange, seine Nachfolge zu regeln, denn es gab mehrere Anwärter. Er wurde aber unter Druck gesetzt und bestimmte schließlich seinen Vetter Ferdinand zu seinem Nachfolger in Böhmen. Letztlich verzichteten die Erzherzöge Maximilian III. und Albrecht VI. auf ihre Ansprüche auf Böhmen, Ungarn und schließlich auch auf die österreichischen Erblande. Jetzt gab es nur noch einen potenziellen anderen Kandidaten für die Nachfolge von Matthias, den spanischen König.

Da er sich mit seinem spanischen Verwandten König Philipp III., der ähnlich brutal gegen die religiösen Abweichler vorging, solidarisch fühlte und sich zum König von Ungarn und Böhmen wählen lassen wollte, schloss Ferdinand mit den Spaniern den für sie günstigen Onate-Vertrag, der unter anderem beinhaltete, dass der spanische König gegen die Abtretung elsässischer Gebiete und von Reichslehen in Italien auf seine Ansprüche auf die Kronen der beiden Länder verzichtete. Ein geheimes Zusatzabkommen sah vor, dass der Mannesstamm der spanischen Linie gegenüber dem Frauenstamm der österreichischen Linie Priorität haben sollte, was später einer der Gründe für Frankreichs Eintritt in den Dreißigjährigen Krieg wurde. Ferdinand band sich damit auch sehr an die Spanier, was ihm später nicht unbedingt nur Vorteile bringen sollte.

Im Juni 1617 erfolgte die Krönung Ferdinands zum König von Böhmen und im Juli 1618 jene zum König von Ungarn. Um überhaupt die Zustimmung des misstrauischen böhmischen Adels zu erlangen, hatte der Habsburger schwören müssen, den böhmischen Majestätsbrief und alle Privilegien der böhmischen Stände anzuerkennen. In Wirklichkeit dachte er aber wohl niemals daran, dieses Versprechen einzuhalten. Die Situation in Böhmen eskalierte dann auch relativ rasch. Es kam schließlich zum Zweiten Prager Fenstersturz vom 23. Mai 1618, der als eigentlicher Auftakt für den Dreißigjährigen Krieg gilt. Die aufständischen böhmischen Stände schienen rasch so erfolgreich, dass sie sogar mit Unterstützung österreichischer Protestanten Wien bedrohen konnten. Bald schon geriet Ferdinand selbst in Gefahr, denn am 5. Juni 1619 drang eine Schar protestantischer Adeliger in die Wiener Hofburg ein. Sie wollten ihn zwingen, den Schutz der ständischen und konfessionellen Rechte zu garantieren. Ferdinand wähnte sich schon in Lebensgefahr, da marschierte ein kaiserliches Regiment in die Hofburg ein, und die Protestanten verließ der Mut, womit die sogenannte »Sturmpetition« gescheitert war. Der tiefreligiöse Habsburger sah natürlich seine Errettung im Willen Gottes und betete viele Stunden vor einem Kruzifix, das ihn angeblich beschützt hatte.

Bereits am 20. März 1619 war Kaiser Matthias gestorben, und Ferdinand setzte alle Hebel in Bewegung, um möglichst rasch die Kaiserkrone zu erhalten. Trotz der völlig angespannten Situation und der bereits sehr kriegerischen Verhältnisse erfolgte die Wahl Ferdinands zum Kaiser am 28.8.1619 in Frankfurt einstimmig. Diese Wahl brachte dem Habsburger natürlich mehr Prestige und alle Rechte, die ein deutscher Kaiser zu jener Zeit noch hatte. Vor allem konnte er jetzt leichter gegen seine Gegner vorgehen. Die Abwesenheit des nunmehrigen Ferdinands II. wurde von den protestantischen Ständen von Nieder- und Oberösterreich dazu genutzt, mit den Böhmischen Ständen ein Bündnis zu schließen. Der böhmische Landtag hatte bereits am 26.8.1619 das Königreich Böhmen zum Wahlreich erklärt und setzte Ferdinand als Feind der wahren Religion ab. Kurfürst Friedrich V. von der Pfalz, der eben noch für Ferdinand als Kaiser gestimmt hatte, wurde nun zum neuen böhmischen König gewählt. Als im November 1619 der Pfälzer, der später als »Winterkönig« verspottet wurde, in Prag gekrönt wurde, nahm auch der Fürst von Siebenbürgen, Gábor Bethlen, den Titel eines ungarischen Königs an.

Kaiser Ferdinand II. sah sich nun von allen Seiten herausgefordert und mobilisierte seine Verbündeten. Diese waren neben dem Papst der spanische König und vor allem der ihm wesensverwandte Herzog Maximilian von Bayern, der auch Führer der katholischen Liga war. Die Truppen des Kaisers und der Liga erwiesen sich bei den folgenden heftigen Kämpfen jenen der Protestanten überlegen, und schon bald standen sich die Reste der böhmischen Armee und das katholische Heer unter der Führung des Herzogs von Bayern und General Tillys am Weißen Berg vor Prag gegenüber. Auf die vernichtende Niederlage der Truppen des »Winterkönigs« am 8.11.1620 folgte ein fürchterliches Strafgericht des Kaisers. Abgesehen von der Hinrichtung einiger Führer der Aufständischen wurde der böhmische und mährische Adel weitgehend enteignet und vertrieben. Es kam zu einer Umverteilung an Land und Besitz, was damals beispiellos erschien. 30000 Familien mussten auswandern, und die Parteigänger des Kaisers, zu denen auch ein gewisser Wallenstein gehörte, teilten den Besitz der Enteigneten und Vertriebenen skrupellos unter sich auf. Nun wurde auch in den österreichischen Erbländern mit den Protestanten endgültig abgerechnet. Hier gab es ebenfalls groß angelegte Enteignungen und Vertreibungen. Der geflüchtete böhmische König Friedrich ging auch seiner Kurwürde verlustig. Diese erhielt für seine Verdienste der bayerische Herzog Maximilian. Gábor Bethlen, der mäßig erfolgreich gewesen war, musste nach der Niederlage seiner böhmischen Verbündeten um Frieden ansuchen, wobei letztlich die aufrührerischen ungarischen Stände viel großzügiger behandelt wurden als die böhmischen.

Der Krieg ging nun im Reichsgebiet weiter, und der neue Hauptfeind des Kaisers und seines katholischen Anhangs war König Christian IV. von Dänemark. Die folgenden Jahre standen im Zeichen des anhaltenden Kriegsglücks der Kaiserlichen und des unaufhaltsamen Aufstiegs Wallensteins. Dieser Kriegsunternehmer neuen Stils und neuer Dimension

konnte gemeinsam mit dem alten Haudegen Tilly die protestantischen Gegner immer wieder schlagen und nach Norden oder über die westlichen Reichsgrenzen treiben. Auch
der wieder aktiv gewordene Gábor Bethlen konnte erneut in
seine Schranken gewiesen werden. Mit der Ausweitung und
Dauer des Krieges hatten auch die Gräuel zugenommen und
ein bis dahin nicht gekanntes Ausmaß erreicht. Kaiser Ferdinand III. ließ sich aber dadurch nicht von seinem Kreuzzug
gegen die protestantischen »Ketzer« abhalten.

Die »Verneuerte Landesordnung« für Böhmen und Mähren schrieb für immer fest, dass die Habsburger ein Erbrecht
auf diese Länder hatten. Die böhmische Hofkanzlei wurde
nun nach Wien verlegt und die böhmischen Stände hatten
keinerlei Mitsprache mehr. Ferdinand II. näherte sich jetzt
dem Höhepunkt seiner Macht. Dieser sollte erreicht werden,
als die kaiserlichen und katholischen Truppen im Frühjahr
1629 eigentlich das gesamte Reichsterritorium bis an die
Küsten der Nord- und Ostsee beherrschten. Dänemark war
endgültig geschlagen und schied aus dem Dreißigjährigen
Krieg aus. Zum ersten Mal seit Jahrhunderten beherrschte
ein Deutscher Kaiser wirklich sein Reichsgebiet. Doch nun
machte Ferdinand II. seinen vielleicht schwersten Fehler.
Er erließ am 6.3.1629 ohne Absprache mit den Kurfürsten
das sogenannte »Restitutionsedikt«. Darin wurde bestimmt,
dass alle den Katholiken seit dem Augsburger Religionsfrieden von 1552 entzogenen und den Protestanten übereigne-
ten Güter der Kirche, Stifte, Klöster und Bistümer zurück-
gegeben werden müssten. Damit standen besonders für
Norddeutschland eine besitztechnische Katastrophe und
der Machtverlust vieler Fürstenhäuser im Raum. Kaiserliche
Kommissare sollten die Anordnung durchführen, und alle,
die Widerstand leisteten, wurden mit strengsten Strafen bedroht. Eine Welle des Entsetzens ging durch ganz Deutschland, und jetzt waren die bereits demoralisierten Protestanten mit einem Mal zum erneuten Widerstand bereit. Man
wandte sich auch an Frankreich und Schweden um Hilfe.
Die beiden Mächte ließen sich dann auch nicht lange bitten.
Ferdinand II. hatte einfach den Bogen überspannt.

Die katholischen Reichsstände waren über diesen absolutistischen Akt des Kaisers ebenfalls entsetzt, da sie letztlich auch ihre Freiheiten in Gefahr sahen. Da mächtige Fürsten wie Maximilian von Bayern die überragende Macht des scheinbar unbesiegbaren kaiserlichen Feldherrn Wallenstein fürchteten und auf keinen Fall ein absolutistisches Kaisertum wollten, regte sich nun auch hier Widerstand. Dazu kam noch, dass Ferdinand II. ziemlich kurzsichtig auf Druck der Spanier in den Erbfolgekrieg in Mantua eingegriffen hatte, obwohl er vorher dazu die Kürfürsten nicht befragt hatte. Das verschlimmerte außerdem noch den Konflikt mit Frankreich, das sich bereits massiv anschickte, aus dem deutschen Konflikt letztlich als Sieger hervorzugehen.

Beim Regensburger Kurfürstentag kam es schließlich zu einem regelrechten Aufstand gegen Ferdinand, der dort die Zustimmung zur Wahl seines Sohnes zum römisch-deutschen König und weitere Mittel für seine Kriegsführung erhalten wollte. Als auch noch bekannt wurde, dass König Gustav Adolf von Schweden in Pommern gelandet war, um aufseiten der Protestanten in den Krieg einzugreifen, eskalierte die Stimmung zunehmend. Die aufgebrachten Fürsten verlangten jetzt unter der Führung des bayerischen Kurfürsten die Entlassung Wallensteins und eine Verkleinerung der kaiserlichen Armee. Um wenigstens einige seiner Vorhaben durchzubringen, sah sich Ferdinand II. gezwungen, Wallenstein von seinem Posten abzuberufen, den jetzt der bereits sehr alte Tilly übernehmen musste. Der Kaiser hatte zudem im Konflikt um Mantua Frieden zu schließen und seine Armee trotz der Gefahr durch den Schwedenkönig zu verkleinern. Besonders bitter für Ferdinand II. war sicher auch, dass die Nachfolge durch seinen Sohn Ferdinand nicht gesichert wurde und er sein »Lebenswerk«, das Restitutionsedikt, aussetzen musste. Es war dies nicht nur eine sehr schwere Niederlage für Kaiser Ferdinand II., sondern das Scheitern der letzten wirklichen Möglichkeit eines habsburgischen Kaisers, den Absolutismus im Heiligen Römischen Reich einzuführen.

Kaiser Ferdinand II. soll auf die Nachricht von der Landung des schwedischen Königs gemeint haben, nun habe man halt »ein Feinderl mehr«. Schon bald sollte er diese Geringschätzigkeit bereuen, denn der Schwede fand unter den protestantischen Fürsten großen Zulauf und marschierte bald von Sieg zu Sieg. Frankreich unterstützte die Sache der Protestanten finanziell und bald auch durch Truppen. Die Vernichtung der Stadt Magdeburg am 20. Mai 1631 und der damit verbundene Massenmord an fast der gesamten Bevölkerung durch die katholischen Truppen unter Tilly führte zu allgemeinem Entsetzen und schädigte massiv das Ansehen des Kaisers und seiner Sache. In den Schlachten bei Breitenfeld am 17.9.1631 und Rain am Lech am 15.4.1632 wurde den Kaiserlichen die Rechnung präsentiert, und sie erlitten vernichtende Niederlagen, wobei bei Letzterer auch der katholische Heerführer Tilly tödlich verwundet wurde. Gustav Adolf drang nun in den Süden Deutschlands vor und brachte einen großen Teil davon unter seine Kontrolle, während die Sachsen Prag besetzten. Die Herrschaft Ferdinands schien in großer Gefahr, denn man befürchtete, dass die Schweden und ihre Verbündeten bis nach Wien vorstoßen könnten.

Unter dem Eindruck dieser Lage musste sich der Kaiser dazu bequemen, den grollenden Wallenstein erneut in seine Dienste zu nehmen. Dieser nahm letztlich an, ließ sich aber weitreichende Zugeständnisse machen, was wieder die katholischen Fürsten ängstigte. Wallenstein stellte nochmals auf eigene Kosten eine riesige Armee auf, brachte Prag erneut unter kaiserliche Kontrolle und verteidigte Nürnberg erfolgreich gegen die Schweden. Als er in die Winterquartiere marschieren wollte, griff ihn Gustav Adolf am 16.11.1632 bei Lützen an, und es kam zu einer der erbittertsten Schlachten des Dreißigjährigen Krieges, die den Schweden zwar gewisse Vorteile, aber ihrem König den Tod brachte. Somit hatte Wallenstein genau das getan, was man von ihm erwartet hatte – die Befreiung der katholischen Sache vom Schreckgespenst Gustav Adolf. Doch der kränkelnde und unzufriedene Generalissimus begann nun, eigenmächtig

Politik zu machen. Er unternahm Friedensverhandlungen ohne Rücksprache mit dem Kaiser und weigerte sich, den ihm verhassten Kurfürsten von Bayern zu unterstützen. Die Zahl seiner Feinde wuchs, und allgemeine Furcht ging um, er wolle das Reich unter seine Kontrolle bringen. Ferdinand II. wurde hin- und hergerissen und konnte sich lange zu keiner Entscheidung durchringen. Dann gab er aber den Einflüsterungen und dem Drängen der Wallenstein-Feinde nach, und der überragende kaiserliche Feldherr wurde am 25.2.1634 in Eger ermordet. Der Mord an Wallenstein erfolgte mit an Sicherheit grenzender Wahrscheinlichkeit mit Wissen und Billigung des Kaisers. Ferdinand ließ die Güter Wallensteins und seiner ermordeten Getreuen einziehen und an die Mörder verteilen, denn Belohnung musste sein. Der Kaiser tat nun alles, um durch mancherlei Gutachten den Mord zu rechtfertigen und den Hochverrat Wallensteins nachzuweisen. Sicherheitshalber sprach er zudem noch viel mehr Gebete als sonst. Man sollte bei Kaiser Ferdinand II. immer bedenken, dass er einen großen Teil des Tages in der Kirche verbrachte.

Da nun der große Feldherr tot war und der Krieg dennoch weiterging, wurde der Sohn des Kaisers, der spätere Ferdinand III. zum Oberbefehlshaber ernannt. Dieser erwies sich überraschenderweise als ganz guter Heerführer und konnte einige Erfolge erzielen, deren bedeutendster der Sieg bei Nördlingen am 6. September 1634 war. Dieser Sieg brachte die scheinbar endgültige Vernichtung der schwedischen Truppen und ein erneutes Übergewicht der katholisch-kaiserlichen Seite. Das führte dann fast folgerichtig zu neuen Friedensbemühungen, die den Prager Frieden hervorbrachten, bedeutete aber auch den unmittelbaren Kriegseintritt Frankreichs und den Beginn des schlimmsten und blutigsten Kapitels des Dreißigjährigen Krieges.

Am 30.5.1635 kam es zwischen Kaiser Ferdinand II. und dem Kurfürsten von Sachsen zum Frieden von Prag, dem sich viele protestantische Reichsstände anschlossen. Ferdinand verzichtete auf die Durchführung des Restitutionsedikts, war aber nicht bereit, die Protestanten in seinen

Erbländern zu dulden. Alle fremden Mächte mussten das Reichsgebiet verlassen, und alle Sonderbündnisse wurden aufgelöst. Das kaiserliche Heer sollte für die Sicherung des Friedens sorgen. Man gab sich der Illusion hin, dass damit der Friede endgültig gesichert wäre. Doch da die Interessen der beiden gefährlichsten Feinde des Kaisers, Frankreich und Schweden, nicht berücksichtigt wurden, war von einem Kriegsende nichts zu erkennen. Ganz im Gegenteil sollten die folgenden 13 Jahre die Schrecken des Krieges weiter steigern, besonders was die allgemeine Verwüstung und Entvölkerung Deutschlands betraf.

Ferdinand, der bereits sein Ende kommen sah, konnte noch bei den Kurfürsten die Nachfolge seines Sohnes sichern. Ferdinand III. wurde wenige Wochen vor dem Tod seines Vaters zum römisch-deutschen König gewählt. Ferdinand II. soll kurz vor seinem Tod gesagt haben, dass es mit der Ehre und Pracht von Kaisern und Königen »wie bei einem Schauspiel« sei. Er finde keinen Unterschied zwischen den wirklichen und den Theaterkönigen. Es gibt schon einen Unterschied und der ist ganz einfach jener, dass Theaterkönige kaum jemals den Tod von Millionen Menschen auf dem Gewissen haben. Der Kaiser starb am 15.2.1637, und er wurde in dem für ihn und seine Familie in Graz errichteten wuchtigen Mausoleum beigesetzt.

Wie sollte man sich nun Ferdinand II. vorstellen? Er war »klein und gedrungen, früh wohlbeleibt. Dünnes rötlich blondes Haar umgab die hohe, schwachgewölbte Stirne; zwischen den runden, hellblauen Augen, die der Hilfe eines Glases bedurften, sprang die stark entwickelte Nase mit fleischiger Spitze über den vollen Mund hervor. Den Schnurr- und Knebelbart trug er nach spanischer Sitte gestutzt. Eine behäbige, freundliche Erscheinung.« (Stieve 1877, S. 664)

In seiner ersten Ehe war Ferdinand mit Maria Anna, einer Tochter Herzog Wilhelms V. von Bayern verheiratet, womit auch die Verbindung der Habsburger mit den Wittelsbachern verstärkt wurde. Man sprach allgemein von einer glücklichen Ehe. Maria Anna war eine unauffällige Gemahlin und schenkte ihrem Mann sieben Kinder. Sie starb, noch ehe Fer-

dinand die Kaiserwürde erhielt. Im Alter von 44 Jahren heiratete Ferdinand II. erneut, und zwar die um einiges jüngere
Eleonore von Mantua. Auch diese Ehe soll recht glücklich
gewesen sein. Ferdinands drittgeborener Sohn, der ebenfalls
Ferdinand hieß, wurde nach dem frühen Tod seiner beiden
älteren Brüder der Nachfolger des Kaisers. Der jüngste Sohn
Ferdinands II. war Erzherzog Leopold Wilhelm, der eine interessante Karriere als Bischof, Hochmeister des Deutschen
Ordens, kaiserlicher General, Statthalter der Niederlande
und Kunstsammler vor sich hatte.

Mehr als viele andere europäische Herrscher war Ferdinand von seinen Beratern abhängig. Sein wichtigstes Be-
ratergremium war der aus 12 Räten bestehende Geheime
Rat. Einige seiner Mitglieder übten großen Einfluss auf den
Kaiser aus. Eine ganz wichtige Rolle spielte auch der spanische Gesandte, der eine einflussreiche spanisch orientierte
und katholisch-bigotte Hofpartei anführte. Manche meinen,
dass aber den wichtigsten Einfluss auf den tiefreligiösen
und wohl nicht übermäßig intelligenten Herrscher sein je-
weiliger Beichtvater hatte. Der Bedeutendste davon war der
Jesuit Wilhelm Lamormaini, von dem man sagte, dass Ferdinand ihm »bis zum blinden Gehorsam« vertraute. Voll von
kleinlichen Skrupeln machte sich der Kaiser immer wieder
Sorgen, ob sein Handeln rechtlich vertretbar sei. Aus diesem Grund ließ er auch viele Gutachten einholen, die oft zu
seiner Manipulation eingesetzt wurden. Besonders wichtig
war ihm natürlich, wie sein Handeln vor dem göttlichen
Recht vertretbar sei. Das bot den Jesuiten und anderen katholischen Ratgebern natürlich immer wieder Gelegenheit,
um ihn im Sinne der Kirche zu beeinflussen.

Es mutet seltsam an, wenn über den rücksichtslosen
religiösen Hardliner Ferdinand berichtet wird, er sei von
»freundlichem Äußeren«, einer »heiteren Gemütsbeschaf-
fenheit« und von »sprichwörtlicher Großzügigkeit« geprägt
gewesen. Aber er sei auch ein »unfreier Mensch« gewesen,
der »laufend von Gewissensskrupeln geplagt« wurde. (Reifenscheid 1994, s. 162) Die Erziehung zum religiösen Fanatiker durch seine bigotte Mutter und die Jesuiten spricht ihn

nicht frei von Schuld, selbst wenn er, wie zu vermuten ist, ein nicht sehr begabter Mensch und ein schwacher Charakter war. Der Dreißigjährige Krieg war in erster Linie sein Krieg und er hatte die endgültige Abrechnung mit den Protestanten wohl schon lange vor Kriegsausbruch angestrebt. Dabei war ihm fast jedes Mittel recht. Dass er sich nur mit Leuten umgab, die ihn in einer gewissen Richtung beeinflussten, zeugt auch nicht von wirklicher Größe.

»Besser eine Wüste regieren als ein Land voller Ketzer«, soll Ferdinand II. einmal gesagt haben. Er hat dann wirklich viel dazu beigetragen, das Land zu einer menschenleeren Wüste zu machen. Auch wenn heute noch manche meinen, er habe den Katholizismus gerettet, so hat er auf jeden Fall der Macht und dem Ansehen seiner Dynastie schwer und dem Reich, dessen Kaiser er war, noch schwerer geschadet.

Kaiser Leopold I.

(1640–1705)

»Habsburg, ewige Zier, Leopoldus, du hast uns bewiesen: Heilig zu sein und groß; beides bestehe zugleich.« (Gottfried Wilhelm Leibnitz)

Leopold I. wurde am 9. Juni 1640 in Wien mitten im Dreißigjährigen Krieg geboren. Er war der zweite Sohn Kaiser Ferdinands III. und dessen Gemahlin Maria Anna, die eine spanische Habsburgerin war. Da er einen älteren Bruder hatte, der als Ferdinand IV. später den Thron besteigen sollte, wurde der kleine Leopold nicht für das Herrscheramt erzogen. Stattdessen hatte man die Position eines Bischofs von Passau für ihn vorgesehen. Leopold erhielt eine gute Allgemeinbildung, die allerdings sehr im Zeichen des barocken Katholizismus jesuitischer Prägung stand. Es verwundert deshalb, dass er nicht ein ganz so engstirniger religiöser Fanatiker wie sein Großvater Ferdinand II. wurde. In jungen Jahren soll er jedenfalls eine stark gegenreformatorische Gesinnung gehabt haben. Das Schicksal wollte es, dass Leopold mit seinem späteren Erzfeind und Rivalen Ludwig XIV. von Frankreich, der sich ungefähr im gleichen Alter wie er befand, durch die europäische Heiratspolitik verwandtschaftlich eng verbunden war.

Wie so oft in der Geschichte des Hauses Habsburg schufen die Pocken mit einem Mal eine neue Situation. Der ältere Bruder Leopolds, Ferdinand IV., der bereits unter der Obhut seines Vaters zum römisch-deutschen König und zum König von Böhmen und Ungarn gewählt worden war, starb am 9. Juli 1654 noch keine 22 Jahre alt an der heimtückischen Seuche. Der vierzehnjährige Erzherzog Leopold rückte damit zum Kronprinzen auf und musste auf seine kirchliche Karriere verzichten. Daraufhin kam es auch in der Folge zu seiner Krönung als König von Ungarn und als jener von

Böhmen. Der überraschende Tod von Kaiser Ferdinand III. am 2. April 1857 verhinderte, dass er seinen Sohn Leopold auch noch in die Rolle eines Nachfolgers im Reich einführen konnte.

Die Erlangung der Kaiserwürde gestaltete sich in der Folge für Leopold schwieriger als erwartet, da es beträchtliche Widerstände gab. Somit kam es zu einem Interregnum, das immerhin ein Jahr dauern sollte, was für die Verhältnisse im Heiligen Römischen Reich recht ungewöhnlich war. Immerhin erhoben auch anderen Fürsten ihren Anspruch auf die Kaiserwürde, wobei der Herzog von Pfalz-Neuburg sogar von Ludwig XIV. ins Rennen geschickt worden war. Es gab sogar einen innerfamiliären Rivalen um die Kaiserwürde in der Gestalt von Leopolds Onkel Erzherzog Leopold Wilhelm, einem Veteranen des Dreißigjährigen Krieges und großem Kunstsammler. Dieser war aber letztlich bereit, zugunsten seines Neffen zurückzustehen. Schließlich konnte Leopold am 18. Juli 1658 die Wahl für sich entscheiden, auf welche am 1. August 1658 die Krönung im Kaiserdom zu Frankfurt erfolgte.

Der Habsburger kam trotz der Verzögerung mit seinen 18 Jahren noch recht jung zur Kaiserwürde. Leopold I. sollte nun der typische Barockkaiser werden, dem höfische Lustbarkeiten und der damit verbundene Prunk sehr viel bedeuteten. Die nicht kleine Hofgesellschaft pendelte je nach Jahreszeit von der Wiener Hofburg nach Schloss Laxenburg und Schloss Kaiserebersdorf und wieder zurück. Der Kaiser ließ auch die Wiener Hofburg prunkvoll weiter ausbauen. Vorbild bei vielen seiner Aktivitäten war dabei die französische Hofhaltung und insbesondere Schloss Versailles. Bei den Habsburgern herrschte aber das spanische Hofzeremoniell, das dem Ganzen eine gewisse Steife und Künstlichkeit gab. Einer der Höhepunkte des barocken Festreigens, mit dem sich Leopold I. ständig umgab, stellte seine Vermählung mit der spanischen Prinzessin Margarita Theresa dar.

Man hatte sich trotz der nachteiligen dauernden Verwandtenehen wieder für eine Spanierin entschieden, die charakterlich genau dem Klischee einer bigotten spanischen

Habsburgerin entsprach. Die Vermählung fand am 12. Dezember 1666 statt und eröffnete eine endlose Reihe von Festen, die fast ein Jahr andauern sollte. Dabei wurde sehr viel Geld verbraucht, das eigentlich besser im militärischen Sektor hätte eingesetzt werden sollen. Denn immerhin hatte man sich permanent der Osmanen und des französischen Hegemonieanspruches zu erwehren und es gingen immer wieder Reichsterritorien an den rücksichtslos expansiven Ludwig XIV. verloren. Doch derartige Überlegungen waren nicht die Sache des jungen Kaisers Leopold I., für ihn zählten in erster Linie das barocke Vergnügen, die Selbstinszenierung und die höhere Ehre Gottes. Dass dank seiner Bereitschaft, viel Geld für Unterhaltung auszugeben, durch Leopold I. die barocke Kulturszene sehr befruchtet und gefördert wurde, steht außer Frage. Immerhin wurden viele Opern in Auftrag gegeben, wobei der Kaiser manchmal selbst mitkomponierte.

Daneben war Leopold I. natürlich ein sehr katholischer Habsburger und zog auch viele prominente Geistliche in seine Umgebung, von denen Marco d'Aviano und Abraham a Sancta Clara die bekanntesten sind. Im Gegensatz zum Hof in Versailles ging es am kaiserlichen Hof vordergründig viel gesitteter zu. Der Kaiser gönnte sich keine Mätresse und scheint ein recht treuer Ehegemahl gewesen zu sein. Eine gewisse moralische (Schein-)Heiligkeit wurde auch von den Höflingen erwartet. Dafür gab es rund um Leopold I. sicher nicht weniger Konflikte und Intrigen als am französischen Hof, da es verschiedene Parteien gab, die sich oft erbittert bekämpften und um Einfluss beim Kaiser stritten.

Wenn man einen Eindruck vom Äußeren Kaiser Leopolds I. haben möchte, dann sollte man sich die Pestsäule am Wiener Graben ansehen. Auf dieser ist sogar der Kaiser recht bescheiden abgebildet. Man sieht einen hässlichen kleinen Mann mit einer überdimensionierten Unterlippe, da gab es kaum etwas zu beschönigen. Ein Zeitgenosse berichtete: »Er ist ein junger Mann von mittlerer Größe, ohne Kinnbart, mit schmalen Hüften, nicht gerade fett und beleibt … Seine Lippen sind wulstig wie die eines Kamels. Immer, wenn er spricht, trieft ihm der Speichel aus dem Mund und von seinen Kamellippen … Die strahlend schönen Pagen, die ihm zur Seite stehen, wischen mit riesigen roten Tüchern ständig den Geifer ab. Er selbst kämmt seine Locken und Kringel dauernd mit einem Kamm. Seine Finger sehen aus wie Gurken.« (Herm 1989, S. 31 f)

Leopold I. überließ in seinen jungen Jahren die Staatsführung meistens Leuten, denen er vertraute. Das war zunächst sogar sein ehemaliger Erzieher Graf Porzia, dann die Grafen Auersperg und Lobkowitz. Als diese dann aber Aktivitäten setzten, die dem Kaiser nicht passten, stürzte er sie einen nach dem anderen. Besonders die Auseinandersetzung mit Frankreich und Ludwig XIV. war ein heikler Punkt, in dem Leopold I. keinen Spaß verstand. Ab etwa 1680 begann er damit, sich selbst immer mehr um die politischen Angelegenheiten zu kümmern und verzichtete sogar auf einen leitenden Minister. Nun kamen auch ehrgeizige Bürgerliche in der Umgebung des Kaisers zum Zug. Männer wie Gundakar Graf Starhemberg erwiesen sich zudem als fähige Minister. Starhemberg gelang es sogar, das Finanzwesen einigermaßen in den Griff zu bekommen, was angesichts der Verschwendungssucht des Kaisers ein großes Kunststück darstellte.

Nicht ganz ohne französische Vorbilder zu kopieren wurde unter Leopold I. die Verwaltung modernisiert und eine »Geheime Konferenz« als wichtigstes Beratungsgremium eingerichtet. Der Kaiser setzte auch mehr auf die Diplomatie als seine Vorgänger und ließ ein umfassendes Netz an Gesandtschaften einrichten. Auch nach französischem Vorbild huldigte man dem Absolutismus, ohne allerdings jemals dessen Perfektion unter Ludwig XIV. zu erreichen. Es gelang nicht, wie in Frankreich oder Preußen die ständischen Gremien wirklich zu entmachten und eine zentrale Verfassung einzurichten. Dazu war Leopolds Machtbereich wohl auch zu inhomogen. Dieser Mangel wirkte sich auch auf das Steueraufkommen und die Aushebung von Truppen aus. Eigentlich sollten die Habsburger diese Probleme nie so in den Griff bekommen, wie einige ihrer Hauptkonkurrenten.

Dazu kam noch die religiöse Intoleranz, die sich nicht gerade wirtschaftlich und gesellschaftlich fördernd auswirkte.

Unter Leopold I. wurde weiterhin Druck auf die Protestanten im habsburgischen Herrschaftsbereich ausgeübt, zum einzig wahren katholischen Glauben zu konvertieren oder auszuwandern. Das führte besonders in Ungarn und Schlesien zu vielen Problemen und auch Aufständen. Die Politik Leopolds I. gegenüber den Juden war zunächst sehr zwiespältig, verschärfte sich dann aber unter verschiedenen Einflüssen zunehmend. Den Höhepunkt dieser Entwicklung stellt sicherlich die große Vertreibung der Wiener Juden während der Jahre 1670/71 dar. Der Wiener Bezirk Leopoldstadt heißt heute deshalb so, weil der Kaiser die dort befindliche Judengemeinde komplett vertrieb und das Gebiet dann nach ihm benannt wurde. Andere Fürsten, wie der Große Kurfürst von Brandenburg, profitierten von dieser kurzsichtigen Politik Leopolds I. und nahmen die Vertriebenen gerne auf. Später wurde einigen wenigen Juden der Aufenthalt in der Stadt wieder gestattet. 1703 sollte der Kollaps des jüdischen Bankhauses Oppenheimer den kaiserlichen Finanzen und der Kriegführung schwer schaden. Eine staatliche Bank, die sogar Papiergeld ausgab, erwies sich als wenig erfolgreich.

Das 17. Jahrhundert war in Europa eines fast permanenter Kriege, und keine Dynastie war eigentlich mehr mit dem Kriegsführen beschäftigt als das Haus Habsburg. Leopold I., der im Wesentlichen eigentlich ein sehr friedliebender Barockfürst war, konnte sich dem natürlich nicht entziehen. Vor allem war er mit zwei gefährlichen Gegnern konfrontiert, die er manchmal sogar gleichzeitig bekämpfen musste. Die größte und unmittelbarste Gefahr für den Kaiser und seine Hauptstadt ging jahrzehntelang von den Osmanen aus, die große Teile Ungarns beherrschten und nicht weit weg von Wien entfernt standen. Nach dem Stillstand der türkischen Expansion während des Dreißigjährigen Krieges wurde diese Bedrohung unter der Regierung Leopolds I. wieder akut. Der Türkenkrieg von 1662 bis 1664 ging schließlich aus den Kämpfen mit dem Siebenbürger Georg II. Rákóczi hervor, welche die osmanische Aggression wieder in Gang setzten. Der Kaiser hatte in diesem nach österreichischer Zählung Vierten Türkenkrieg das Glück, dass er einen sehr fähigen Heerführer ins Feld schicken konnte – Raimondo Montecuccoli. Dieser konnte bei der Schlacht bei St. Gotthard/Mogersdorf am 1. August 1664 der osmanischen Hauptstreitmacht eine sehr schwere Niederlage bereiten, die wohl wesentlich dazu beitrug, dass Wien erst fast 20 Jahre später wieder belagert wurde.

Der Kaiser war aber trotz dieses und anderer Erfolge gegen die Türken bereit, den für 20 Jahre abgeschlossenen Frieden von Eisenburg zu unterzeichnen. Die Osmanen konnten ihre Eroberungen behalten, und die Dreiteilung Ungarns wurde festgeschrieben. Auf kroatischer und ungarischer Seite wurde dieser Frieden als »Schandfrieden« betrachtet, den man trotz der militärischen Erfolge abgeschlossen habe. Man hatte eigentlich erwartet, dass Leopold als König von Ungarn die Osmanen endlich aus dem Königreich vertreiben würde. Der Hauptgrund für die Entscheidung des Kaisers war wohl seine schlechte finanzielle Lage, aber auch die permanente Bedrohung durch das Frankreich Ludwigs XIV. Diese Einschätzung sollte sich durch den Ausbruch des »Devolutionskrieges« von 1667/68 bestätigen.

Es erscheint heute vielen Historikern nicht mehr opportun, die expansiven Unternehmungen, die Ludwig XIV. mit dem Devolutionskrieg einleitete, als »Raubkriege« zu bezeichnen. Unbestritten ist jedenfalls, dass der französische König mit den von ihm sogenannten »Reunionskriegen« das Territorium seines Staates auf Kosten Spaniens, der Niederlande und später noch viel mehr des Heiligen Römischen Reiches vergrößern wollte und eine absolute Hegemonie in Europa anstrebte. Es wäre nun die Aufgabe von Kaiser Leopold I. gewesen, zumindest das Reichsterritorium mit allen zur Verfügung stehenden Mitteln zu verteidigen. Er tat dies aber meistens in nicht ausreichendem Maße und war mehr auf den Konflikt mit den Osmanen konzentriert. So konnte Ludwig XIV. auch den Holländischen Krieg (1672–1679), den Reunionskrieg von 1683/84 und den Pfälzischen Erbfol-

gekrieg (1688–1697) weitgehend erfolgreich für Frankreich
beenden, wobei während letzterer Auseinandersetzung besonders der Verlust des Elsass für das Reich sehr bitter war.
Aber die schlimmste Auseinandersetzung mit Ludwig XIV.
stand den Habsburgern noch bevor.

Da der ungarische Adel in politischer und religiöser Hinsicht nach dem Frieden von Eisenburg sehr unzufrieden mit
Kaiser Leopold I. war, kam es in der Folge zu den sogenannten Magnatenverschwörungen. Diese konnten aber rasch
erkannt und die Aufstände im Keim erstickt werden. Allerdings entkamen viele der Aufständischen und begründeten
die Kuruzenbewegung, die den Habsburgern lange zusetzte
und sogar Wien bedrohte. Ungarn und sein Adel erwiesen
sich immer wieder als Unruheherd in den habsburgischen
Ländern und sollten bis zum Ende der Habsburger-Monarchie deren wesentlichste Achillesferse darstellen.

Der Große Türkenkrieg brach 1683 fast zeitgleich mit
dem Ablauf des Friedens von Eisenburg aus. Der osmanische Sultan setzte noch einmal alles auf eine Karte, um Wien
in seinen Besitz zu bringen und damit das Tor zum Zentrum
Europas aufzustoßen. Der osmanische Vormarsch erfolgte
im Frühjahr 1683 überraschend schnell, während die Vertei-
digungsbemühungen des Kaisers und seiner Verbündeten
eher schleppend anliefen. Leopold I. war sich lange Zeit anscheinend der akuten Gefahr, in der er schwebte, gar nicht
bewusst und unternahm noch eine Jagd im Wienerwald, als
bereits osmanische Streifscharen in der Gegend ihr Unwesen
trieben. Der mit dem Kommando über die kaiserlichen Truppen betraute Herzog Karl von Lothringen riet dem Kaiser
dringend, die Stadt zu verlassen. Leopold verließ daraufhin
Wien mit einem riesigen Tross und unter den Verwünschun-
gen der Wiener Bevölkerung, die ihm Feigheit vorwarfen.
Immerhin wurde das schon bald eingeschlossene Wien von
dem fähigen Ernst Rüdiger von Starhemberg verteidigt, was
sich als Glücksfall erweisen sollte.

Leopold reiste nach Linz, hielt aber auch dieses nicht für
sicher und verschanzte sich schließlich in Passau. Hier ge-
sellte sich bald ein junger Mann zu ihm, der eben aus Frank-

reich vor dem ihm verhassten Ludwig XIV. geflüchtet war – Prinz Eugen von Savoyen. Es schien fast so, als würden sich die beiden hässlichen und kleinwüchsigen Männer sofort gut verstanden haben, denn der Habsburger nahm den geflüchteten Habenichts als Offizier in seine Armee auf. Nun kam schön langsam der Aufmarsch der Truppen für den Gegenschlag in Gang. Der polnische König Johann Sobieski, dessen Engagement später so überschätzt wurde, erhielt den nominellen Oberbefehl, während der Herzog von Lothringen in Wirklichkeit die Generalstabsarbeit machte. Es wird immer wieder behauptet, dass die Entsatzarmee Wien im letzten Moment vor dem Fall der Stadt erreichte, und wir wollen es dabei bewenden lassen. Am 11. September 1683 besetzten die christlichen Truppen die Höhenstellungen nördlich von Wien und gingen am 12. September zum Generalangriff gegen die Türken über. Deren wenig fähiger Oberkommandeur Kara Mustafa wollte gleichzeitig weiter die Wiener Stadtmauern berennen und das Entsatzheer zurückschlagen, was sich als fataler Fehler erwies. Am Ende des Tages war die osmanische Streitmacht vernichtet oder in die Flucht geschlagen und ein großer Sieg im Namen des Kaisers erfochten.

Leopold I. zog am 14. September in die schwer gezeichnete Stadt ein, hatte am darauffolgenden Tag eine peinliche Begegnung mit dem ungeliebten polnischen König und ging bald danach wieder seinen gewohnten Beschäftigungen nach. Aber es hatte sich viel geändert, denn von nun an befanden sich die einst so gefürchteten Türken auf dem Rückzug und die Kaiserlichen und ihre Verbündeten waren ihnen dicht auf den Fersen. Manche Historiker nannten die nun folgende Zeit euphorisch das »österreichische Heldenzeitalter«. Leopold I. konnte jedenfalls dank fähiger Feldherren wie des Prinzen Eugen, der über kurz oder lang alle anderen überragte, seinen Herrschaftsbereich immer weiter nach Südosten vorantreiben. Schon bald war er wirklich König von Ungarn und nannte Gebiete sein Eigen, die Jahrhunderte lang unter der Herrschaft der Osmanen gestanden hatten.

Ganz Europa hatte schon recht lange nach Spanien ge-
blickt, wo der völlig unfähige und kranke letzte Angehörige
der dortigen Habsburger-Linie vor sich hinsiechte. Es war
klar, dass der ruhm- und eroberungssüchtige Ludwig XIV.
sich die Gelegenheit nicht entgehen lassen würde, den Spanier und dessen riesige europäische und außereuropäische
Besitzungen zu »beerben«. Ebenso klar war, dass die österreichischen Habsburger diesen Besitz für sich beanspruchen
würden. Es kam dann auch nach dem Tod König Karls II.
im Jahr 1700 zu dem seit dem Dreißigjährigen Krieg größten europäischen Konflikt, der bis 1714 dauern sollte. Kaiser
Leopold I. entschied, dass sein zweiter Sohn Karl das spanische Erbe antreten sollte, während der Erstgeborene, Joseph,
die römisch-deutsche Kaiserkrone übernehmen sollte.

Der Kriegsschauplatz zwischen Frankreich und den
Habsburgern und ihren Verbündeten erstreckte sich rasch
über große Teile Europas und beeinflusste sogar die Kolonien. Der Kaiser hatte das Glück, bei der Kriegsführung auf
das militärische Genie des Prinzen Eugen zurückgreifen zu
können, litt aber immer wieder unter seiner Finanzschwä-
che. Es fällt auf, dass Leopold immer wieder fähige und
tüchtige Feldherren und Mitarbeiter an sich binden konnte,
während es ihm selbst an ausreichendem politischen Geschick und der nötigen Entschlusskraft mangelte.

In seiner Politik im Heiligen Römischen Reich versuchte Leopold I. die Reichsstände auf Wien hin auszurichten,
was ihm teilweise gelang. Er erlaubte auch dem branden-
burgischen Kurfürsten Friedrich I., sich »König in Preußen«
zu nennen. Überhaupt ging der Kaiser recht großzügig mit
Standeserhöhungen und Titelverleihungen vor, um seine
Klientel zu vergrößern. Leopold versuchte außerdem, in
Reichsitalien seine Ansprüche durchzusetzen, was ihm aber
nicht gelang. Hier sollte das Ergebnis des Spanischen Erb-
folgekrieges dann sowieso völlig neue Verhältnisse schaffen. Als verhängnisvoll für Leopold erwies sich, dass während der Reunionspolitik des französischen Königs einige
Kurfürsten nicht wirklich an einer Seite standen. Sie hatten
sich von Ludwig XIV. einfach bestechen oder einschüchtern

lassen. Überhaupt setzten die Kurfürsten einigen von Leopolds Vorhaben Widerstand entgegen und verhinderten so sinnvolle Maßnahmen, die eigentlich das Reich hätten stärken können. Die letzte Enttäuschung, die ihm die Kurfürsten bescherten, war für Leopold I. wohl der »Verrat« des bayerischen Kurfürsten Max Emanuel und des Kurfürsten von Köln, Joseph Clemens, die zum französischen Gegner übergingen und bereit waren, gegen ihren Kaiser Krieg zu führen.

Leopold I. war im Reich bezüglich seiner Religionspolitik viel vorsichtiger als in seinen Erblanden, was ihn wohltuend von seinen Vorgängern abhob. Der von ihm am 20. Januar 1663 einberufene Immerwährende Reichstag war eigentlich gar nicht als Dauereinrichtung geplant, entwickelte sich aber bald in diese Richtung, da es laufend neue Probleme meistens finanzieller Natur zu behandeln gab. Auch Verfassungsfragen wurden hier immer wieder diskutiert. Der andauernde Reichstag führte auch zu einer gewissen Entmachtung der Kurfürsten, die nun ihre exklusive Rolle bei Reichsangelegenheiten abgeben mussten und keine Kurfürstentage mehr abhalten konnten. Kaiser Leopold hatte jetzt bessere Möglichkeiten, auf die Reichsstände einzuwirken, auch wenn er zu Beginn des Immerwährenden Reichstages noch ziemlich skeptisch gewesen war.

Wie viele Habsburger war Leopold I. mehrfach verheiratet. Seine Ehe mit Margaretha Theresia von Spanien währte nur kurz, da diese während ihrer fünften Schwangerschaft im Alter von 22 Jahren starb. Nur sieben Monate später heiratete Leopold bereits wieder. Seine Braut war dieses Mal die Tochter des Erzherzogs Karl von Tirol, die kunstliebende Claudia Felizitas. Sie starb ebenfalls sehr jung im Alter von 23 Jahren. Leopold ließ wieder sieben Monate verstreichen, ehe er Eleonore Magdalena von Pfalz-Neuburg ehelichte. Diese wird als sehr fromm und gebildet beschrieben, sie mied die Öffentlichkeit, war dem Kaiser aber als Ratgeberin nützlich. Eleonore Magdalena erwies sich als sehr gebärfreudig, denn sie schenkte dem Kaiser drei Söhne – darunter die späteren Kaiser Joseph I. und Karl VI. – sowie sieben Töchter. Insgesamt hatte Leopold I. 16 Kinder, von denen ihn allerdings nur fünf überlebten.

Leopold I. starb am 5. Mai 1705 nach 47 Regierungsjahren, von denen die meisten auch Jahre des Krieges waren. Als Kaiser Leopold I. starb, tobte der Spanische Erbfolgekrieg, und der Ausgang dieser Auseinandersetzung war äußerst ungewiss. Sein Sohn und Nachfolger Joseph I. sollte das Zeug zu einem großen Herrscher haben und wies viele Fähigkeiten auf, an denen es Leopold gemangelt hatte. Allerdings waren ihm nur ein kurzes Leben und somit auch eine kurze Herrschaft beschieden und sein Nachfolger und Bruder Karl VI. war dann wieder dem Vater in fataler Weise sehr ähnlich, ohne einige seiner Vorzüge zu haben.

Zeitgenössische Hofhistoriker und Hofschreiber der Habsburger haben Kaiser Leopold I. als »Leopold den Großen« gefeiert und Ludwig XIV. gegenübergestellt. Dazu muss wohl gesagt werden, dass der Habsburger in jeder Beziehung seinem französischen Rivalen unterlegen war. Leopold konnte nichts für seine Hässlichkeit, aber es fehlte ihm weitgehend am Esprit des Franzosen und dessen weit größerer Horizont. Leopold betrieb wie kaum ein anderer die »Pietas Austriaca« als österreichische Frömmigkeit, die eng mit dem Habsburgerkult verbunden war. Alle echten oder eingebildeten Ahnen waren immer mit dabei, bis hin zu König Artus. Der kleine hässliche Kaiser verbrachte vielleicht genau so viel Zeit auf den Knien wie der bigotte Glaubenskrieger Ferdinand II, war aber weitaus weniger aggressiv als jener. Gottesdienste, Wallfahrten, religiöse Schauspiele und Andachten füllten jedoch einen großen Teil seines Lebens aus. Ludwig XIV. tanzte und jagte seinen Amouren nach, während der tiefreligiöse Habsburger allerheiligste Altarsakramente anbetete.

KAISER KARL VI.

(1685–1740)

*»Karl VI. war noch ein ganz barocker Herrscher – seine ze-
remonielle Art hatte sich in Spanien verstärkt.« (Hamann 1988,
S. 218)*

Karl kam am 1. Oktober 1685 in Wien zur Welt. Sein Vater
Kaiser Leopold hatte für ihn den geistlichen Stand bestimmt,
und so wurde der kleine Erzherzog von den Jesuiten erzogen. Von dieser Prägung konnte er sich niemals wirklich lösen. Karls Mutter Eleonore Magdalena von Pfalz-Neuburg
hatte auch großen Einfluss auf ihn, wobei eine große Zuneigung Mutter und Sohn verband. Schon recht früh wurde Karls musikalische Neigung entdeckt, was dazu führte,
dass er von dem bekannten Organisten Johann Joseph Fuchs
gefördert wurde. Als der schwer erbkranke letzte spanische
Habsburger Karl II. von Spanien seine kümmerliche Existenz aushauchte, änderten sich die Pläne für die Zukunft des
damals 15-jährigen Erzherzogs radikal, denn mit einem Mal
war er Thronanwärter auf die spanische Krone. Der ziemlich
stark durch seine jesuitische Erziehung geprägte Karl musste allerdings erfahren, dass der spanische König nicht ihn,
sondern Philipp von Anjou zu seinem Nachfolger bestimmt
hatte. Das bedeutete nun, dass er um den Thron kämpfen
musste. Zu diesem Zweck verbündete sich Kaiser Leopold I.
mit England und den Niederlanden. Der jetzt beginnende
Spanische Erbfolgekrieg sollte zu einem kriegerischen Ereignis werden, das fast ganz Europa in Mitleidenschaft zog.
Karl wurde 1703 zum spanischen König proklamiert und
ein geheimer Vertrag innerhalb der Familie garantierte ihm
alle spanischen Besitzungen bis auf die Lombardei, die sein
Bruder erhalten sollte. Die Landung in Spanien und der
Kampf um sein vermeintliches Königreich erwiesen sich
für Karl bald viel komplizierter als gedacht. Es wollten sich

trotz aller Anstrengungen seiner Truppen und der Verbündeten keine nachhaltigen Erfolge erzielen lassen. Wobei Karl immerhin eine gewisse Ausdauer und Mut zeigte, es bei ihm aber an den Fähigkeiten zur Führung und zur Förderung des Zusammenhalts seiner bunten Streitmacht fehlte. Auch mit der spanischen Bevölkerung kam Karl, der niemals wirklich geschickt und diplomatisch überzeugend agierte, nicht wirklich klar. Es war schon ein großer Erfolg für ihn, als er nach dem Fall Barcelonas seinen Machtbereich auf Katalonien und angrenzende Gebiete ausdehnen konnte. Doch die Aufstellung eigener spanischer Truppen brachte nicht die gewünschten Ergebnisse, und schon bald befand sich der Habsburger wieder auf dem Rückzug. Die Stadt Madrid, die kurz von seinen Verbündeten in Besitz genommen worden war, musste auch bald wieder geräumt werden. Allerdings wurden inzwischen zumindest die wichtigsten spanischen Besitzungen in Italien erobert. Im Jahre 1710 erzielte Karls Streitmacht in Spanien wieder einige Erfolge, und er konnte erneut kurzfristig in Madrid einziehen, bevor er sich wieder in Richtung Barcelona zurückziehen musste. Der Ausgang der Kämpfe in Spanien schien also weiterhin sehr fraglich, als ein unerwartetes Ereignis die Situation grundlegend veränderte.

Karl hatte am 1. August 1708 in Barcelona die Tochter des Herzogs von Braunschweig-Wolfenbüttel, Elisabeth Christine, die deswegen den katholischen Glauben annehmen musste, geheiratet. Sie hatte diesen Schritt sehr ungern vollzogen und mochte Spanien im Gegensatz zu ihrem nunmehrigen Gemahl ganz und gar nicht, aber sie machte gute Miene zum bösen Spiel. Elisabeth Christine hielt es schließlich sogar zwei Jahre länger in Spanien aus als Karl. Immerhin wurde sie ja später die Mutter Maria Theresias, die von ihr doch einige positive Eigenschaften erben sollte.

Am 17. April 1711 starb völlig überraschend Kaiser Joseph I. in Wien. Der wenig fromme und sehr intelligente Habsburger, der in seiner Jugend als »Muster der Schönheit« bezeichnet worden war, galt als abenteuerlustig, waghalsig und draufgängerisch, war aber auch sehr musisch und komponierte sogar selbst. Joseph I. hatte für seine Zeit ziemlich moderne Ansichten, wollte angeblich sogar eine Trennung von Kirche und Staat und hatte Protestanten in seinem Gefolge. Leopold I. hatte wegen der ihm nicht genehmen Neigungen Josephs seinen zweitgeborenen Sohn Karl bevorzugt, der ihm viel ähnlicher war. Schon als Jugendlicher hatte Joseph am Wiener Hof die »Reformpartei« angeführt und unfähige Hofschranzen bekämpft. Er nahm gerne an Kriegshandlungen teil und bewies militärisches Geschick, Prinz Eugen betrachtete ihn als Freund und eine Art von Bruder. Viele erwarteten beim Herrschaftsantritt Josephs I., dass er bald dem alten Mann in Versailles als »deutscher Sonnenkönig« die Show stehlen würde. Der junge Kaiser leitete auch eine Vielzahl von Reformen in die Wege, die schon an jene Maria Theresias und Josephs II. gemahnen. Sein Sieg im Spanischen Erbfolgekrieg schien greifbar nahe, und die Geschichte des Hauses Habsburg und auch Europas hätte wohl eine ziemlich andere Entwicklung genommen, wenn nicht im Frühjahr 1711 eine Pockenepidemie Österreich erreicht hätte. Bereits krank ließ sich der Kaiser nicht von einer Jagd abhalten, legte sich danach aber zum Sterben nieder. Bevor er am 17. April 1711 starb, versprach Joseph I. noch, im Falle seines Überlebens in Zukunft auf seine Mätressen zu verzichten. Doch dazu war es schon zu spät.

Im Gegensatz zu seinem leichtlebigen und lebensfrohen Bruder Josef war Karl ernst, eher bedächtig und frömmelnd. Da er der zweitgeborene Sohn Kaiser Leopolds war, hatte man ursprünglich nicht daran gedacht, dass er die Kaiserwürde erlangen würde. Doch der plötzliche Tod des Hoffnungsträgers Josef I. schuf vollendete Tatsachen. Dabei war Karl beim Erhalt der Nachricht von der plötzlichen Veränderung gerade am spanischen Kriegsschauplatz in einer äußerst bedrängten Lage, da er mit seinen Truppen mehr oder weniger in Barcelona eingeschlossen war. Weil er jedoch wusste, was man von ihm erwartete, verließ er die bedrängte Stadt und reiste nach Österreich, um hier die Herrschaft anzutreten. Karl soll sehr unglücklich gewesen sein, als er seine Gemahlin als Regentin in Spanien zurückließ. Vielleicht war ihm auch schon bewusst, dass das Projekt seines spanischen Königtums durch diese Entscheidung bereits gescheitert war.

Schon auf dem Weg nach Wien wurde der Habsburger am 12. Oktober 1711 als Karl VI. von den Kurfürsten einstimmig zum Kaiser gewählt. Er hatte die rasche und problemlose Wahl dem Geschick des Prinzen Eugen zu verdanken, der die Absicht der Franzosen, die Wahl des Königs in Preußen zum Kaiser zu betreiben, verhindern konnte.

Schon recht bald zeigte sich, dass Karl in die großen Fußstapfen seines Bruders Josef I. nicht wirklich hineinpasste. Alles um ihn herum wurde rasch mindestens eine Spur kleinlicher und statischer. Der im Gegensatz zu seinem Bruder übertrieben vorsichtige und immer irgendwie zaudernde Karl VI. konnte sich kaum jemals zu raschen Entschlüssen und wirklich tief greifenden Entscheidungen durchringen. Andererseits war er in ziemlich arroganter Weise von der Bedeutung des Hauses Habsburg und seiner Person durchdrungen. Er wollte zumindest eines aus Josefs I. Regierungsprogramm übernehmen – der Kaiser sollte wieder mehr Gewicht im Reich haben, und dieses sollte dadurch stabilisiert werden. Letztlich erreichte er genau das Gegenteil davon. Karl VI. besaß sehr wenig Gefühl, wenn es um seine engsten Mitarbeiter ging. So behandelte er den Prinzen Eugen wie einen gemeinen Hof- oder Staatsbeamten mit freundlicher Herablassung. Es fiel auch auf, dass der schon etwas in die Jahre gekommene Kriegsheld und Spitzendiplomat seinem neuen Herren mit etwas weniger Enthusiasmus diente als dessen Vorgängern. Wie sehr Karl VI. allerdings auf den kleinen Savoyer angewiesen war, zeigte sich erst, als dieser schließlich nicht mehr zur Verfügung stand.

Nach seiner Rückkehr nach Wien wähnte sich Karl VI. schon als neuer Herrscher eines Reiches, »in dem die Sonne nie unterging«. Wie Karl V. wollte er die Herrschaft in Spanien, dessen Kolonien und in den österreichischen Erbländern verbunden mit dem Kaisertitel ausüben. Doch recht bald wurde er auf den Boden der Tatsachen zurückgeholt. Auch wenn Frankreich militärisch in einer ziemlich schlechten

Position war und alles nach einem österreichischen Sieg im Erbfolgekrieg aussah, wollten die verbündeten Mächte, darunter ganz besonders England, auf keinen Fall, dass wieder ein Habsburger eine derartig umspannende Weltherrschaft ausübte. Deshalb zeigte die Allianz gegen Ludwig XIV. rasch Auflösungserscheinungen. Auch Prinz Eugen konnte bei einer Intervention in England dort keine Stimmungsänderung erreichen. Stattdessen forderte die englische Königin einen Friedenskongress. Nach dem Frieden von Utrecht verblieben Karl VI. vom spanischen Erbe die spanischen Niederlande, Mailand und das Königreich Neapel mit Sardinien. Das war eigentlich doch ein großer Gewinn, auch wenn der Kaiser todunglücklich über den Verzicht auf das eigentliche Spanien war.

Karl VI. konnte innerlich niemals auf das Land seiner Sehnsucht verzichten. In seinem Verhalten zelebrierte er immer den zeremoniösen und würdigen Stil der spanischen Granden, deren Auftreten und Haltung ihm vorbildhaft erschienen. Je länger er weg von dem Land seiner Jugendträume war, desto mehr begann es in seinen Vorstellungen, einem verlorenen Paradies zu ähneln. Deshalb lieferte sich Karl VI. auch so bereitwillig dem »Spanischen Rat« in der Wiener Hofburg aus und schenkte diesem immer wieder unverdientes Gehör. Dabei bestand diese Gruppierung größtenteils aus verbitterten Emigranten und sehr dubiosen Figuren, die krampfhaft versuchten, die miefige Atmosphäre des Escorials in steifen schwarzen Hofkleidern zu zelebrieren. Während diese Gruppe in Wien sehr übel beleumundet war, schenkte Karl VI. den »Spaniern« immer wieder viel Aufmerksamkeit und suchte ihren Rat.

Am 19. April 1713 berief der Kaiser seine Räte zu sich und verkündete die »Pragmatische Sanktion«, mit der er vordergründig eine Erbteilung und auch die Loslösung eines der Erbländer vom ganzen Besitz verhindern wollte. Die Durchsetzung der Pragmatischen Sanktion, die sich bei Karl VI. im Laufe der Zeit zu einer Art von Besessenheit steigerte, war nebst anderen Aspekten eine Abkehr vom salischen Erbfolgerecht. Von nun sollten die Linealprimogenitur und die subsidiäre weibliche Erbfolge gelten. Zunächst sollte der älteste Sohn, dann die von ihm begründete Linie und danach alle anderen Linien im Mannesstamm zur Thronfolge berechtigt sein. Erst nach dem völligen Aussterben der Familie im Mannesstamm war auch die weibliche Erbfolge vorgesehen, die mit der ältesten Tochter des letzten Herrschers und deren Nachkommenschaft begann. Später wurde betont, wie sehr die Unionsidee der habsburgischen Staaten in der Pragmatischen Sanktion von zentraler Bedeutung für die Entstehung der Großmacht Österreich gewesen sei.

Im Frieden von Rastatt, der am 6. und 7. März 1714 mit Frankreich geschlossen wurde, verzichtete Karl VI. endgültig auf das Elsass. Der Kaiser hatte sich wegen seiner prekären Finanzlage und eines zu erwartenden Krieges mit den Osmanen dazu bewegen lassen. Obwohl nun offiziell Friede herrschte, gab es weiterhin große Spannungen, da Karl VI. gar nicht daran dachte, Philipp V. als König von Spanien anzuerkennen. Schließlich brachte der Tod des von den Habsburgern so gehassten Königs Ludwigs XIV. von Frankreich etwas Entspannung in die Lage. Das war auch dringend nötig, denn die Habsburger mussten sich wieder den Osmanen zuwenden. Prinz Eugen konnte nun wieder sein Feldherrngenie zeigen und entschied den Krieg durch die Schlacht bei Peterwardein und große territoriale Eroberungen für die Seite des Kaisers. Einen Glanzpunkt seiner militärischen Karriere setzte Eugen schließlich mit der Belagerung und Eroberung von Belgrad. Damit war die Türkengefahr nicht mehr wirklich akut, und Karls VI. zweiter Türkenkrieg und Josephs II. Türkenkrieg wären wohl verzichtbar gewesen. Mit dem Frieden von Passarowitz mit der Hohen Pforte am 21. Juli 1718 schloss Österreich einen der günstigsten Friedensverträge seiner Geschichte und erreichte damit seine größte Ausdehnung.

Man setzte von da an vermehrt auf die Binnenkolonisation der eroberten Gebiete und viele deutsche Siedler wurden dort angesiedelt.

Der große Sieger Prinz Eugen erntete am Wiener Hof wenig Dank für seine überragenden Dienste und wurde immer mehr Opfer von Intrigen, die meistens von den »Spaniern« ausgingen. Karl VI. bestrafte schließlich einige Intriganten, verhielt sich Eugen gegenüber aber nicht wirklich fair. Während der folgenden Jahre befolgte der Kaiser selten den klugen Rat des Savoyers, sondern widmete sich besessen der internationalen Durchsetzung der Pragmatischen Sanktion. Außerdem agierte er am internationalen diplomatischen Parkett oft sehr ungeschickt, was alte Freundschaften und Allianzen infrage stellte. Karl VI. musste sich schließlich sogar dazu bequemen, sich an Philipp V. von Spanien anzunähern, was ihm wohl nicht leicht gefallen sein dürfte.

Die Zugeständnisse, die Karl VI. für die Anerkennung der Pragmatischen Sanktion machte, standen in keinem Verhältnis zum wirklichen Wert dieser Urkunde. So musste der Kaiser für die Anerkennung durch die Seemächte die prosperierende »Ostendische Handelskompagnie« opfern. Dabei hatte mit diesem Unternehmen das Habsburger-Reich endlich den Anschluss an den Überseehandel der Kolonialmächte geschafft und bereits gute Gewinne gemacht. Sogar im Heiligen Römischen Reich musste der Kaiser Widerstände gegen die Pragmatische Sanktion mit Zugeständnissen »erkaufen«. Die Herrscher von Bayern und Sachsen hatten sowieso nicht vor, sich daran zu halten.

In den 30iger-Jahren des 18. Jahrhunderts war es dann auch das »Verdienst« Karls VI., dass es wieder zu Vorkommnissen kam, die man damals bereits überwunden glaubte. Nun wurden erneut Protestanten verfolgt, wie zum Beispiel in Böhmen, wo man sich an die Zustände unter Kaiser Ferdinand II. erinnert fühlte. Die Protestanten der Steiermark und Kärntens wurden zwangsweise ins ferne Siebenbürgen geschickt. Nur in Ungarn war der Kaiser vorsichtig, da er sonst vom dortigen Adel nicht die Zustimmung zur Pragmatischen Sanktion erhalten hätte.

Als nach dem Tod König Augusts II. von Polen das Problem der dortigen Thronfolge akut wurde, kam es wieder zu einer Auseinandersetzung mit Frankreich. Im Oktober 1733 erklärte König Ludwig XV. dem Kaiser den Krieg, und der Polnische Erbfolgekrieg nahm seinen Anfang. Auch wenn er in seiner Dimension nicht mit dem Spanischen Erbfolge-krieg vergleichbar war, so entwickelte er sich für Karl VI. zu einer Katastrophe. Grund für die Auseinandersetzung war auch der Plan, die Tochter des Kaisers, Maria Theresia, mit Herzog Franz III. Stephan von Lothringen zu verheiraten. Da Frankreich schon lange danach strebte, Lothringen zu annektieren, schien ihm dessen Bindung an Habsburg eine große Gefahr für dieses Vorhaben.

Franz Stephan von Lothringen war ein zwar gut ausse-hender, aber als Persönlichkeit ziemlich unbedeutender junger Mann, an dem allerdings Karl VI. und seine Toch-ter Maria Theresia großen Gefallen gefunden hatten. Damit wurden auch andere Ehepläne, wie z.B. jene des Prinzen Eugen, die weit mehr politisches Gewicht gehabt hätten, torpediert. In diesem erneuten Krieg gegen Frankreich, dem sich die bayerischen Wittelsbacher und der spanische Kö-nig als Verbündete zugesellten, rächte sich, dass Karl VI. die Armee viele Jahre lang vernachlässigt hatte und dass sein bisher größter militärischer Trumpf, Prinz Eugen, bereits recht alt und senil war. Dieser Waffengang wurde jedenfalls für Karl VI. zu einer eindeutigen Niederlage, und er muss-te im Vorfrieden von Wien am 3. Oktober 1735 akzeptieren, dass er die Königreiche Neapel und Sizilien verloren hatte und sein Schwiegersohn auf Lothringen verzichten musste. Damit war wieder ein altes Reichsland dem französischen »Erbfeind« in die Hände gefallen. Franz Stephan sollte in der Folge mit der Toskana abgefunden werden, und als klei-nen territorialen Trostpreis erhielt Karl VI. die Herzogtümer Parma und Piacenza sowie die Anerkennung der Pragmati-schen Sanktion durch Frankreich. Seine Tochter sollte nach Karls Tod rasch merken, was solche »Anerkennungen« wirklich wert waren.

Am 12. Februar 1736 feierten Maria Theresia und Franz Stephan in Wien eine prunkvolle Hochzeit. Der alte Prinz Eugen war bereits zu krank, um an dieser Zeremonie teilzu-nehmen, und starb am darauffolgenden 21. April. Die Rat-schläge des Prinzen Eugen, wie jener, dass Maria Theresia den bayerischen Kurprinzen heiraten sollte, um die beiden großen Dynastien endlich zu verbinden, waren vom Kaiser nicht verfolgt worden. Bekannt ist auch, dass Eugen immer wieder vor dem Vertrauen in die Pragmatische Sanktion warnte. Außerdem sah der Savoyer Unheil von einem Hohenzollernprinzen mit dem Namen Friedrich auf das Haus Habsburg zukommen. Doch Karl VI. achtete nicht auf die Ratschläge und Warnungen des alten Mannes und hatte beim Tod Eugens nur einige lakonische Eintragungen in sein Tagebuch für ihn übrig.

Schon nahte das nächste Unheil für den ziemlich uneinsichtigen Kaiser. Aufgrund eines Vertrages mit der Zarin wurde er nach dem Tod Eugens zum Kriegseintritt in die Auseinandersetzung zwischen Russland und den Osmanen gezwungen. Es zeigte sich bald, dass der Kaiser über keinen Heerführer verfügte, der den Prinzen Eugen auch nur ansatzweise ersetzen konnte. Trotz anfänglicher Erfolge gegen die bereits unterschätzten Türken gerieten die Kaiserlichen schließlich in die Defensive und konnten die Einschließung Belgrads nicht verhindern. Schließlich musste Karl VI. am 20. Oktober 1739 in Belgrad Frieden schließen und verlor alle Erwerbungen des Friedens von Passarowitz mit Ausnahme des Banats.

Karl VI. hatte am Ende seiner Regierungszeit viel von der Achtung verloren, die man ihm einmal entgegengebracht hatte. So meinte der frischgebackene preußische König Friedrich II. verachtungsvoll: »Der Kaiser ist ein altes Phantom eines Götzenbildes … Er war einmal ein starker Mann, aber die Franzosen und Türken haben ihm die Lustseuche gebracht, und er ist jetzt entkräftet.« (Heer 1981, S. 185)

Der Kaiser hatte während seiner Regierungszeit große Energien und Summen darauf verwendet, möglichst prunkvoll Hof zu halten und zu residieren. Sein Hofstaat verschlang große Summen, wozu noch seine ehrgeizigen barocken Bauprojekte kamen. Große Summen wurden für den Ausbau von Klöstern wie jenes in Klosterneuburg aufgewandt. Es sollte zu einem »österreichischen Escorial« werden und den spanischen Klosterpalast weit übertreffen. Doch wurde dieses Vorhaben nach dem Tod des Kaisers unvollendet eingestellt und ist somit nur ein – prunkvoller – Torso, der die geplante Gigantomanie nur erahnen lässt. Die vielen Ausgaben für verschiedene derartige Projekte verbunden mit der schlechten Steuer- und Finanzpolitik des Habsburgers führten dazu, dass es eigentlich immer Finanzprobleme gab. Karl VI. neigte dazu, in Friedensperioden massiv bei der Armee zu sparen und ließ auch die Kriegsflotte, über die man nach dem Spanischen Erbfolgekrieg verfügte, völlig verkümmern. All das rächte sich dann in Kriegszeiten, wovon besonders die beiden letzten Kriege des Kaisers zeugen.

Die Ehe Karls VI. mit Elisabeth Christine von Braunschweig-Wolfenbüttel war relativ unauffällig, auch wenn es der Kaiser mit der Treue nicht ganz so genau nahm. Es gibt ziemlich eindeutige Beweise dafür, dass er auch homosexuelle Beziehungen hatte. Für Habsburger-Verhältnisse war das Paar nicht gerade von Kindersegen geplagt. Der einzige Sohn des Paares starb bereits kurz nach seiner Geburt, und danach schenkte die Kaiserin nur mehr drei Töchtern das Leben. Letztlich überlebt hat dann nur Maria Theresia, da auch ihre beiden Schwestern sehr jung starben. Die wegen ihres hellen Teints auch »weiße Liesl« genannte Kaiserin war nicht unbeliebt, wurde aber in späteren Jahren sehr depressiv und sollte ihren Gatten um zehn Jahre überleben.

Kaiser Karl VI. sah sich während seiner letzten Lebensjahre vielen Enttäuschungen und Problemen gegenüber, was ihn auch recht depressiv machte. Den Grund für seine Misserfolge suchte er aber nicht in seiner Person. Von Natur aus schwerfällig und bedächtig, war er oft nicht in der Lage, sich zu Entscheidungen durchzuringen. Dieses Verhalten wurde während seiner letzten Jahre zunehmend schlimmer. Karl verpasste dadurch auch viele Gelegenheiten und reagierte oft zu spät, wenn überhaupt. Dazu kam seine Abhängigkeit von sehr fragwürdigen »Beratern«, wie den Angehörigen des »Spanischen Rates«.

Im Herbst 1740 kehrte der Kaiser von einem Jagdausflug zum Neusiedler See ziemlich krank zurück. Sein gesundheitlicher Zustand verschlimmerte sich rasch und galt bald als hoffnungslos. Maria Theresia, die damals bereits im sechsten Monat schwanger war, durfte ihrem Vater an dessen Sterbebett keine Gesellschaft leisten. Karl VI. starb schließlich in der Nacht zum 20. Oktober 1740, wohl zuletzt noch in der Hoffnung, dass die mit so vielen Opfern erkaufte Pragmatische Sanktion die reibungslose Nachfolge seiner Tochter sichern würde. Doch das für ihn so wichtige Dokument war leider nur ein Fetzen Papier.

Kaiserin Maria Theresia
(1717–1780)

»Vielleicht war die Regierungszeit Maria Theresias jene Periode der Donaumonarchie, in der es schien, als hätte sich hier entlang der Donau wirklich ein Reich gebildet. Diese Periode dauerte aber nur kurze Zeit.« (Emil Niederhauser 1983, S. 154)

Erzherzogin Maria Theresia Amalia Christina kam am 13. Mai 1717 als zweites Kind Kaisers Karls VI. und dessen Gattin Elisabeth Christine von Braunschweig-Wolfenbüttel zur Welt. Einige Monate vorher, am 4. November 1716 war der einzige Sohn Karls VI., Leopold, im zartesten Kindesalter gestorben. Dem Kaiser sollten in der Folge noch zwei weitere Töchter, aber kein erhoffter weiterer männlicher Erbe geboren werden.

Die Erziehung der kleinen Maria Theresia entsprach den üblichen Standards des Hauses Habsburg. Obwohl die Pragmatische Sanktion, welche die weibliche Erbfolge vorsah, bereits seit 1713 in Kraft war, bereitete man die kleine Erzherzogin vorerst nicht auf eine Thronfolge vor. Die Erzieherin (genannt »Aja«) zu der Maria Theresia das beste Verhältnis hatte, war die Gräfin Karoline von Fuchs-Mollard. Zu ihr entwickelte die junge Erzherzogin eine sehr intensive Beziehung, was letztlich sogar dazu führte, dass die Gräfin als einziges Nichtfamilienmitglied in der Kapuzinergruft bestattet wurde. Maria Theresias »Hauptfach« war Religion in ihrer allerkatholischsten Ausprägung. Dafür sorgten schon die allgegenwärtigen Jesuiten, die mit dem Unterricht der kleinen Prinzessin betraut waren. Sie sollte später nie davon wegkommen und ihre katholische Religiosität auch oft als Grundlage für ihre Entscheidungen nehmen. Daneben musste sie Sprachen lernen, wozu auch Latein gehörte. Sie lernte Italienisch, das zur Zeit Leopolds I. die Hauptsprache im Kaiserhaus gewesen war, nun jedoch vom Französischen abgelöst wurde. Maria Theresia sollte dieser Sprache wie ihr späterer Hauptfeind Friedrich II. von Preußen den Vorzug geben. Es gab auch noch Unterricht in Geschichte, Kunst, Musik und Tanz. Die deutsche Sprache war kein eigener Unterrichtsgegenstand, und Maria Theresia sollte später nur den Wiener Dialekt beherrschen und in einer ganz unbeholfenen Orthografie kommunizieren. Womit sie auch ihrem späteren Feind Friedrich sehr ähnlich war.

Auf viele Dinge, die ihr später in ihrem Herrscheramt hätten helfen können, wurde bei ihrer Erziehung gänzlich verzichtet. Sie selbst schrieb rückblickend dazu: »Die zu Beherrschung so weit schichtiger und verteilter Länder erforderliche Erfahrung und Kenntnis um so weniger besitzen zu können, als mein Herrn Vattern niemals gefällig ware, mich zur Erledigung weder aus auswärtigen noch inneren Geschäften beizuziehen noch zu informieren: so sahe mich auf einmal zusammen von Geld, Truppen und Rat entblößet.« (Vacha 1992, S. 288)

Nach dem Tod Karls VI. am 20. Oktober 1740 zeigte sich sehr rasch, wie viel die Pragmatische Sanktion, für die er so viele Opfer gebracht hatte, wirklich wert war. Der Kurfürst von Bayern, Karl Albrecht, meldete aufgrund verwandtschaftlicher Beziehungen als Erster seinen Anspruch auf das Erbe Karls VI. an, danach kamen die Sachsen, die Gleiches für sich reklamierten. Der König von Spanien sah auch seine Ansprüche gerechtfertigt, und vor allem meldete sich der Gefährlichste von allen – Friedrich II. von Preußen. Er wollte zwar nicht alles, sondern nur Schlesien, aber das war der verzweifelten Maria Theresia auch schon genug. Dass ihr der Preuße für die Abtretung einer ihrer bedeutendsten Provinzen seine Hilfe anbot, schien ihr reiner Hohn.

Maria Theresia verließ sich zu Beginn auf die Berater und militärischen Führer ihres verstorbenen Vaters, musste aber rasch erkennen, dass er ein spezielles Geschick gehabt hatte, sich mit unfähigen Günstlingen zu umgeben. Sie musste nun unfähige Generale, die sich schon im letzten Türkenkrieg mit Schande überhäuft hatten, wie General Neipperg, gegen Friedrich II. von Preußen schicken.

Dieser marschierte sowieso gleich ohne Kriegserklärung im Dezember 1740 in Schlesien ein. Damit gab er auch für fast alle anderen europäischen Mächte ein Signal, sich auf die Territorien des verstorbenen Kaisers zu stürzen. Am 10. April 1741 erlitt Maria Theresia bereits ihre erste Niederlage gegen die Preußen bei Mollwitz. Rasch gab es in der Folge Bündnisse vieler europäischer Mächte gegen Österreich, deren Ziele es waren, die Habsburger als europäischen Machtfaktor auszuschalten und ihre Besitzungen unter sich aufzuteilen. Die junge Habsburgerin stand nun neben Preußen dem mächtigen Frankreich, Spanien, Bayern und Sachsen gegenüber.

Im Juni 1741 reiste Maria Theresia nach Ungarn, um sich dort zur Königin krönen zu lassen. Für die Zustimmung des ungarischen Adels musste sie viele Zugeständnisse machen und konnte ihren Gemahl vorerst nicht als Mitregenten etablieren. Am 11. September 1741 hielt Maria Theresia in Pressburg vor dem ungarischen Reichstag eine bewegende Rede, die großen Eindruck erregte, aber später in ihren Auswirkungen weit überschätzt wurde. Zumindest konnte sie den Magnaten nun Zugeständnisse für größere Truppenkontingente und doch noch die Anerkennung ihres Mannes als Mitregenten Ungarns abringen. Die militärischen Ereignisse des Jahres 1741 schienen allerdings nicht sehr hoffnungsvoll für die Habsburgerin. Der bayerische Kurfürst drang bis nach Linz vor und ließ sich von den Ständen als Erzherzog von Österreich huldigen. Danach drangen die Preußen nach Mähren vor und besetzten Olmütz, während Kurfürst Karl Albrecht von Bayern sich in Prag zum böhmischen König ausrufen ließ.

Maria Theresia startete mit einem der wenigen wirklich fähigen Heerführer, Graf Khevenhüller, eine Gegenoffensive und konnte den Bayern Linz und Passau wieder entreißen. Kurfürst Karl Albrecht gelang es, sich unter dem Schutz Frankreichs am 24. Januar 1742 in Frankfurt zum Kaiser wählen zu lassen. Damit ging die Kaiserkrone erstmals nach vielen Jahrhunderten für die Habsburger verloren. Maria Theresia hatte aber den Triumph, dass ihre Truppen zwei

Tage nach der Kaiserkrönung Karl Albrechts dessen Hauptstadt München einnahmen. Währenddessen erlitt Karl von Lothringen, Maria Theresias Schwager, allerdings schwere Niederlagen gegen Friedrich II. Die streitbare Habsburgerin sah sich letztlich gezwungen, mit dem ihr verhassten preußischen König einen Sonderfrieden einzugehen. Damit wurde der sogenannte Erste Schlesische Krieg beendet. Von Schlesien verblieb der jungen Habsburgerin jetzt nur mehr ein kleines Gebiet, das sogenannte »Österreichisch-Schlesien«. Im November 1742 schieden auch die Sachsen aus der Front von Maria Theresias Gegnern aus. Nun konnten die Österreicher gegen die Franzosen und Bayern vorgehen, und Böhmen wurde wieder zurückerobert. Am 12. Mai 1743 konnte sich Maria Theresia endlich in Prag zur böhmischen Königin krönen lassen. Sie war nun doch die Herrscherin ihrer Erbländer. Die Unterstützung der Österreicher durch die Truppen Englands, der Niederlande, Hannovers und Hessens begann, sich in der Folge auch immer mehr auszuwirken. Nach schweren Niederlagen musste die bayerische Armee kapitulieren, und die Franzosen erlitten eine schwere Niederlage bei Dettingen.

Maria Theresia gestattete die Heirat ihrer Schwester Maria Anna mit Karl von Lothringen, einem wenig begabten und trotzdem sehr von sich eingenommenen Feldherrn, dessen »Qualifikation« letztlich nur darin bestand, dass er der Bruder Franz Stephans war. Als im März 1744 die Kämpfe mit Frankreich erneut aufflammten, konnten die Österreicher den Rhein überqueren und die Franzosen vor sich hertreiben. Die Rückeroberung des Elsass und anderer von Frankreich annektierter Gebiete schien mit einem Mal möglich. Friedrich II. von Preußen befürchtete jedoch, dass Maria Theresia eine zu große Machtstellung erlangen könnte, und trat wieder in den Krieg ein. Die Österreicher mussten ihren Vorstoß nach Frankreich abbrechen und erneut gegen die Preußen marschieren. Es gelang ihnen aber nun unter der Führung des fähigen Feldmarschalls Traun, die Armee Friedrichs II. unter schweren Verlusten aus Böhmen zu vertreiben. Doch Friedrich kam bald wieder, zeigte erneut seine militärischen Fähigkeiten und schließlich musste die Habsburgerin Schlesien bis auf Weiteres abschreiben.

Jetzt starb auch am 20. Januar 1745 der unglückliche Kaiser Karl VII., der als zweiter Bayer dieses Amt innegehabt hatte. Maria Theresia erkannte sofort die günstige Gelegenheit und schloss mit dem Sohn des Verstorbenen den Frieden von Füssen. Dieser erkannte die Pragmatische Sanktion an und versprach, seine Kurstimme für Maria Theresias Gemahl Franz Stephan abzugeben. Schließlich konnte sie nach der militärischen Vertreibung der Franzosen aus dem Frankfurter Raum Franz Stephan am 13.9.1745 zum Kaiser wählen lassen. Sieben Kurfürsten stimmten für ihn, lediglich der König von Preußen und die Kurpfalz stimmten dagegen. Maria Theresia hatte nun nicht nur das Erbe ihres Vaters weitgehend behauptet, sondern auch die Kaiserwürde für ihr Haus zurückerobert. Sie selbst ließ sich in Frankfurt aber nicht zur Kaiserin mitkrönen.

Der preußische Gesandte Podewils beschrieb 1746 die noch junge Kaiserin so: »Ihr Gang ist frei, ihre Haltung majestätisch, ihre Gestalt groß, ihr Antlitz rund und voll, ihre Stimme frei. Ihre Augenbrauen sind schön gezogen und, wie ihre Haare, blond, ohne ins Rot zu streifen. Ihre Augen sind groß, lebhaft und zugleich voll Milde, wozu ihre Farbe, ein tiefes Blau, nicht wenig beiträgt. Die Nase ist regelmäßig, nicht Adler-, nicht Stumpfnase. Ihre Zähne sind weiß, ihr Lächeln angenehm. Ihr Mund ist etwas groß, aber recht schön. Nacken und Hals sind wohlgebildet, die Arme und Hände aber bewunderungswürdig. Ihr Teint muss ebenso gewesen sein, trotz der geringen Sorgfalt, die sie sich darum gibt. Sie hat regelmäßige Farbe. Ihre Physiognomie ist offen und glücklich, ihre Annäherung ist heiter und anmutig, kurz, man kann es nicht bestreiten, sie ist eine schöne Frau.« (Heer 1981, S. 255)

Der Krieg ging unterdessen weiter, auch wenn Bayern und Preußen inzwischen ausgeschieden waren. Die Engländer wollten in ihrem Krieg gegen die Franzosen die Österreicher weiter dabeihaben. 1747 wurde auch Holland in den Krieg hineingezogen. Nachdem sich aber am niederländischen Kriegsschauplatz, wo sich nun das Hauptgeschehen abspielte, keine Partei wirklich völlig durchsetzen konnte, kam es doch noch zu Friedensverhandlungen. Im Frieden von Aachen musste Maria Theresia 1748 neben dem Verlust eines Großteils Schlesiens auch noch auf Parma, Piacenza und Guastalla verzichten, konnte aber ihre restlichen Territorien behaupten. Dies war für die Habsburgerin, der kaum jemand zu Beginn der Auseinandersetzungen eine Chance gegeben hatte, eigentlich ein großer Triumph.

Maria Theresia war fast immer in ihrem Leben von der Hilfe Gottes überzeugt. Sie erkannte aber auch, dass der unter ihrem Vater so sehr verlotterte Staat, der nun zudem sehr durch den langen Krieg gelitten hatte, praktisch von Grund auf reformiert werden musste. Besonders mit den Finanzen sah es wie gewohnt sehr traurig aus. Die Habsburgerin fand nun einen sehr fähigen Mann, der genau der Richtige für seine Tätigkeit war – Graf Friedrich Wilhelm von Haugwitz. Dieser machte sich recht geschickt daran, das Steuerwesen zu reformieren. Bereits 1742 war die Geheime Haus-, Hof- und Staatskanzlei eingerichtet worden, was sich als segensreich für die Verwaltung der Erbländer erwies. Haugwitz trieb seine Reformen eifrig weiter und konnte 1749 die österreichische und böhmische Hofkanzlei zusammenlegen und das »Directorium in publicis et cameralibus« gründen, eine damals sehr moderne Verwaltungsbehörde mit ihm als Präsidenten. Es ging darum, das Steuerwesen den Ständen möglichst ganz aus der Hand zu nehmen. Es wurde auch eine oberste Justizbehörde geschaffen. Dem »Directorium« waren die Behörden der einzelnen Provinzen und Länder unterstellt, denen die Kreise bis hinunter zu den Städten und Dörfern unterstanden. Doch ganz wollte man auf die Rechtsprechung der Grundherren doch nicht verzichten, und diese behielten die Rechtsgewalt über ihre Bauern. Jene konnten aber immer noch an die Kreisbehörden appellieren, wenn sie sich ungerecht behandelt fühlten. Es ging bei allen diesen Konstruktionen vor allem darum, das mittelalterliche feudale System, das in vielen Teilen Europas schon lange überwunden war, zu modernisieren und zu zentralisieren.

Wegen der schwierigen Situation mit den Ungarn, insbesondere mit deren Adel, mussten die Neuerungen vorerst auf Österreich und Böhmen beschränkt bleiben. Maria Theresia setzte auch auf die Förderung von Handel und Industrie, für die jetzt eigene Gremien eingerichtet wurden. Besonders die Infrastruktur sollte verbessert werden, wobei vor allem neue Straßen gebaut und Flüsse reguliert wurden. Die großzügige Errichtung von Kanälen, von der besonders Frankreich und Brandenburg-Preußen schon lange profitierten, wurde weiter verabsäumt. Eigene Gesellschaften sollten den Handel und dabei besonders jenen mit dem Osten ankurbeln. Die vergangenen Kriegsjahre hatten auch die Schwächen der Armee gezeigt, und deshalb setzte die Habsburgerin jetzt unter anderem voll auf den Aufbau eines stehenden Heeres und konzentrierte die Truppen in Garnisonsorten. Die Ausbildung und das Reglement wurden standardisiert und die Uniformen vereinheitlicht. Maria Theresia ließ außerdem in Wiener Neustadt 1752 eine Militärakademie einrichten, um die Ausbildung der künftigen Offiziere zu verbessern. Diese Institution besteht noch heute.

Was ihre religiöses Bewusstsein betraf, so konnte Maria Theresia nicht aus ihrer für die meisten Habsburger so typischen religiösen Prägung heraus. Sie hasste die protestantischen »Ketzer« und hätte am liebsten auch die Juden wieder vertrieben. Allerdings war ihr klar, dass das abgesehen vom wirtschaftlichen Schaden bereits ein ziemlicher Anachronismus gewesen wäre. Obwohl sie sehr fromm war, duldete sie aber keine Eigenmächtigkeiten des Klerus und Einmischungen des Papstes. Sie ließ sogar die Zahl der Feiertage begrenzen, womit ihr Sohn Joseph sie später allerdings weit übertreffen sollte. Genauso wie ihr Vater wollte sie keine Protestanten in ihren Ländern und ließ solche nach Siebenbürgen zwangsverschicken.

Obwohl Maria Theresia selbst keine besonders gute Bildung hatte, wollte sie in ihrem Reich doch möglichst viele gebildete Fachleute, die sie unbedingt für die modernisierte Verwaltung brauchte. Deshalb wurden die bereits bestehenden akademischen Bildungseinrichtungen gefördert und neue errichtet. Bestärkt wurde sie bei diesen und anderen »modernen« Vorhaben unter anderem von ihrem Leibarzt Gerhard von Swieten, der für sie auch das Universitätswesen komplett reformierte. Es gab nun standardisierte staatliche Lehrpläne und mehr staatliche Aufsicht über den Lehrbetrieb. Gewisse gemäßigt aufklärerische Ideen durften gelehrt werden, aber über allem wachte die Zensur.

Die Reformen Maria Theresias waren nicht ganz uneigennützig, denn hinter all dem stand die Vorstellung, das Staatswesen zu stärken, um im Falle eines neuen Krieges bessere Karten zu haben. Sie hatte natürlich Schlesien noch immer nicht völlig abgeschrieben. 1749 trat Graf Wenzel Anton von Kaunitz in das Leben der Kaiserin. Sie erkannte seine Fähigkeiten, und er wurde ihr Chefdiplomat und bedeutendster politischer Ratgeber. Kaunitz hatte eine fast revolutionäre Idee – er wollte das alte Bündnissystem Europas völlig umkehren. Warum sollte man keine Annäherung an Frankreich, mit dem die Habsburger seit etwa 250 Jahren mehr oder weniger im Dauerkrieg lagen, versuchen, um einen wirklich starken Verbündeten für eine neue Auseinandersetzung mit dem gefährlichen Preußenkönig zu haben? Maria Theresia schickte Kaunitz schon bald nach Paris, wo dieser sich den Franzosen als möglicher neuer Bündnispartner präsentierte. Kaunitz wurde 1753 Staatskanzler, somit eigentlich Außenminister, und betrieb weiter seinen revolutionären Bündnisplan. Das schier Unglaubliche gelang schließlich wirklich. Nachdem sich der österreichische Gesandte in Paris, Graf Starhemberg, direkt an die Mätresse des Königs, Madame Pompadour gewandt hatte, kam Bewegung in die Sache, und am 1. Mai 1756 kam es zum Vertrag von Versailles, der die beiden Feinde zu Bündnispartnern machte.

Die Engländer als traditionelle Verbündete Österreichs waren über diese Entwicklung alles andere als begeistert und suchten daraufhin die Annäherung an Preußen unter Friedrich dem Großen. Österreich und Frankreich vereinbarten, sich gegenseitig bei der Zerschlagung des preußischen Staates Hilfe zu leisten. Friedrich II. wollte nicht abwarten, bis seine Gegner die Initiative ergriffen, und eröffnete von sich aus den großen Krieg, der als der »Siebenjährige« in die Geschichte eingehen sollte. Maria Theresia war dieses Mal viel besser auf einen Krieg vorbereitet, doch der plötzliche Angriff der Preußen überraschte sie und ihre Generalität. Dass sie dann auch noch auf einen Mann setzte, der bereits seit den schlesischen Kriegen als »Spezialist für militärische Katastrophen« galt, auf Karl von Lothringen, zeugte zwar von Familiensinn, aber nicht von strategischer Weitsicht. Karl wurde seinem Ruf wieder gerecht, und schon bald befand sich Prag in der Hand Friedrichs II. Mit einem Schlag schien wieder alles verloren, doch als letzte Hoffnung ins Feld geschickt siegte Feldmarschall Leopold von Daun am 18. Juni 1757 über den »unbesiegbaren« Preußenkönig. Friedrichs Niederlage erwies sich sogar als fast vernichtend, und Maria Theresia war außer sich vor Freude. Schon bald nannte man den Tag den »Geburtstag der Monarchie«, und die Kaiserin stiftete den Militär-Maria-Theresien-Orden, dessen erster Träger Feldmarschall Daun wurde. Dieser Orden sollte bis zum Ende der Habsburger-Monarchie deren bedeutendster bleiben.

In der Folge wurde Friedrich II. zwar weit zurückgetrieben und österreichische Truppen konnten sogar kurzfristig Berlin besetzen, doch der zaudernde Heerführer Daun wagte keinen Vernichtungsschlag. Somit konnte Friedrich wieder zu Kräften kommen. Der Preuße befand sich nun auch im Krieg mit Russland und Schweden, und seine Situation schien eigentlich völlig aussichtslos, doch schaffte er sich durch einige bewundernswerte Siege wieder Luft. Als er jedoch nach Olmütz vorstieß, erlitt Friedrich II. durch den kaiserlichen General Laudon eine Schlappe und musste sich erneut zurückziehen. Trotz einiger geschickter Manöver des Preußen konnte ihn Feldmarschall Daun bei Hochkirch erneut besiegen, nutzte diesen Sieg aber wieder nicht aus. Friedrich der Große überlebte sogar 1759 seine vernichtende Niederlage gegen die Österreicher und Russen bei Kunersdorf, bei der Laudon ein weiteres Mal seine Fähigkeiten als Heerführer zeigte. Doch erneut konnte Friedrich II. entkommen und revanchierte sich im folgenden Jahr militärisch bei seinen Gegnern. Aber bald schien er wirklich völlig am Ende und konnte kaum noch Truppen ins Feld stellen. Die Verbündeten waren aber uneins über ihre weitere Vorgangsweise, und die Engländer hatten die Franzosen durch ihre gewaltigen Siege in den Überseekolonien inzwischen ziemlich demoralisiert.

Die entscheidende Wende brachte schließlich der Tod der russischen Zarin Elisabeth am 5. Januar 1762. Ihr Sohn und Nachfolger Peter III. war ein Verehrer des Preußenkönigs, und die Russen kamen den Österreichern als Verbündete abhanden. Es bestand sogar die Gefahr, dass der Zar seine Truppen nun an der Seite der Preußen kämpfen lassen würde. Peter III. wurde zwar rasch von seiner Gemahlin Katharina II. »entsorgt«, aber auch sie war des langen Krieges überdrüssig. Mit einem Waffenstillstand zwischen England und Frankreich Anfang November 1762, dem bald darauf in Paris ein Friedensvertrag folgte, zeichnete sich ein Ende des Krieges ab. Die Engländer waren dabei die großen Sieger. Maria Theresia musste zu ihrem tiefen Leidwesen erkennen, dass die Rückgewinnung Schlesiens erneut gescheitert war, und schloss mit dem Preußenkönig am 15. Februar 1763 den Frieden von Hubertusburg. Die Habsburgerin wollte nun für den Rest ihres Lebens keinen Krieg mehr, aber ihr Sohn Joseph dachte anders.

Die Kaiserin kümmerte sich ab nun weiter um die Reformen in ihrem Machtbereich. Ein neues Gremium, der Staatsrat, war bereits Ende 1761 eingerichtet worden. Er sollte das oberste Regierungsorgan sein. Andere Ämter und Behörden wurden erneut umstrukturiert, was nicht immer eine Verbesserung darstellte. Die Ungarn konnten sich weiterhin aus fast allen Neuerungen heraushalten und ihre mittelalterliche ineffiziente Struktur mit den überbordeten Adelsvorrechten erfolgreich verteidigen. Maria Theresia forcierte auch sehr die Vermehrung der Bevölkerung in vielen dünner besiedelten Regionen, denn davon erhoffte man sich einen wirtschaftlichen Aufschwung. Der ansonsten ziemlich unbedeutende Kaiser Franz Stephan erwies sich als ökonomisch begabt und machte ein großes Vermögen, während er sich sehr für die Liberalisierung der Wirtschaft einsetzte, die teilweise noch in ziemlich engen Zunftzwängen steckte. In Wien wurde 1769 auch bereits eine Börse eingerichtet.

Um das Los der Bauern zu verbessern, wurden gegen den massiven Widerstand des Adels die Frondienste reduziert und Urbarien eingeführt, um den Grundbesitz festzuschreiben. Damit sollte auch mehr Steuerleistung erzielt werden. Bezüglich der Schulpolitik kann Maria Theresia ebenfalls als bedeutende Reformerin gelten, denn das Unterrichtswesen wurde den Jesuiten genommen, und jeder Staatsbürger sollte jetzt einen Elementarunterricht erhalten, der in staatlichen Schulen erteilt wurde. Doch es sollte noch ziemlich lange dauern, bis das Analphabetentum unter den Untertanen der Habsburger weitgehend verschwunden war. Im Wesentlichen blieben die Territorien der Habsburger, verglichen mit England, den Niederlanden und auch Frankreich, doch recht unterentwickelt.

Die Kaiserin war als Mutter von immerhin 16 Kindern im Wesentlichen eine gute und liebevolle Familienmutter, auch wenn sie besonders in der Erziehung ihres ältesten Sohnes Joseph gravierende Fehler machte. Bei aller Liebe blieben ihre Kinder stets Objekte der Politik und hatten wenig mitzureden, wenn sie aus Staatsräson verheiratet wurden. Maria Theresia war sicher nicht sehr kunstsinnig, auch wenn sie angeblich eine gute Sängerin war, forcierte jedoch den Ausbau von Schloss Schönbrunn, weil sie eine repräsentative Residenz haben wollte. Leider wurde dabei die ursprüngliche gewaltige Planung des Architekten Fischer von Erlach nicht wirklich umgesetzt.

Der Tod ihres Gemahls Franz Stephan bedeutete einen schweren Einschnitt im Leben der großen Habsburgerin. Der Kaiser, der es mit der ehelichen Treue nie so genau genommen hatte, starb am 18. August 1765 in Innsbruck anscheinend an einem Schlaganfall. Sein Sohn Joseph II. wurde jetzt sein Nachfolger als Kaiser und Maria Theresia ernannte ihn zum Mitregenten in den Erblanden. Allerdings begannen damit die heftigen Meinungsverschiedenheiten zwischen beiden, die bis zum Tod der Kaiserin anhalten sollten. Im

Gegensatz zu seiner Mutter nahm der Sohn die Aufklärung viel ernster, war außenpolitisch wagemutiger und auch Kriegen gegenüber nicht abgeneigt. Maria Theresia, die seit dem Tod ihres Gatten nur noch schwarz trug und immer korpulenter wurde, konnte nicht alle Projekte ihres Sohnes verhindern und stimmte schließlich widerwillig auch der Teilung Polens im Jahre 1772 zu. Allerdings war allen Beteiligten klar, dass das damit erworbene Galizien das verlorene Schlesien nicht ersetzen konnte. Ganz gegen ihren Instinkt waren auch die Pläne Josephs II. zum Erwerb von Bayern. Als es 1778 schließlich zum Bayerischen Erbfolgekrieg kam, sah Maria Theresia ihre Befürchtungen bestätigt. Ohne ihren Sohn zu informieren, wandte sich die alte Kaiserin an den »Erzfeind« Friedrich II. und konnte schließlich einen akzeptablen Frieden herbeiführen.

Maria Theresia starb am 29. November 1780 und hinterließ ihre Territorien in einem viel besseren Zustand, als sie diese bei ihrem Regierungsantritt 40 Jahre zuvor vorgefunden hatte. Sie hatte zu Beginn einer Welt von Feinden die Stirn geboten, dann erbittert aber erfolglos um das verlorene Schlesien gekämpft, bedeutende Reformen durchgeführt und gleichzeitig die neu gegründete Familie Habsburg-Lothringen mit einer großen Anzahl Kinder erfolgreich fortgepflanzt. Wenn auch nicht alles an ihr glänzte und ihre religiöse Intoleranz heute übel aufstößt, so hat sie doch ihre Länder so gut geführt und verwaltet wie kaum ein männlicher Angehöriger des Hauses Habsburg. Ihr Sohn Joseph II. führte zwar vieles von ihren Reformen weiter, wollte aber auch vieles anders machen. Etwas anders zu machen, bedeutet aber oft nicht, es besser zu machen.

KAISER JOSEPH II.

»Der Kaiser hat sehr viel Talent, Fähigkeit und Lebhaftigkeit, er versteht sofort und hat die Gabe des Gedächtnisses und der Rede, da er gut zu reden und sehr gut schriftlich zu konzipieren versteht.« Aber: »Er ist ein harter, gewalttätiger Mann, voll Ehrgeiz, der alles sagt und tut, um gelobt zu werden und damit man von ihm in der Welt spricht.« Und: »Er duldet keinen Widerspruch und ist voll willkürlicher, gewalttätiger Grundsätze und des stärksten, gewalttätigsten, härtesten Despotismus ...« (Leopold, Bruder und Nachfolger Josephs II.)

Der so von seinem eigenen Bruder wenig schmeichelhaft charakterisierte Joseph II. ist als Kaiser der Aufklärung und Begründer des »Josephinismus« in die österreichische Geschichte eingegangen. Doch an ihm scheiden sich bis heute die Geister. Als Joseph am 13. März 1741 das Licht der Welt erblickte, begann gerade ein heftiger Kampf um die Zukunft seiner Dynastie. Während der Kindheit des Erzherzogs tobte der Österreichische Erbfolgekrieg, in dem seine Mutter Maria Theresia unter größten Anstrengungen und einigen Verlusten ihr Erbe verteidigen konnte. Nebenbei kümmerte sie sich noch um Joseph und seine Geschwister, die im Laufe der Zeit immer mehr wurden. Dabei spielte Josephs Vater Kaiser Franz I. Stephan von Lothringen nur eine Statistenrolle.

Manche Historiker bezeichnen die Erziehung Josephs als »Dressur«, der der kleine Prinz nur sein bald schon berüchtigtes »I mog net! I mog net!« entgegenschleudern konnte. (Fink 1990, S. 37) Die Kindheit des kleinen Habsburgers war jedenfalls keine sehr angenehme, da er auch schon von Anfang an von seiner bedrängten Mutter als Mittel dynastischer Repräsentation benutzt wurde. Der verantwortliche Erzieher Josephs, Fürst Bathyány war in erster Linie Soldat und ein recht grober Kerl, der keine Rücksicht auf den sensiblen Knaben nahm. Joseph wurde früh hochmütig und ein verletzender Spötter, der sich keine wirklichen Freunde machen konnte. Auch die anderen Erzieher und Lehrer Josephs II. kommen bei den Biografen meistens schlecht weg. Sie versuchten auch, ihren Schützling mit einem Übermaß an Wissen vollzustopfen, das bei Joseph aber nur Ermüdungserscheinungen hervorrief. So muss man sich den Kronprinzen schließlich als eine vordergründig dressierte Marionette seiner Mutter, mit der ihn eine Art von Hassliebe verband, und einen im tiefsten Inneren unglücklichen und verunsicherten jungen Menschen vorstellen, der sich teilweise dabei vergnügte, dass er Dienern die Zöpfe abschnitt und freilaufende Hunde erschoss.

Am 6. Oktober 1760 heiratete der 19-jährige Joseph Isabella von Parma, zu der er rasch eine tiefe emotionale Bindung entwickelte. Isabella konnte bald den ganzen Wiener Hof in ihren Bann ziehen und galt als sehr schön, charmant, musikalisch, intelligent und gebildet. Damit war sie sicherlich ihrem Gatten überlegen. Sie war allerdings nicht in der Lage, die Liebe Josephs wirklich zu erwidern, da sie eher in dessen Schwester Erzherzogin Marie Christine verliebt war, wie Hunderte Schriftzeugnisse beweisen. Daneben wurde Isabella auch immer schwermütiger und trug sich mit Todesgedanken. Joseph scheint niemals kapiert zu haben, was mit seiner jungen Frau wirklich los war, kam aber sehr zum Missfallen Isabellas eifrig seinen Pflichten nach, einen Thronfolger zu zeugen. Schließlich brachte die junge Erzherzogin eine Tochter zur Welt, der kein langes Leben beschieden sein sollte. Danach erlitt sie zwei Fehlgeburten und wurde immer depressiver. Isabella erkrankte 1763 an den Pocken, brachte aber trotz ihrer Krankheit am 22. November 1763 ein weiteres Mädchen auf die Welt, das allerdings bald darauf starb. Eine Woche danach starb auch Erzherzogin selbst, was Joseph in tiefste Verzweiflung stürzte. Er kündigte an, er werde von nun an sein ganzes Leben lang unglücklich sein, was sich wohl auch erfüllte. Eine zweite Ehe Josephs mit der bayerischen Prinzessin Maria Josepha

wurde von ihm wohl niemals vollzogen und blieb deshalb
auch ohne Nachkommen. Auch die unglückliche Maria Josepha segnete bald das Zeitliche.

Joseph wurde am 27. März 1764 in Frankfurt zum römisch-deutschen König gewählt und am 3. April gekrönt.
Er wählte den Wahlspruch »Mit Tugend und Beispiel«. Es
sollte nicht lange dauern, bis er 1765 nach dem Tod seines
Vaters auch Kaiser des Heiligen Römischen Reiches wurde. Dieser Titel gab ihn wenig wirkliche Macht, und in den
Habsburgischen Erbländern war er als offizieller Mitregent
dem Willen seiner Mutter unterworfen. Joseph II. wendete
das finanzielle Erbe seines Vaters dazu auf, um den wie immer maroden Staatshaushalt zu unterstützen. Mutter und
Sohn waren in den folgenden eineinhalb Jahrzehnten selten
einer Meinung, und es kam immer wieder zu Streitereien
zwischen dem aufklärerischen und reformwütigen Joseph
und der bedächtigen und konservativen Maria Theresia. Da
er sich dabei meistens nicht durchsetzen konnte, versuchte
Joseph nach dem Tod seiner Mutter, alle seine Vorstellungen
hastig und ohne jedes diplomatische Feingefühl umzusetzen, womit er mehr Schaden anrichtete, als Nutzen erzielte.

Besonders fatal für Joseph II. erwies sich sein Interesse
für alles Militärische – er trug mit Vorliebe als erster Habsburger fast immer Uniform – und sein Streben nach krie-
gerischem Ruhm, obwohl er dafür keinerlei Begabung mit-
brachte. Sein bevorzugter Freund Franz von Lacy bestärkte
ihn darin, und gemeinsam entwickelten die beiden einen
ausgeprägten Instinkt für militärische Katastrophen. Der
Versuch zur Übernahme Bayerns nach dem Tod des Kurfürsten Max III. Joseph endete im Bayerischen Erbfolgekrieg, da
der preußische König Friedrich II. diese Machtvergrößerung
der Habsburger nicht zulassen wollte. Obwohl der bereits
sehr gealterte Friedrich der Große und seine Armee dabei
einige Schwächen zeigten, waren Joseph II. und seine Generalität nicht in der Lage, diese in dem später verächtlich
als »Kartoffelkrieg« oder »Zwetschkenrummel« bezeich-
neten ziemlich ereignislosen Stellungskrieg ohne große
Schlacht auszunutzen. Schließlich griff Josephs Mutter ein,

verständigte sich mit dem »bösen Mann« aus Berlin und leitete einen Friedensschluss in die Wege, der Österreich als Trostpreis das kleine Innviertel einbrachte. Auch der zweite Versuch zur Inbesitznahme Bayerns im Tausch gegen die Österreichischen Niederlande im Jahre 1785 scheiterte am Widerstand des Preußenkönigs. Das mit der Zarin Katharina II. abgeschlossene Verteidigungsbündnis brachte für Joseph II. keinerlei Vorteile und trieb ihn 1787 in einen Krieg mit der Türkei, der endgültig die militärische Unfähigkeit des Kaisers und seines Freundes Lacy entlarvte. Nach der Katastrophe von Karánsebes dürfte Joseph wohl auch seine mangelnde Begabung für die Kriegsführung erkannt haben, und er zog sich – bereits schwer krank – nach Wien zurück.

Außenpolitisch auf der Habenseite stand für Joseph II. die Teilung Polens, bei der er territorial zugriff, während seine Mutter einige Krokodilstropfen vergoss. Die Gewinnung Galiziens wurde auch als kleine Kompensation für den Verlust Schlesiens gesehen, obwohl Letzteres eine weit bedeutendere Provinz darstellte. Nach dem Tod Josephs II. sollte den Habsburgern dann noch ein weiteres großes Stück des polnischen Kuchens zufallen. Graf Kaunitz, der bereits unter Maria Theresia große Bedeutung gehabt hatte, konnte Joseph II. von einem weiteren außenpolitischen Abenteuer nicht abhalten. Der Kaiser wollte die Öffnung der Schelde bei Antwerpen gegen den Widerstand der Holländer erzwingen. Der nun folgende »Scheldekrieg« war mehr noch als der »Kartoffelkrieg« die Karikatur eines solchen. Da beide Seiten große Angst davor hatten, es zu wirklich größeren Kampfhandlungen kommen zu lassen, einigte man sich schließlich darauf, den Status quo beizubehalten, was eine Riesenblamage für den Kaiser bedeutete.

Nach dem Tod seiner Mutter setzte Joseph II. voll auf die Umsetzung seiner Form des aufgeklärten Absolutismus, nach dem »alles für das Volk, aber nichts durch das Volk« sein sollte. Die Abschaffung der Leibeigenschaft ging Hand in Hand mit der versuchten Entmachtung von Adel und Klerus; der Staat sollte zentralisiert und einheitlich verwaltet werden und Deutsch als einheitliche Staatssprache eingeführt werden. Diese Neuerungen wurden rasch und ohne Rücksicht auf die Befindlichkeiten der Bevölkerung durchgeführt, was in einigen Regionen zu massiver Empörung führte. Besonders in Ungarn und den Österreichischen Niederlanden kam es zu massivem Widerstand und lokalen Aufständen. Leopold II. sollte schließlich vieles von den Reformen seines Bruders wieder rückgängig machen. Joseph II. zeigte bereits seine Verachtung für seiner Meinung nach überkommene Bräuche und Rituale, als er auf seine Krönung zum König von Böhmen und Ungarn verzichtete.

Viel Empörung gab es auch wegen Josephs Kirchenpolitik, was sogar zur vergeblichen Reise des Papstes nach Wien führte, wo dieser den Kaiser von seinen diesbezüglichen Vorhaben abbringen wollte. Im Gegensatz zu seiner doch noch recht bigotten Mutter war Joseph II., der wahrscheinlich persönlich Atheist war, für Religionsfreiheit. Schon bei der Frage der mährischen Lutheraner hatten sich Maria Theresia und ihr Sohn massiv zerstritten. Joseph hasste auch die Jesuiten und ihren Einfluss intensiv, wie schriftliche Zeugnisse belegen. Die wichtigsten kirchlichen Reformen Josephs II. waren sicherlich die Aufhebungen der Klöster der »beschaulichen« Orden, denen Hunderte Einrichtungen und viel wertvolles Kulturgut zum Opfer fiel. Außerdem erboste natürlich sein Toleranzpatent, in dem er Protestanten, Juden und Griechisch-Orthodoxen weitgehende Religionsfreiheit gewährte, die römisch-katholische Kirche. Die Neuregelung des Diözesanwesens, das Verbot gewisser kirchlicher Feste und die Beschränkung des religiösen Aufwands waren neben dem liberalisierten Eherecht weitere Punkte, die Joseph II. zum Hassobjekt des Heiligen Stuhls machten. Aber auch das gemeine Volk wollte sich den religiösen Prunk nicht einfach nehmen lassen, und so machte sich der Kaiser bei jenen, denen er mit seiner Kirchenpolitik eigentlich mehr aufklärerische Freiheit vermitteln wollte, auch nicht wirklich beliebt.

In der Gesundheitspolitik gab es daneben durchaus allseits begrüßte Fortschritte. Ein allgemeines Krankenhaus auf dem modernsten damaligen medizinischen Stand wurde in Wien eingerichtet und die Ausbildung vor allem der Militärärzte stark verbessert. Es wurde auch versucht, die Behandlung der Geisteskranken zu modernisieren, was in Wien zum Bau des »Narrenturms« führte, in dem sich der Kaiser seltsamerweise selbst gerne aufhielt. Er hatte überhaupt eine Vorliebe für allerlei Abnormes, was vielleicht auch mit seiner offenkundigen Persönlichkeitsstörung zu tun hatte.

In der Justizpolitik hatte bereits Maria Theresia das mittelalterliche Strafrecht »entrümpelt«. Joseph II. setzte nun die endgültige Abschaffung der Folter durch und schaffte auch Verstümmelungen und die Todesstrafe ab, wobei die Alternativen dazu (»Schiffziehen«) vielleicht noch grausamer waren. Alle Bürger, auch der Adel, sollten vor dem Strafrecht gleich sein und ein »Josephinisches Gesetzbuch« die umfassende Grundlage für die Rechtsprechung schaffen. Ein Eherecht sollte auch diesen Bereich jenseits kirchlicher Vorschriften klären.

Joseph II. konnte mit seinen überhasteten Bemühungen auch aufgrund seiner schroffen Persönlichkeitsstruktur weder beim Adel noch beim Bürgertum oder beim einfachen Volk viel Begeisterung erzielen. Teilweise waren seine »Neuerungen« auch ziemlich bürokratisch, kleinlich und detailverliebt bis hin zur Festlegung der genauen Anzahl von Kerzen bei einer Messe oder die Einführung des »Sparsargs«. Teilweise war die Personalpolitik des Kaisers auch eine sehr unglückliche, da er oft auf völlig undiplomatische Persönlichkeiten nach seinem eigenen Muster setzte. Die wohl denkwürdigste diesbezügliche Persönlichkeit wurde so charakterisiert: Der kaiserliche Minister Graf Belgiojoso sei »ein schlecht erzogener, hochmütiger, unfähiger und herzloser Bürokrat, Gegenstand des allgemeinen Hasses«. (Fink 1990, S. 227) Mit solchen Leuten war keine erfolgreiche Politik zu machen.

Der Kaiser reiste gerne und viel, wobei er manchmal inkognito als »Graf von Falkenstein« unterwegs war. Er soll jener Herrscher seiner Zeit sein, der die meisten Kilometer zurücklegte. Das war auch einer der Gegensätze zu seiner

Mutter Maria Theresia, die recht häuslich agierte. Joseph II. besuchte fast alle Territorien seines Herrschaftsbereiches und auch die neu erworbenen Gebiete. Außerdem unternahm er Reisen in verschiedenste Teile Europas, wie Frankreich, Italien, die Niederlande und Russland. Dabei lernte er viele der bedeutendsten Herrscher und Persönlichkeiten seiner Zeit persönlich kennen. Zweimal traf er sich auch mit dem Familienerzfeind Friedrich dem Großen. Dabei war er aber der Schläue und den Tricks des Hohenzollern, den er insgeheim verehrte und sogar manchmal kopieren wollte, nicht gewachsen. Dieser selbst hatte vom Kaiser keine besonders gute Meinung.

Wie viele Habsburger war Joseph II. auch eine musische Persönlichkeit, was auch seinen Umgang mit Wolfgang Amadeus Mozart und anderen Komponisten jener Zeit erklärt. Der Kaiser wollte die deutsche Sprache in der Oper durchsetzen und ließ ein »deutsches Nationaltheater« einrichten. Im Gegensatz zu Friedrich dem Großen, der Deutsch eher als eine Sprache für Kutscher hielt, die er kaum beherrschte und der von deutscher Kultur so gut wie nichts hielt, setzte Joseph II. auf die deutsche Karte. Dennoch unternahm er keine wirklich ernsthafte Bestrebung, das Reich, dessen Kaiser er war, zu reformieren. Vielleicht hatte er auch nur erkannt, dass es dazu längst zu spät war.

Als Joseph II. sich Anfang 1790 zum Sterben niederlegte, war die Französische Revolution schon im Gange, und in vielen seiner Territorien herrschte mehr oder weniger offener Aufruhr. Der Kaiser arbeitete bis zuletzt und bestand darauf, vor seinem Ende am 19. Februar 1790 mit der weißen Marschallsuniform samt Stiefeln bekleidet zu werden. Dann diktierte er seine letzten Briefe. Joseph II. starb schließlich am 20. Februar nach fünf Uhr früh einen Tod, den viele seiner Untertanen herbeigesehnt hatten. Selbst Kaunitz soll gesagt haben, es sei Zeit für den Tod des Kaisers gewesen, und in Ungarn feierte der Adel das Ende Josephs wie einen Sieg. Auch die katholischen Kleriker triumphierten und erhofften sich jetzt bessere Zeiten für mehr religiöse Intoleranz.

Niemand konnte damals wirklich ahnen, dass bereits unter der Herrschaft seines Neffen Franz II./I. ein Umdenken erfolgen sollte und man Joseph II. vermissen würde. Die Nostalgie machte ihn rasch zu einer Art von Lichtgestalt, und die meisten seiner negativen Aspekte wurden zunehmend einfach ausgeblendet. Besonders die Revolution von 1848 besann sich Kaiser Josephs wieder, so als wäre er einer ihrer Vorreiter gewesen. Die Tendenz zur Verklärung Josephs II. hält in gewisser Weise oft wider besseres Wissen bis heute an.

KAISER FRANZ II./I.
(1768–1835)

»Das Schicksal hat Franz den vielgestaltigen Kosmos des alten Habsburgerreiches auf die Schultern gelegt, aber die Kraft, mit der die Natur ihn begabt hatte, reichte gerade noch hin, die schwere Last zu halten, sie weiterzutragen blieb ihm versagt.« (Hantsch 1962, S. 310 f)

Franz Joseph Karl wurde am 12. Februar 1768 in Florenz geboren. Sein Vater, Großherzog Peter Leopold von Toskana, der spätere Kaiser Leopold II., und seine Mutter Maria Ludovica, eine Tochter des spanischen Königs Karl III., setzten gemeinsam eine große Anzahl von Nachkommen in die Welt, womit das Aussterben der Habsburger endgültig verhindert und mehrere Nebenlinien begründet wurden. Franz war der erstgeborene Sohn des Paares und damit auch der natürliche Nachfolger des Großherzogs. Doch sein Onkel, Kaiser Joseph II., der nach dem Tod seiner über alles geliebten Gemahlin Isabella von Parma offensichtlich nicht mehr damit rechnete, einen legitimen Erben zu zeugen, hatte andere Pläne für den Sohn seines Bruders Leopold. Er wollte Franz als seinen Nachfolger als Kaiser und ordnete deshalb auch nach dem Tod Maria Theresias 1780 an, der Erzieher des jungen Habsburgers, Graf Colloredo, sollte über den damals Zwölfjährigen einen Bericht über dessen Entwicklung erstatten. Was Colloredo über den kleinen Franz schrieb, fiel aber ziemlich ungünstig aus.

Über den späteren Kaiser Franz II. als Kind wird berichtet, er sei ein sehr hübsches Kind gewesen. Eine Tante von ihm schrieb: »Er hat Verstand, ist aber ein wenig langsam.« (Vacha 1993, S. 353) Die Erziehung der Kinder des »modernen« aufklärerischen Großherzogs Peter Leopold war von diesem streng geregelt. Gehorsam, Selbstdisziplin, Askese und ein gewisser Drill standen im Vordergrund. Der schulische Unterricht begann bereits im Alter von drei Jahren, und Mehrsprachigkeit wurde von Anfang an gefordert. Kaiser Joseph II. ernannte den kleinen Franz schon im Alter von sechs Jahren zum Regimentskommandanten, so als hätte er geahnt, dass dieser später einmal während seiner Regierung mehr als 20 Jahre lang fast ohne Unterbrechung Krieg führen würde.

Im Jahre 1784 beschloss der Kaiser, sich seines Neffen noch intensiver anzunehmen und beorderte diesen nach Wien. Er wollte den Erziehungserfolg des16-Jährigen nun selbst begutachten. Sein Urteil war dann entsprechend negativ. In der ihm eigentümlichen Brutalität schrieb Joseph II., er habe es mit einem »Muttersöhnchen« zu tun, der »Körper und Seele eines Weichlings« habe, »zu großen Sachen immer unfähig« wäre und »zum Staatsmann nicht taugt«. Der selbst äußerst verhaltensauffällige Kaiser bescheinigte seinem Neffen »eine unermessliche Eigenliebe, eine Trägheit im Handeln und Denken«. Dazu kämen noch Faulheit und Furcht vor der Wahrheit. (Vacha 1993, S. 354) Kein Wunder, dass der arme Junge in Tränen ausbrach, als er mit diesem Urteil konfrontiert wurde. Jetzt wurde das bisher überaus strenge Erziehungsprogramm weiter verschärft. Ergebnis aller Bemühungen war letztlich, dass der junge Mann lernte, einigermaßen zu funktionieren und später einen guten Pflichterfüller abgab. Er sollte sich zeit seines Lebens recht gefühlsarm geben, und große Ideen oder einen Ansatz einer wirklichen Begabung sollte man bei ihm nie feststellen können. Sein Glück sollte später aber sein, dass er fähige Männer um sich hatte, die über einen viel größeren Horizont als er verfügten und fähig waren, das Staatsschiff in die richtige Richtung zu lenken. Sein emotional ähnlich wie er gestrickter Nachfahre Franz Joseph I. sollte dieses Glück nicht haben.

Auch eine Braut hatte man schon für den jungen Mann ausgesucht. Elisabeth Wilhelmina, die Tochter des Herzogs von Württemberg, wurde gleich einmal ganz habsburgisch in einem Kloster auf ihre Ehe vorbereitet! Der Kaiser mochte die junge Prinzessin wohl mehr als ihr zukünftiger Ehemann, aber der wurde sowieso nicht gefragt. Sogar um eine Zahnregulierung Elisabeths kümmert sich Joseph II. Am 6. Januar 1788 wurde das junge Paar vermählt, und Franz tat seine auch hier von ihm erwartete Pflicht. Ende 1789 wurde seine junge Braut schwanger, doch der Württembergerin ging es nicht besonders gut. Da zu jener Zeit Joseph II. langwierig vor sich hinstarb, übertrug sich die Aufregung sehr auf die junge Schwangere, und sie fiel sogar am Bett des Sterbenden in Ohnmacht. Am 17. Februar 1790 gebar sie ein behindertes Kind, das nur wenige Monate zu leben hatte. Dann ging es mit Elisabeth Wilhelmina rasch zu Ende, und sie starb bald nach ihrer Niederkunft und damit sogar noch zwei Tage vor dem sterbenden Kaiser. Über bedeutende Gefühlsregungen wegen des Todes seiner Gattin ist von Franz nichts überliefert. Er heiratete sowieso bald darauf wieder.

Der Österreichische Türkenkrieg von 1788–1790 war die nach offizieller Zählung achte und wohl überflüssigste dieser militärischen Konfrontationen. Joseph II. wollte, dass der »Kaiserlehrling« Franz mit ihm an die Front kam. Was der junge Mann hier sah, musste ihn eigentlich entsetzen, denn sein kaiserlicher Onkel und dessen Busenfreund Graf Lacy taten alles, um diesen Krieg gegen einen damals bereits zweitklassigen Gegner in eine chaotische Katastrophe zu verwandeln. Es war nur dem alten Feldmarschall Laudon, den man im letzten Moment als eine Art »Wunderwaffe« einsetzte, zu verdanken, dass dieser überflüssige Krieg letztlich doch irgendwie siegreich beendet werden konnte. Was bei Franz wohl zurückblieb, war ein gewisses Misstrauen gegenüber dem Militär und dem Kriegsglück. Und er hatte wohl auch erkannt, dass man als Herrscher ohne große militärische Begabung die Finger davon lassen sollte, die Armee selbst ins Feld zu führen. Franz hielt sich später immer daran und überließ das Kriegsführen den entsprechenden »Spezialisten«.

Als Joseph II. am 20. Februar 1790 nach längerem Siechtum starb, übernahm wie von ihm gewünscht sein Bruder Leopold, der die Toskana ungern verließ, die Regierungsgeschäfte. Franz war also nunmehr offiziell der Kronprinz, doch dachte niemand daran, dass er recht bald den Thron besteigen würde. Sein Vater, der fähige Leopold II., sah sich einer Vielzahl von Schwierigkeiten gegenüber, die ihm sein Bruder hinterlassen hatte, machte sich aber mit viel Geschick daran, die Probleme in den Griff zu bekommen. Er nahm überstürzte Reformen Josephs II. zurück, beendete den Krieg mit den Türken und konnte drohende weitere Kriege (besonders mit Preußen) und Konflikte durch kluge Diplomatie verhindern. Leopold scheute aber nicht davor zurück, nötigenfalls militärisch vorzugehen, wie er das in den Niederlanden auch tat. Nachdem er die Wogen geglättet hatte, ließ er sich zum Kaiser wählen. Sein Ziel war nun eine aktive Reichspolitik, an der Joseph II. gescheitert war. Als dann noch der Aufstand in den Niederlanden zusammenbrach, mit dem Osmanischen Reich ein Friedensvertrag ausgehandelt war und die aufrührerischen Ungarn besänftigt waren, schien eine neue große Friedensepoche unter einem starken Kaiser anzubrechen, und man verklärte Leopold II. bereits als »Titus«. Dabei hätte man allerdings bedenken sollen, dass Kaiser Titus bereits nach kurzer Regierungszeit gestorben war.

Doch im Hintergrund war schon die Französische Revolution im Gange, und die Situation in Frankreich verschärfte sich zusehends. Leopold II. war ein sehr aufgeklärter Herrscher, der kein grundlegender Feind dieser Revolution war, doch deren Gewalt völlig unterschätzte. Er versuchte jedenfalls, einiges zur Unterstützung und Rettung des gefährdeten französischen Königspaares zu tun, scheiterte jedoch damit letztlich. Anfang 1792 erkannte der Kaiser, dass es wohl über kurz oder lang zu einer militärischen Konfrontation mit den Revolutionären kommen würde, und er schloss mit Preußen ein entsprechendes Abkommen.

Am 1. März 1792 passierte jedoch das Schreckliche! Kaiser Leopold II., von dem sich alle so viel versprochen hatten, starb völlig überraschend. Dieser plötzliche Tod führte sogar zu der Vermutung, er sei vergiftet worden. Manche meinen aber auch, er hätte sich versehentlich mit einem Aphrodisiakum selbst vergiftet. Durch das tragische Ereignis verschwand möglicherweise der einzige Mann von der Bildfläche, der das alte Heilige Römische Reich noch hätte retten können. Der ziemlich unvorbereitete und wohl auch geschockte Franz sah sich plötzlich vor eine sehr schwere Aufgabe gestellt. Auch wenn seine Thronfolge völlig unbestritten war, so musste er wohl doch selbst erkennen, dass er viel weniger Begabungen als sein fast genialer Vater hatte. Er scheint vielleicht damals bereits beschlossen zu haben, seine Mängel durch viel Fleiß und Eifer zu ersetzen.

Franz wurde am 6. Juni 1792 zum König von Ungarn gekrönt, und am 14. Juli 1792 erfolgte seine Krönung im Frankfurter Dom mit der damit verbundenen Proklamation zum »erwählten Römischen Kaiser«. Auch wenn die Zeichen durch die Französische Revolution und die beginnenden Revolutionskriege auf Sturm standen, konnte wohl keiner der dabei Anwesenden ahnen, dass dies die letzte Krönung im Heiligen Römischen Reich sein würde. Den Krönungsreigen schloss schließlich am 9. August die Krönung von Franz zum böhmischen König in Prag ab.

Der nunmehrige deutsche Kaiser Franz II. befand sich schon zu Beginn seiner Regierung im Krieg mit dem revolutionären Frankreich, denn der Erste Revolutionskrieg hatte bereits am 20. April 1792 begonnen. Von nun an war der Kaiser mit einigen Unterbrechungen 23 Jahre lang mit bewaffneten Auseinandersetzungen konfrontiert, bis letztlich der Wiener Kongress dieser Phase ein Ende bereitete. Der Erste Koalitionskrieg sollte sich bei wechselndem Kriegsglück bis 1797 hinziehen und Österreich die Niederlande und die Lombardei kosten, allerdings Venedig einbringen. Gegen Ende des Krieges war das militärische Genie Napoleon auf den Schlachtfeldern aufgetaucht und entwickelte sich rasch zum Schrecken seiner Gegner.

Der Zweite Koalitionskrieg von 1799 bis 1801 verlief für den Kaiser noch viel weniger erfolgreich und brachte weitere Verluste. Das Heilige Römische Reich war durch die französische Aggression und die großen Gebietsverluste mehr denn je ein Schatten seiner selbst, und die Österreicher unternahmen gemeinsam mit den Preußen einen letzten

Versuch, dieses morbide Gebilde zu retten. Im sogenannten »Reichsdeputationshauptschluss« vom 25. Februar 1803 fand eine große Flurbereinigung im Reich statt, der neben der Auflösung der geistlichen Fürstentümer viele kleine Reichsterritorien zum Opfer fielen. Die Situation in dem nun »neu geordneten« Rumpfreich war aber wegen des derzeitigen Übergewichts der Protestanten für die katholischen Habsburger eher unerfreulich.

Napoleon setzte durch seine Ernennung zum erblichen Kaiser Frankreichs am 18. Mai 1804 Franz II. unter Zugzwang. Dieser entschloss sich deshalb zur Erhaltung seiner Hausmacht, und um Napoleon Ranggleichheit zu bieten, dazu, am 11. August 1804 das Kaiserreich Österreich auszurufen. Auch wenn diese Kaiserproklamation im rechtsfreien Raum stattfand, wurde der neue österreichische Kaisertitel rasch allgemein anerkannt. Franz II. war nun auch Franz I. von Österreich, was dazu führte, dass er für etwa zwei Jahre der einzige Doppelkaiser war, den es jemals auf der Welt gab.

Als Österreich am 9. August 1805 erneut einer Koalition gegen Napoleon beitrat, sollte der daraus folgende Dritte Koalitionskrieg Napoleon die Gelegenheit weiterer militärischer Triumphe geben, während Österreich die bitteren Niederlagen von Ulm und Austerlitz erdulden musste. Der Pressburger Frieden brachte für Kaiser Franz wieder schwere Gebietsverluste, wobei besonders jene Tirols und Vorarlbergs am schwersten wogen. Er musste auch die Zustimmung dazu geben, dass Napoleon einige deutsche Fürsten im Rang erhöhte und im »Rheinbund« eng an sich band. Damit war das Heilige Römische Reich endgültig gestorben. Den letzten Akt vollzog Kaiser Franz am 6. August 1806, als er erklärte, dass das Reich endgültig erloschen sei und er »die deutsche Kaiserkrone und das Reichsregiment niederlegt, die Churfürsten, Fürsten und übrigen Stände, wie auch alle Angehörige und Dienerschaft des deutschen Reiches, ihrer bisherigen Pflichten entbindet«. (Meyer 1858, S. 71)

Ermutigt durch die Schwierigkeiten, die Napoleon in Spanien hatte, ließ sich Franz I. dazu verleiten, mit der Unterstützung Englands am 9. April 1809 den Fünften Koalitionskrieg gegen Frankreich zu beginnen. Dabei setzten die Habsburger das einzige Mal in ihrer Geschichte voll auf die nationale Karte und versuchten unter Ausnutzung des frisch geborenen deutschen Nationalbewusstseins einen deutschen Befreiungskrieg zu inszenieren. Zeitgleich begann auch der Tiroler Volksaufstand unter Andreas Hofer gegen die Bayern, die Tirol besetzt hielten. Kaiser Franz I. vertraute dabei auch auf die militärischen Fähigkeiten seines Bruders Erzherzog Karl, der bereits in früheren Auseinandersetzungen französische Armeen besiegt hatte. Doch schien wieder das Genie Napoleons zu triumphieren. Nachdem er die Österreicher zurückgeschlagen und Wien besetzt hatte, kam es dann zur denkwürdigen Schlacht bei Aspern am 21. und 22. Mai 1809, die mit der ersten wirklichen Niederlage Napoleons endete. Da dieser Sieg allerdings von österreichischer Seite zu wenig ausgenutzt wurde, konnte Napoleon seine Armee wieder konsolidieren und durch weitere Kontingente verstärken. In der Schlacht bei Wagram am 5. und 6. Juli 1809 standen die Österreicher unter Erzherzog Karl schließlich einem weit überlegenen Feind gegenüber und mussten nach heftigen Kämpfen schließlich das Feld räumen. Franz I. entließ seinen Bruder als Generalissimus und musste Napoleon widerstrebend Friedensverhandlungen anbieten.

Der Kaiser wechselte bald auch seinen führenden Minister aus, und es kam die Stunde von Klemens Wenzel Lothar von Metternich, der eine der bedeutendsten Figuren Europas im 19. Jahrhundert werden sollte. Dieser leitete nach dem Frieden von Schönbrunn gegen den anfänglichen Widerstand von Kaiser Franz die Heirat von dessen Tochter Marie-Louise mit Napoleon in die Wege. Von nun an war Franz I. bis zu seinem Tod scheinbar untrennbar mit dem Phänomen Metternich verbunden. Der gebürtige Rheinländer diente offiziell seit 1809 als führender Minister und ab 1821 als Haus-, Hof- und Staatskanzler. Die meisten politischen Entscheidungen der folgenden Zeit waren jene Metternichs, Franz schien froh darüber zu sein, dass ihm jemand die »Arbeit« abnahm, und beschränkte sich in zunehmendem Maße auf repräsentative und familiäre Funktionen, verbunden mit seiner Neigung für Gärtnerei und Botanik.

Der Kaiser hatte 20 Jahre lang alle Probleme und Niederlagen, die ihm die Französische Revolution und Napoleon bereitet hatten, überstanden, sich in die starken Hände Metternichs begeben und sogar seine Tochter dem Korsen »geopfert«, als sich durch Napoleons Russlandkatastrophe 1812 die Gelegenheit zur endgültigen Abrechnung ergab. Noch einmal verbündeten sich die großen sowie kleinere europäische Mächte zum Kampf gegen die französische Hegemonie unter Napoleon, wobei Österreich wohl die Hauptlast dieses Kampfes trug. Als der Österreicher Schwarzenberg als Oberkommandierender der Verbündeten nach der Schlacht bei Leipzig am 19. Oktober 1813 den versammelten Monarchen die Siegesnachricht überbrachte, waren der endgültige Sieg und das Ende Napoleons bereits absehbar. Es war für Kaiser Franz sicher ein großer Triumph, mit seinen siegreichen Truppen schließlich in Paris einzuziehen.

Der Wiener Kongress vom 18. September bis 9. Juni 1815 sollte für Europa die Grenzen neu festlegen, neue Staaten definieren und ein stabiles Friedenssystem errichten. Es war kein Zufall, dass dieses Ereignis gerade in der österreichischen Hauptstadt stattfand, hatte doch Österreich über viele Jahre hinweg den Hauptwiderstand gegen das revolutionäre Frankreich und Napoleon geleistet. Kaiser Franz hatte mit Metternich auch den führenden Diplomaten und Politiker des Kontinents vorzuweisen. Für ihn ging es vor allem darum, zurückzukehren zur alten angestammten Ordnung vor der Revolution und Ähnliches für die Zukunft zu verhindern. Aus diesem Bemühen heraus entstand auch eine fast mittelalterlich anmutende Einrichtung – die »Heilige Allianz«.

Metternich beherrschte die Situation auf dem Wiener Kongress mit den Vertretern von etwa 200 Staaten, Herrschaften, Institutionen und Städten souverän und konnte trotz oft heftiger Auseinandersetzungen und der Störung durch Napoleons Rückkehr aus Elba und seiner »Herrschaft der Hundert Tage« ein in seinem Sinne fast ideales Ergebnis erzielen. Österreich erhielt die meisten seiner unter Napoleon verlorenen Gebiete wieder, zog sich allerdings mehr aus den deutschen Territorien zurück und expandierte nach Osten. Was die deutsche Problematik betraf, so installierte man den Deutschen Bund, bei dem Österreich die führende Rolle spielte, allerdings Preußen als zweite große entscheidende Macht akzeptieren musste. Die seit Friedrich dem Großen bestehende Konkurrenzsituation bestand also weiter und sollte sich nach 50 Jahren als Sprengsatz für dieses politische Konstrukt erweisen.

Metternich tat in der Folge alles, um verfassungsmäßige und demokratische Tendenzen in den Staaten des Deutschen Bundes zu bekämpfen und um die Restauration weiter im Sattel zu halten. Am schlimmsten war die Repression natürlich in Österreich selbst. Es gelang dies dann auch durch einen gut organisierten Polizeiapparat sehr gut, und das System des »Vormärz« sollte über den Tod von Kaiser Franz I. hinaus bis 1848 Bestand haben.

Auf den ersten Blick erschien Franz I. fast bürgerlich-biedermeierlich. Für ihn standen das Privatleben und seine Familie hoch in Kurs, er gab sich bescheiden und fast spartanisch, wobei er fast an seinen Onkel Joseph II. erinnerte. Es war leicht für die Bevölkerung, eine Audienz bei Kaiser Franz zu bekommen und er beschäftigte sich mit vielen Dingen, oft auch Kleinigkeiten. Irgendwie hatte er das Verlangen, möglichst alle Akten über seinen Schreibtisch wandern zu lassen. In religiösen Bereichen war er zwar ein gläubiger Katholik, zeigte aber eine gewisse Toleranz und ließ den Dogmatismus und die Unduldsamkeit vieler seiner Vorgänger vermissen. Gleichzeitig duldete er keinen politischen Widerspruch, war misstrauisch gegenüber allem, was ihm nach Revolution zu riechen schien, und scheute auch nicht vor der strengsten Unterdrückung seiner Untertanen zurück.

Bereits zu Beginn der Napoleonischen Kriege hatte der große Komponist Haydn die Hymne »Gott erhalte Franz, den Kaiser, unsern guten Kaiser Franz« komponiert, die zum ersten Mal 1797 in Wien gesungen wurde. Das ging

Hand in Hand mit einer gewissen Popularität, die trotz der vielen Probleme und Niederlagen im Kampf gegen Napoleon immer weiter stieg und auch bis ans Lebensende von Franz anhalten sollte. Im Gegensatz zu den Gebildeten und dem selbstbewussten Bürgertum konnte das einfache Volk durchaus mit dem Absolutismus des »guten Kaisers« Franz auskommen, so lange gewisse Grundbedürfnisse gestillt wurden. Revolutionäre hatten es deshalb immer schwer im alten Österreich.

Kaiser Franz war trotz aller scheinbaren Volksnähe und bürgerlichen Lebensform völlig von seinem Gottesgnadentum durchdrungen. Womit er auch in Metternich, der dieses befürwortete, einen willfährigen Komplizen hatte. Konservatismus und das strikte Beharren auf dem Bestehenden waren das Wichtigste für beide. Störende Einflüsse wie das Burschenschaftsfest auf der Wartburg oder die Julirevolution 1830 in Frankreich bedrohten die innere Ordnung ihres starren Systems und mussten massiv bekämpft werden. Der Polizeistaat, der unter Metternich das politische und kulturelle Leben im Biedermeier-Österreich lähmte, war ganz im Sinne von Kaiser Franz, der sich wie später Kaiser Franz Joseph tagelang in mehr oder weniger wichtige Akten vergraben konnte und dabei oft den Sinn für das Wesentliche verlor.

Eine besondere Problematik bestand im Verhältnis von Kaiser Franz zu einigen seiner Brüder. Zwei davon waren sicherlich begabter als er. Erzherzog Karl war im Gegensatz zu Franz militärisch interessiert und auch darin sehr begabt. Er wäre vielleicht als einer der großen europäischen Feldherren in die Geschichte eingegangen, wäre sein Hauptgegner nicht Napoleon Bonaparte gewesen. Immerhin war er schließlich der Erste, der dem Korsen in einer großen Feldschlacht eine fast vernichtende Niederlage bereiten konnte. Karl war Epileptiker, was sich in der Familie weitervererben sollte, vielseitig interessiert, aufgeklärter und wohl auch viel gefühlvoller als sein Bruder Franz. Sein Schicksal war aber, dass sein kaiserlicher Bruder ihn von der großen Politik fernhielt und nur sein militärisches Talent ausnutzte, ihn

jedoch fallen ließ und ins Abseits schob, als der gewünschte große Erfolg ausblieb. Auch das Verhältnis zu Erzherzog
Johann, einem der jüngsten Brüder von Franz, war getrübt,
da dieser dem Kaiser zu revolutionär war, modernen Ideen
nachhing und noch dazu eine Bürgerliche heiratete. Johann
mied schließlich den Kaiserhof und hielt sich mit Vorliebe in der Provinz auf, wo er es zu großer Popularität und
großem Einfluss brachte. Er sollte später noch eine größere,
aber letztlich tragische Rolle bei der Revolution von 1848
als deutscher Reichsverweser spielen, was Franz I. sicher
niemals goutiert hätte. Viele Historiker meinen, dass einer
dieser beiden Brüder wohl einen viel besseren und bedeutenderen Kaiser als ihr Bruder Franz abgegeben hätte, aber
das Schicksal hatte anders entschieden.

Franz I. widmete sich mit zunehmendem Alter immer
mehr seinen Hobbys und Interessen, zu denen die Politik
nur am Rande gehörte. Neben seiner bereits erwähnten Leidenschaft für die Gärtnerei und Botanik waren das seine
Porträtsammlung, die zu den größten der Welt gehört, das
Musizieren in kleinerem Rahmen und seine 40000 Bände
umfassende Privatbibliothek. Nebenbei sammelte er auch
noch allerlei Kuriosa, wie verschiedene ausgestopfte Tiere
und die Überreste des »Hofmohren« Angelo Soliman, den
er ebenfalls hatte ausstopfen lassen.

Bedingt durch die geringe Lebenserwartung seiner Gemahlinnen heiratete Franz insgesamt vier Mal. Auf die
bereits erwähnte Elisabeth Wilhelmina folgte 1790 Maria
Theresa von Neapel-Sizilien, die eine Cousine von ihm war.
Aus dieser Ehe stammten unter anderen Maria Luise, die
später Napoleon heiraten musste, Ferdinand, der spätere
Thronfolger, und Leopoldine, die später Kaiserin von Bra-
silien wurde. Nachdem seine zweite Gemahlin gestorben
war, heiratete Franz in dritter Ehe 1808 wieder eine seiner
Cousinen: Maria Ludovika Beatrix von Modena. Diese Ehe
sollte allerdings genauso wie die vierte kinderlos bleiben.
Nachdem auch diese Gemahlin früh verstorben war, heiratete Franz 1816 Karoline Auguste von Bayern, die ihn um
fast vierzig Jahre überleben sollte. Angeblich hat der Kai-

ser alle seine Frauen geliebt. Was die Behinderung und die frühen Todesfälle einiger seiner Kinder betrifft, so wurde dies unter anderem auf die Verwandtschaft der Ehepartner zurückgeführt. Die Habsburger ließen sich aber bekanntlich über Jahrhunderte trotz der vielen Probleme nicht vom Heiraten innerhalb der Verwandtschaft abbringen.

Gegen Ende des Lebens des Kaisers zeigten sich durch die Juli-Revolution in Frankreich 1830 und durch die Vorfälle in Hambach 1832 wieder Gefährdungen für das konservativ-restaurative System des Duos Franz I./Metternich. Letzterer konnte dann aber durch eine Verschärfung der politischen Repression und der Zensur die Lage wieder »in den Griff bekommen«. Kurz bevor Franz starb, gelang es Metternich auch noch, ihn wieder an den russischen Zaren anzunähern, die endgültige Entfremdung mit Russland sollte somit noch für einige Jahrzehnte aufgeschoben werden.

Franz I. starb schließlich am 2. März 1835 nach einer Regierungszeit von 43 Jahren als erster österreichischer Kaiser und auch als letzter Kaiser des Heiligen Römischen Reiches Deutscher Nation, dessen Untergang er nicht hatte aufhalten können. Niemand hat ihn je zu den großen Herrschergestalten des Hauses Habsburg gezählt, seine Bedeutung ergibt sich in erster Linie daraus, dass er in einer sehr schwierigen Zeit unbeirrt daran festgehalten hat, was er als »von Gottes Gnaden« für richtig und legitim hielt, und dass er und damit die Dynastie die Revolution und Napoleon überlebt haben. Das strikte Festhalten von Franz I. am restaurativen »Legalitätsprinzip«, in welchem ihn Metternich auch immer wieder bestärkte, führte schließlich dazu, dass der grenzdebile und kranke Ferdinand als der Erstgeborene den Thron erbte. Damit stellte der Kaiser allerdings alles infrage, was er eigentlich ursprünglich verteidigen wollte.

Kaiser Franz Joseph I.

(1830–1916)

»Der Kaiser hat Österreich zweimal unendlich geschadet – einmal durch seine Jugend und einmal durch sein Alter.« (Ernst von Koerber, Ministerpräsident 1900–1904)

Erzherzog Franz Joseph Karl wurde am 18. August 1830 im östlichen Trakt des Schlosses Schönbrunn geboren. Einer der großen Vorteile seines Geburtstages mitten im Hochsommer sollte später sein, dass es bei den alljährlichen Feiern so gut wie immer das sogenannte »Kaiserwetter« gab. Die Eltern des kleinen Habsburgers waren ein vordergründig sehr inhomogenes Paar. Der mäßig begabte Erzherzog Franz Karl, der nicht verleugnen konnte, dass er ein Bruder des grenzdebilen Kaisers Ferdinand war, war aus eher dynastischen Gründen mit der ihm intellektuell weit überlegenen Wittelsbacherin Sophie verheiratet worden. Das Paar hatte einige Jahre lang unter Kinderlosigkeit gelitten, ehe nach einer Kur im Salzkammergut der kleine Franz Joseph als erster der sogenannten »Salzprinzen« zur Welt kam. Sein Bruder Ferdinand Max sollte zwei Jahre später folgen. Es gab und gibt bei diesen beiden Sprösslingen durchaus berechtigte Zweifel an der Vaterschaft Erzherzog Franz Karls, und manche vermuten sogar den Sohn Napoleons I., den Herzog von Reichstadt, als den eigentlichen Vater Franz Josephs.

Von allen Habsburger-Herrschern hat Franz Joseph die vielleicht sorgfältigste Erziehung für seine spätere Bestimmung erhalten. Sein Arbeits- und Lehrplan umfasste etwa 50 Unterrichtsstunden wöchentlich. An Sprachen standen Französisch, Italienisch, Tschechisch und Ungarisch auf dem Programm, dazu kam wie nicht anders zu erwarten recht viel Religion, aber auch Geografie und andere elementare Fächer. Auch auf die körperliche Ausbildung wurde großer Wert gelegt, wobei »ritterliche« Disziplinen wie Reiten, Fechten und die militärische Ausbildung dominierten.

Der junge Erzherzog hatte eine emotional sehr enge Bindung an seine Mutter Sophie, die bis zu ihrem Tod anhalten sollte. Die bigotte Sophie war immer sehr geschickt darin, im Hintergrund die Fäden zu ziehen und andere zu beeinflussen. Sie war es schließlich auch, die Franz Joseph zum Kaiser machen und ihn während der ersten Phase seiner Herrschaft massiv beeinflussen sollte. So sind wohl das sehr rückschrittliche Konkordat mit Rom und das gnadenlose Vorgehen gegen Revolutionäre zu einem großen Teil auf ihren Einfluss zurückzuführen. Doch noch war es nicht so weit, und Franz Joseph wuchs zu einem sehr disziplinierten und pflichtbewussten jugendlichen Erzherzog heran, der im scheinbar fest gefügten von Metternich geprägten biedermeierlich-vormärzlichen System wenige Aussichten auf die Thronfolge hatte.

Doch mit einem Schlag veränderte der Ausbruch der Revolution im März 1848 die Situation grundlegend. Das vormärzliche System Metternich verschwand plötzlich, als hätte es niemals existiert, und die Dynastie schien mit einem Mal in akuter Gefahr. Wie nicht anders zu erwarten, zeigte der grenzdebile Kaiser Ferdinand keinerlei Fähigkeiten zum Krisenmanagement, und die resolute Erzherzogin Sophie übernahm in der Familie Habsburg das Kommando. Sie hasste die Revolution und ihren Geist von Anfang an und übertrug diese Gesinnung besonders auf ihren erstgeborenen Sohn Franz Joseph. Die Familie musste zweimal flüchten, ehe man sich mit anderen Anhängern der Reaktion im mährischen Olmütz in einen sicheren Hafen begab.

Hier kam nun die große Stunde von Sophie, denn sie wusste, dass das Reich nach der Niederschlagung der Revolution ein neues Gesicht erhalten musste, damit alles beim Alten bleiben konnte. Der Garant dafür schien ihr der eigene Sohn, der junge Franz Joseph, zu sein. Am 2. Dezember 1848 hatte man den armen Kaiser Ferdinand I. so weit, dass er »freiwillig« auf den Thron verzichtete, der geistig wenig befähigte Vater Franz Josephs verzichtete ebenfalls auf seine

Ansprüche, und somit war Sophies Ältester im zarten Alter
von 18 Jahren plötzlich Kaiser von Österreich. Er wurde im
Bischofspalast von Olmütz gekrönt und gleich vor die Aufgabe gestellt, die letzten Reste der Revolution zu beseitigen
und die aufständischen Ungarn und Norditaliener nieder-
zuwerfen.

Beides gelang schließlich durch die Hilfe fähiger Männer wie Radetzky und Schwarzenberg, die dem »rothosigen
Leutnant«, wie man den jungen Kaiser oft respektlos nannte, zur Seite standen. Dass man zur endgültigen Unterwer-
fung der Ungarn die Russen zu Hilfe holte, sollte sich später
als schwerer Fehler erweisen, denn der Zar erwartete dafür
eine gewisse Dankbarkeit. Franz Joseph war zu Beginn seiner Herrschaft alles andere als beliebt, und keiner konnte
sich damals wohl vorstellen, dass er 68 Jahre regieren und
als allgemein geschätzter alter Kaiser zu einem Mythos seiner selbst werden würde. Vorerst unterzeichnete er jedenfalls eifrig Todesurteile gegen Revolutionäre und andere
»Verräter« und war auch in erster Linie für die Exekution
der »Märtyrer von Arad« verantwortlich. Außerdem wurde
der gewählte Reichstag vertrieben, und die ausgearbeitete
Verfassung trat letztlich nie in Kraft. Es wurde mithilfe des
Kriegsrechts regiert und das Regime des jungen Kaisers gebärdete sich recht brutal.

Am 5. April 1852 starb völlig unerwartet Ministerpräsident Schwarzenberg, der zu jener Zeit eigentlich starke
Mann Österreichs, was Franz Joseph dazu verleitete, von
nun an vollständig absolutistisch zu regieren. Schon bald
zeigte sich, das Schwarzenberg, der Österreich im Grunde
erst wieder zu einer Großmacht gemacht und sogar Preußen eingeschüchtert hatte, nicht zu ersetzen war. Franz Joseph war zu jener Zeit sehr unbeliebt und scheute vor keiner Form der Härte gegenüber seinen Untertanen zurück.
Es sollte schließlich ein Attentat sein, welches ihm zu einer
gewissen Popularität verhalf. Am 18. Februar 1853 versuchte der Ungar Libényi, den Kaiser zu erstechen. Dieser wurde nur leicht verletzt, was viele seiner Feinde bedauerten,
konnte aber dadurch bei der Bevölkerung punkten. In der

Folge hob er den seit 1848 bestehenden Belagerungszustand in Wien auf.

Schlecht beraten und auf seine Mutter hörend stürzte sich der junge Kaiser wenig später in einen Konflikt, der ihn nur am Rande etwas anging. Die Österreicher besetzten während des Krimkrieges (1853–1856) die Fürstentümer Moldau und Walachei, konnten die Beute jedoch wegen des Widerspruches der Westmächte nicht behalten. Die Monarchie »erreichte« außer hohen Kosten und Verlusten nur die Feindschaft der Russen, die das Verhalten von Franz Joseph als Verrat und groben Undank für die Hilfe gegen die ungarischen Aufständischen ansahen. Das Verhältnis mit Russland konnte nie wieder wirklich freundschaftlich gestaltet werden.

Als die Mutter des Kaisers, Sophie, fand, dass es an der Zeit wäre, dass ihr Sohn heiratete, dachte sie in erster Linie an eine Angehörige ihrer eigenen Familie, der Wittelsbacher. Die Braut wurde schließlich die zweite Tochter des Herzogs Max Joseph in Bayern, Elisabeth, die eigentlich eine Cousine des Kaisers war. Sie sollte später völlig unrealistisch verkitscht in die Geschichte eingehen und meistens mit Romy Schneider verwechselt werden. Die Hochzeit erfolgte am 24. April 1854 in der Wiener Augustinerkirche, und das Eheleben des jungen Paares gestaltete sich von Beginn an unerfreulich, da in der Hofburg die Kaisermutter Sophie das Sagen hatte. Das Paar sollte schließlich vier Kinder haben, wobei die erste Tochter Sophie bereits als Kleinkind starb. Die Töchter Gisela und Marie Valerie nahmen später eine sehr eigenständige und selbstbestimmte Entwicklung, während der einzige Sohn Rudolf sich zu einem großen Problemfall entwickeln sollte.

Mit dem Konkordat mit Rom vom 18. August 1855 wurde ein kräftiger Rückschritt getan, denn die katholische Kirche erhielt viele ihrer schon unter Joseph II. verlorenen Rechte wieder zurück und konnte massiven Einfluss auf das Erziehungswesen nehmen. Am 5. Januar 1858 verstarb auch noch der letzte wirklich große Feldherr Österreichs, Feldmarschall Radetzky. Bereits im folgenden Jahr hätte man jedoch einen Heerführer seines Schlages gebraucht. Das Jahr 1859 stand im Zeichen der Verschärfung der Situation in Lombardo-Venetien, und ein Krieg mit Sardinien-Piemont zeichnete sich erneut ab. Doch nun griff auch Kaiser Napoleon III. von Frankreich ein, der nicht ganz selbstlos die Bestrebungen zur Einheit Italiens unterstützte. Der darauf folgende Krieg zwischen Frankreich, Sardinien-Piemont und dem Kaiserreich Österreich verlief sehr ungünstig für die Armee Kaiser Franz Josephs. Fatale personelle Fehlentscheidungen durch den von der Hofkamarilla beeinflussten Kaiser führten zur Niederlage von Magenta am 4. Juni 1859 und zum Rückzug aus der Lombardei. Der junge Kaiser übernahm nun selbst in völliger Selbstüberschätzung den Oberbefehl und zeigte während der Schlacht bei Solferino am 24. Juni 1859 eindeutig, dass er keinerlei militärisches Talent hatte. Nach dieser erneuten keineswegs vernichtenden Niederlage, die ein großer Heerführer wie Friedrich II. eher als Schlappe zur Kenntnis genommen hätte, schloss Franz Joseph rasch den Waffenstillstand von Villafranca, dem schließlich der Frieden von Zürich folgte. Die Lombardei war damit für Österreich endgültig verloren, wobei der Verlust dieser wohlhabenden und entwickelten Provinz einen schweren Schlag für das Kaiserreich bedeutete.

Der Kaiser musste sich in der Folge widerwillig zu Reformen bereitfinden. Die Zeit des kurzlebigen aber fatalen Neoabsolutismus war für Franz Joseph vorbei, und der Staat wurde in Etappen konstitutionell. Doch schon zeigten sich bei der Eröffnung des neuen Reichsrats, dass ab jetzt die Spannungen zwischen den verschiedenen Nationalitäten der Monarchie ein neues Forum hatten. Vor allem die Ungarn forderten Gleichberechtigung und eine Realunion unter einem gemeinsamen Herrscher. Besonders fatal für die weitere Entwicklung sollte aber der Umstand sein, dass in Preußen 1862 Otto von Bismarck zum Ministerpräsidenten ernannt wurde. Bismarck war bereit, den deutschen Dualismus endgültig kriegerisch zu lösen. Kaiser Franz Joseph I. berief angesichts der gespannten Situation 1863 einen Fürstentag zur Reform des Deutschen Bundes ein. Da er jedoch weiterhin einen Vorrang Österreichs in den Bundesgremien forderte, wurde das Unternehmen von den Preußen boykottiert.

Franz Joseph ließ sich 1864 von Bismarck in einen Krieg mit Dänemark und die Fürstentümer Schleswig-Holstein hineinziehen. Dieser weitgehend verzichtbare Konflikt brachte den österreichischen Truppen einige bedeutende Erfolge und hatte das Ergebnis, dass die beiden Sieger bald wegen der Verwaltung Schleswig-Holsteins in Streit gerieten. So zeichnete sich bereits 1865 ein neuer Krieg zwischen Österreich und Preußen ab. Doch noch einmal konnte dieser durch die Konvention von Gastein abgewendet werden. Österreich sollte von nun an Holstein und Preußen Schleswig verwalten.

Doch Bismarck wollte weiterhin den Krieg mit den Österreichern und nutzte die Gelegenheit von erneuten Meinungsverschiedenheiten im Frühjahr 1866, um die Entwicklung in diese Richtung voranzutreiben. Er konnte auch ein Bündnis mit Italien abschließen, um Franz Joseph in einen Zweifrontenkrieg zu verwickeln. Die Ereignisse nahmen dann rasch ihren Lauf, im April 1866 wurde bei den Hauptkontrahenten mit der Mobilisierung begonnen, Anfang Juni 1866 marschierten die Preußen in Holstein ein, und am 14. Juni 1866 mobilisierte der Deutsche Bund seine Streitkräfte, die allerdings aus Kontingenten verschiedenster Fürstentümer ohne wirkliches Oberkommando bestanden und daher wenig Schlagkraft hatten. Die wirklich wichtigen Entscheidungen fielen deshalb in Oberitalien und zur See, wo Österreich siegreich blieb, während der Feldzug der Österreicher in Böhmen gegen das Gros der preußischen Armeen von Anfang an wenig erfolgreich verlief. Durch die schlechte Personalpolitik und die mangelnde Ausrüstung der Truppen konnte man den von Moltke genial geführten Preußen nicht wirklich Paroli bieten. Die Schlacht bei Königgrätz am 3. Juli 1866 brachte schließlich die endgültige Entscheidung, obwohl der Krieg noch einige Zeit weiterging. Auch wenn es eigentlich keine vernichtende Niederlage war, die seine Armee unter dem mäßig begabten Feldzeugmeister Benedek erlitten hatte und noch genügend Truppen für die Weiterführung des Krieges zur Verfügung standen, resignierte Kaiser Franz Joseph rasch und ersuchte um Waffenstillstand. Er musste schließlich der Auflösung des Deutschen Bundes, dem Ausscheiden Österreichs aus Deutschland und dessen Neugestaltung durch Preußen zustimmen. In Italien verlor er trotz der dortigen Siege seiner Waffen das wichtige Venetien und musste zudem das neue Königreich Italien anerkennen.

Auf diesen Tiefpunkt in der Karriere von Kaiser Franz Joseph I. folgte der sogenannte Ausgleich mit Ungarn von 1867, der später noch fatale Auswirkungen haben sollte. Der Kaiser gab jetzt unter dem Einfluss seiner Gemahlin Elisabeth, die größte Sympathien für die Ungarn hegte, den Forderungen nach einem Dualismus in seinem Reich nach. Ungarn erhielt eine eigene Verfassung, einen eigenen Ministerpräsidenten und eine selbstständige Regierung. Die beiden nunmehrigen Reichshälften blieben nur durch einige wenige Ministerien und Institutionen und vor allem durch die Person des gemeinsamen Herrschers verbunden. Zu diesem Zweck ließ sich auch das Herrscherpaar am 8. Juni 1867 in Budapest krönen. Die »Österreichisch-Ungarische Monarchie« war geboren und Franz Joseph wurde zur »k.u.k. Apostolischen Majestät«. Letztlich hatte man durch diese Reichsspaltung den Machtbereich Franz Josephs weiter geschwächt, die sich übergangen fühlenden slawischen Völker der Monarchie weiter entfremdet und die nationalistischen Gegensätze weiterhin als Sprengsatz beibehalten.

In den folgenden Jahren erfüllten sich auch Franz Josephs geheime Wünsche nach einer Niederlage Preußens und seiner deutschen Verbündeten im Krieg gegen Frankreich nicht, und man musste zur Kenntnis nehmen, dass es nun im Norden ein überragend starkes kleindeutsches Kaiserreich gab, mit dem man sich irgendwie arrangieren musste. Kaiser Franz Joseph bemühte sich dann auch um eine Aussöhnung mit dem preußischen König und nunmehrigen deutschen Kaiser Wilhelm I., was von Bismarck gefördert wurde. Diese Bemühungen führten schließlich zum Dreikaiserbündnis, an dem auch Russland teilnahm, im September 1872.

Abgesehen von seinen innenpolitischen Problemen, die sich in erster Linie durch die Struktur des Vielvölkerstaates und eine gewisse wirtschaftliche und industrielle Rückständigkeit ergaben, beschäftigte sich der Kaiser ab 1875 vermehrt mit dem Balkanproblem und dem Zerfall des Osmanischen Reiches. 1878 nutzte Österreich-Ungarn einen erneuten Krieg Russlands mit der Türkei zur Okkupation Bosniens und der Herzegowina. Angeblich bemerkte ein Diplomat dazu: »Dieser Schritt wird eines Tages zum Grab der Monarchie werden.« (Reifenscheid 2000, s. 328)

In den Jahren ab 1879 verschärften sich unter der Regierung des kaiserlichen Jugendfreundes Graf Taaffe die Spannungen zwischen den Nationalitäten. Franz Joseph verlor nun auch seinen fähigsten Außenminister, Graf Andrássy. 1879 wurde auch der Zweibund mit Deutschland geschlossen, der zur gegenseitigen Hilfe bei einem russischen Angriff dienen sollte. Dieses Bündnis bestand bis 1918 und wurde 1882 durch das Einbeziehen Italiens zum Dreibund. Österreich-Ungarn wurde auch in weitere Vertragswerke Bismarcks einbezogen, mit denen der für die Zukunft besorgte »Eiserne Kanzler« allen Eventualitäten vorbeugen wollte.

Als am 9.3.1887 der deutsche Kaiser Wilhelm I. starb und sein bereits schwer kranker Sohn Friedrich III. ihm nach wenigen Monaten ins Grab folgte, kam Wilhelm II. an die Macht, was bei einigen Beobachtern wegen des Charakters des neuen deutschen Kaisers zu schlimmen Befürchtungen führte. Als Reichskanzler Bismarck zwei Jahre später wegen dauernder Unstimmigkeiten vom neuen Kaiser entlassen wurde, wurde die deutsche Politik zunehmend unberechenbarer. Österreich-Ungarn wurde trotzdem immer mehr an den größeren und stärkeren Partner gebunden.

Während der Nationalitätenstreit immer weiter tobte, entwickelte sich auch die sozialdemokratische Partei und fand immer mehr Zulauf. Bei den Tschechen ging die Radikalisierung immer weiter, während in Wien der populistisch und antisemitisch agierende Konservative Karl Lueger die Massen in seinen Bann zog. Der alternde Kaiser war über diese

Entwicklungen alles andere als glücklich, zeigte aber kaum Initiative, sondern begnügte sich mit der Verwaltung des Chaos und täglichem stundenlangem Aktenstudium. Zumindest verweigerte er Lueger einige Male die Anerkennung als Wiener Bürgermeister, bevor er auch hier resignierte.

Franz Joseph wurde noch zu Lebzeiten immer mehr zu einer mythischen Figur, von der man eigentlich wusste, dass sie das Einzige war, was das Vielvölkerreich noch zusammenhielt. Die meisten Bewohner des Reiches hatten nie einen anderen Herrscher kennengelernt, als den seit 1848 regierenden Kaiser Franz Joseph. »Solange er lebt …«, sagte man, würde der Staat Bestand haben, für die Zeit danach hatten die meisten keine großen Hoffnungen. Man umrankte den Kaiser so sehr mit Mythen und Anekdoten, dass seine wirkliche Persönlichkeit eigentlich völlig davon verdeckt wurde.

»Es gab niemand, der den Kaiser je hasten, schreien oder gar schimpfen oder toben gehört hätte. Befehle pflegte er mit mäßig lauter Stimmer – immer sehr deutlich – zu geben und mit den Worten ›Ich bitte‹ einzuleiten.« (Hantsch 1962, S. 439)

Der Kaiser mochte es nicht, wenn jemand gegen die strenge Kleiderordnung bei Hofe verstieß. So ließ Franz Joseph auch den höchsten Beamten Nachricht geben, ob es ihnen erlaubt war, bei einer dringenden Angelegenheit ohne Uniform zum Dienst zu erscheinen. Seine Pünktlichkeit und Genauigkeit war sprichwörtlich und korrespondierte mit seiner absoluten Gewissenhaftigkeit gegenüber Kleinigkeiten. In all dem lag ein lähmend kleinbürgerlicher Zug. Dass er als militärischer Führer nicht taugte, wird ihm wohl angesichts seiner diesbezüglichen Misserfolge schon in seinen frühen Regierungsjahren bewusst geworden sein. Von der Struktur seiner Persönlichkeit her interessierte er sich mehr für die Form der möglichst blanken Uniformknöpfe, als für Strategie und Taktik. Zu militärischen Neuerungen musste er auch fast immer mühsam überredet werden, was manchmal fatale Folgen hatte, wie zum Beispiel bei der Nichteinführung der Hinterlader-Gewehre.

Auf die Niederlage von Königgrätz und das Hinausdrängen Österreichs aus Deutschlands weiterer Geschichte
folgte für den Kaiser der tragische und völlig sinnlose Tod
seines Bruders Maximilian im fernen Mexiko, der Opfer
seiner Fantastereien und Geltungssucht geworden war. Es
ist schwer nachzuvollziehen, wie sehr das Ende seines Bruders dem Kaiser nahegegangen ist. Zwischen den beiden
Brüdern hatte immer eine gewisse Konkurrenz geherrscht,
und viele Beobachter hatten Maximilian als den Fähigeren
der beiden betrachtet. Die beiden anderen Brüder Franz Josephs, Karl Ludwig und Ludwig Viktor, erwiesen sich als
problematische Figuren ohne Befähigung zu staatstragen-
den Funktionen. Der Kaiser hatte allerdings sowieso kein
Interesse daran, seine Brüder mit allzu wichtigen Aufgaben
zu betrauen.

Überhaupt bereitete ihm die Verwandtschaft mit fort-
schreitendem Alter immer größere Probleme. Es gab immer
mehr familieninterne Skandale, und auch die Anzahl der
Aussteiger aus dem Kaiserhaus nahm zu. Die alte dynastische Familie der Habsburger hatte zunehmend Probleme
mit der neuen Zeit. Kaiser Franz Joseph erwartete von jedem
seiner Untertanen ein hohes Maß an Disziplin und noch viel
mehr von den Angehörigen des Hauses Habsburg. Dann
musste er erleben, dass sein Sohn und Thronfolger Erzherzog Rudolf sich immer mehr zum Problemfall entwickelte.
Von unqualifizierten Erziehern bereits in seiner Kindheit
traumatisiert, hatte er in seiner Jugend nicht den richtigen
Umgang, entwickelte sich rasch zum Rebellen, der die Welt
seines Vaters infrage stellte, und neigte zu Alkoholismus,
Drogenkonsum und sexuellen Ausschweifungen. Das Verhältnis von Vater und Sohn war dementsprechend schlecht.
Von der auf sich selbst fixierten Kaiserin Elisabeth konnte
man in dieser Beziehung auch keine Hilfe erwarten.

Als Erzherzog Rudolf am 30. Januar 1889 in Mayerling
nach dem Mord an seiner Mätresse Selbstmord beging,
war das eine Katastrophe für den Kaiser und für die angeschlagene Monarchie. Ein Hoffnungsträger, der wohl längst
schon keiner mehr war, hatte sich auf ziemlich unwürdige

Weise aus dem Leben verabschiedet. Der alte Kaiser schien überraschend wenig beeindruckt, was vielleicht daran lag, dass er seinen Sohn bereits vorher innerlich abgeschrieben hatte. Der nächste Schicksalsschlag für Franz Joseph ließ nicht lange auf sich warten. Am 10. September 1898 wurde seine Gemahlin Elisabeth in Genf ermordet. Hier zeigte der Kaiser viel mehr Betroffenheit, hatte er doch die selbstsüchtige und ihrer Rolle als Kaiserin nie wirklich ausreichend nachkommende Wittelsbacher-Prinzessin wirklich geliebt. Dabei hatte sie ihm durch ihre vielen Absenzen vom Hof und ihr ganzes Verhalten immer wieder gezeigt, dass sie ihn wohl viel weniger und seine Umgebung schon gar nicht liebte.

Da sein Bruder Karl Ludwig, der aufgrund seiner plumpen und einfach gestrickten Persönlichkeit wohl auch in keiner Weise als Kaiser hätte reüssieren können, ebenfalls bereits 1896 gestorben war, wurde dessen ältester Sohn Franz Ferdinand somit österreichischer Kronprinz. Der allseits unbeliebte Mann, der in jungen Jahren so wie sein haltloser Bruder Otto für viele Skandale gesorgt hatte, schien auch nur eine kurze Lebenserwartung zu haben, wurde dann aber überraschend von seiner Lungenkrankheit geheilt. Das Verhältnis von Franz Joseph zu seinem nunmehrigen Thronfolger war alles andere als herzlich, was durch die Vermählung von Franz Ferdinand mit einer nicht standesgemäßen böhmischen Gräfin noch verstärkt werden sollte.

Kaiser Franz Joseph war dem weiblichen Geschlecht im Gegensatz zu seinem jüngsten Bruder Ludwig Viktor sehr zugetan und hatte einige bekannte Affären mit Frauen meist niederer Herkunft. Seine bekannteste Liaison war jene mit der Schauspielerin Katharina Schratt, die einige Jahrzehnte dauern sollte. Die dralle Schratt gab dem Kaiser wohl jene Wärme und Zärtlichkeit, die er bei seiner Gattin Elisabeth wahrscheinlich stets vermisst hatte. Die Schratt ist heute auch Teil des Mythos und der Verkitschung eines guten alten Kaisers, den es in dieser Form eigentlich nie gab.

Der alternde Kaiser musste erleben, dass die Nationalitätenfrage zu einem immer bedeutenderen Problem der Monarchie wurde. Er hatte dazu wie auch das Parlament keinen wirklich sinnvollen Lösungsansatz. Die Annexion Bosniens und der Herzegowina 1908 war die vorletzte schwere politische Fehlentscheidung von Franz Joseph. Sie verschärfte das Nationalitätenproblem zusehends und unterminierte die internationale Stellung der Monarchie. Die weitgehende Isolierung auf dem internationalen Parkett führte nur noch mehr dazu, dass sich die staatlichen Eliten an Deutschland anlehnten.

Erzherzog Franz Ferdinand, dem der Kaiser spätestens seit dessen Ehe mit der böhmischen Gräfin Chotek im Jahre 1900 so gut wie keine Sympathien entgegenbrachte, schien vielen als der Vollender des Untergangs der Monarchie, sollte er die Nachfolge Franz Josephs antreten. Das Schicksal allerdings wollte es anders und bescherte dem Erzherzog und seiner morganatischen und sehr bigotten Gemahlin am 28.6.1914 in Sarajevo ein gewaltsames Ende. In völliger Verkennung der internationalen Lage drängten viele der Verantwortlichen in Österreich-Ungarn zu einer Strafaktion gegen Serbien, dessen Schuld an dem Attentat gegen den Thronfolger nicht wirklich erwiesen war. Es ist die letzte und bedeutendste Fehlentscheidung Kaiser Franz Josephs, dass er diesen Bestrebungen nachgab und sein morsches Reich in einen Krieg stürzte, der das Gesicht Europas für alle Zeiten veränderte und Österreich-Ungarn den Untergang brachte.

Der letzte Staatsakt des bereits sterbenden Kaisers war die Begnadigung einer Kindesmörderin. Ob Franz Joseph dabei an die vielen Todesurteile dachte, die er zu Beginn seiner Herrschaft persönlich bestätigt hatte? Zu diesem Zeitpunkt tobte der von ihm ausgelöste Krieg bereits seit mehr als zwei Jahren und hatte schon Millionen Menschen das Leben gekostet. Ein Ende schien nicht in Sicht, auch wenn sich die Dinge von Anfang an ganz anders entwickelt hatten, als dies die Clique der Kriegstreiber im österreichisch-ungarischen Militär und in der Aristokratie erhofft hatte.

Kaiser Franz Joseph I. starb nach einer Regierungszeit von 68 Jahren am 21. November 1916 in Schloss Schönbrunn, wo er auch geboren worden war. An seinem Totenbett standen viele Angehörige seiner weitverzweigten Familie, viele Würdenträger des sterbenden Reiches – und Katharina Schratt. Die »Herrschaft« seines Nachfolgers Kaiser Karls I. ist bestenfalls als Appendix zu betrachten, da die Weichen bereits vollständig gestellt waren und der Untergang des Habsburger-Imperiums bereits beschlossene Sache war.

Quellen und Literatur

Andics, Hellmut: Die Frauen der Habsburger. München 1997.

Auffenberg-Komarow, Moritz Freiherr von: Aus Österreichs Höhe und Niedergang. München 1921.

Bankl, Hans: Die kranken Habsburger. Befunde und Befindlichkeiten einer Herrscherdynastie. Wien 1998.

Barack, Max: Die deutschen Kaiser. Stuttgart 1888.

Besnitz von Sydacoff, Philipp Franz: Vom Habsburgischen Kaiserhof. Leipzig 1912.

Braumann, Franz und Heinz Grill: Österreich von der Urzeit bis zu den Babenbergern. Wien 1995.

Brook-Shepherd, Gordon: Um Krone und Reich. Die Tragödie des letzten Habsburgerkaisers. Wien 1968.

Brunner, Karl: Leopold, der Heilige. Ein Porträt aus dem Frühling des Mittelalters. Wien 2009.

Dauxois, Jacqueline: Der Alchimist von Prag. Rudolf II. von Habsburg. Düsseldorf 1997.

Dickinger, Christian: Habsburgs schwarze Schafe: Über Wüstlinge, Schwachköpfe, Rebellen und andere Prinzen. Wien 2000.

Dickinger, Christian: Ha-Ha-Habsburg. Eine wirklich wahre Familiengeschichte. Wien 2001.

Dienst, Heide: Leopold III. In: Neue Deutsche Biographie. Band 14, Berlin 1985.

Erbe. Michael: Die Habsburger. Eine Dynastie im Reich und in Europa. Stuttgart 2000.

Feigl, Erich: »Gott erhalte …« Kaiser Karl. Wien 2006.

Ficker, Adolf: Herzog Friedrich II., der letzte Babenberger. Innsbruck 1884.

Fink, Humbert: Joseph II. Kaiser, König und Reformer. Düsseldorf 1990.

Fink, Humbert: Auf den Spuren des Doppeladlers. Düsseldorf 1996.

Flesch-Brunningen, Hans: Die letzten Habsburger in Augenzeugenberichten. Düsseldorf 1967.

Frass, Otto: Die Zeit der Babenberger. Graz 1946.

Funder, Friedrich: Vom Gestern ins Heute. Aus dem Kaiserreich in die Republik. Wien 1952.

Gatti, Bertram: Allgemeine und Kriegs-Geschichte. 3 Bände, Wien 1866.

Gottlieb, Josef: Kaiser Karl. Ein Charakterbild. Innsbruck 1929.

Grill, Heinz: Die Babenberger. 270 Jahre Babenberger in Österreich. Innsbruck 1977.

Grunn, Helene u.a. (Hg.): Leopold III. und die Babenberger. St. Pölten 1975.

Günzel, Klaus: Der König und die Kaiserin. Friedrich II. und Maria Theresia. Düsseldorf 2005.

Gutkas, Karl: Geschichte des Landes Niederösterreich. St. Pölten 1973.

Hamann, Brigitte: Rudolf. Kronprinz und Rebell. München 1978.

Hamann, Brigitte: Die Habsburger. Ein biographisches Lexikon. Wien 1988.

Hamann Brigitte: Elisabeth. Kaiserin wider Willen. Wien 1997.

Hantsch, Hugo: Die Geschichte Österreichs. 2 Bände, Wien 1947.

Hantsch, Hugo: Gestalter der Geschicke Österreichs. Innsbruck 1962.

Harding, Bertita: Golden Fleece. London 1937.

Haupe, Karl: Herrschergestalten des deutschen Mittelalters. Leipzig 1939.

Heer, Friedrich: Der König und die Kaiserin. München 1981.

Herm, Gerhard: Glanz und Niedergang des Hauses Habsburg. Düsseldorf 1989.

Herm, Gerhard: Der Aufstieg des Hauses Habsburg. Düsseldorf 1994.

Herre, Franz: Kaiser Franz Joseph von Österreich. München 1986.

Hinterschweiger, Hubert: Die Babenberger sind an allem schuld. Wien 2006.

Hinterschweiger, Hubert: Wien im Mittelalter. Wien 2010.

Höbelt, Lothar: Die Habsburger. Aufstieg und Glanz einer europäischen Dynastie. Stuttgart 2009.

Hödl, Günther: Habsburg und Österreich 1273–1493. Gestalten und Gestalt des österreichischen Spätmittelalters. Wien 1988.

Janetschek, Ottokar: Kaiser Franz Joseph. Schicksale und Tragödien aus der guten alten Zeit. Wien 1949.

Jawurek, Johann K.: Die Regenten Österreichs in kurzen Biographien. Neutitschein 1867.

Kankoffer, Ignatz: Geschichte Österreichs in Biographien der Regenten. Wien 1858.

Kielmansegg, Erich Graf: Kaiserhaus, Staatsmänner und Politiker. Wien 1966.

König, Herbert (Hg.): Babenberger und Staufer. Göppingen 1987.

Kleindel, Walter: Das große Buch der Österreicher. Wien 1987.

Krieger, Karl-Friedrich: Die Habsburger im Mittelalter. Stuttgart 2004.

Lechner, Karl: Die Babenberger. Markgrafen und Herzoge von Österreich 976–1246. Wien 1996.

List, Guido: Die Burg der Markgrafen der Ostmark auf dem Leopoldsberge bei Wien. Wien 1877.

Lorenz, Reinhold: Kaiser Karl und der Untergang der Donaumonarchie. Graz 1959.

Marco, Helga: Die älteren Babenberger im Spiegel der zeitgenössischen und nahzeitlichen Historiographie. Dissertation, Wien 1960.

Margutti, Albert von: Kaiser Franz Joseph. Wien 1924.

Matz, Klaus-Jürgen: Wer regierte Wann. Regententabellen der Weltgeschichte. München 1992.

McGuigan, Dorothy Gies: Familie Habsburg 1273 bis 1918. München 1976.

Meyer, Philipp Anton Guido (Hg.): Staatsacten für Geschichte und öffentliches Recht des Deutschen Bunds. 1. Teil, Frankfurt am Main 1858.

Mitis, Oskar von: Das Leben des Kronprinzen Rudolf. Wien 1971.

Newald, Johann: Die Babenberger in ihrer Bedeutung für Österreich. Melk 1909.

Niederhauser, Emil und Imre Gonda: Die Habsburger. Ein europäisches Phänomen. Wien 1983.

Pollak, Walter (Hg.): Tausend Jahre Österreich. Eine biographische Chronik. 3 Bände, Wien 1973.

Praschl-Bichler, Gabriele: »Gott gebe, dass das Glück andauere.« Liebesgeschichten und Heiratssachen im Hause Habsburg. Wien 1997.

Redlich, Oswald: Rudolf von Habsburg in der volkstümlichen Überlieferung. Wien 1918.

Reifenscheid, Richard: Die Habsburger in Lebensbildern. Wien 1990.

Rieder, Heinz: Kaiser Karl. Der letzte Monarch Österreich-Ungarns 1887–1922. München 1901.

Scheibelreiter, Georg: Die Babenberger. Reichsfürsten und Landesherren. Wien 2010.

Schneider, Josef (Hg.): Kaiser Franz Joseph I. und sein Hof. Wien 1919.

Schoenstedt, Friedrich: Rudolf von Habsburg. In: Hermann Heimpel u.a. (Hg.): Die großen Deutschen. Deutsche Biographie. 1. Band, Berlin 1956.

Schönwald, Alfred: Österreichs Kaiserhaus. Biographische Gallerie sämmtlicher Glieder des Allerhöchsten Hofes. Wien 1877.

Schreiber, Georg: Die Hofburg und ihre Bewohner. Wien 1993.

Sighart, Rudolf: Die letzten Jahrzehnte einer Großmacht. Berlin 1932.

Sigmund, Anna Maria: Das Haus Habsburg. Habsburgs Häuser. Wien 1995.

Smolle, Leo: Österrreichs Regentenhalle in Bild und Wort. Wien 1910.

Stadtlaender, Chris: Habsburg intim. Wien 1989.

Stieve, Felix: Ferdinand II., deutscher Kaiser. In: Allgemeine Deutsche Biographie. Bd. 6, Leipzig 1877.

Terstyánszky, August: Regenten der Geschichte Österreichs. Lemberg 1861.

Theuer, Franz: Blutiges Erbe. Die Habsburger im Kampf mit Franzosen, Päpsten, Ungarn und Türken. Eisenstadt 1996.

Tschuppik, Karl: Franz Joseph I. Der Untergang eines Reiches. Hellerau bei Dresden 1928.

Ulmann, Heinrich: Maximilian I., römischer König und erwählter Kaiser. In: Allgemeine Deutsche Biographie. Bd. 20, Leipzig 1884.

Vacha, Brigitte (Hg.): Die Habsburger. Eine europäische Familiengeschichte. Graz 1992.

Vacha, Brigitte (Hg.): Die Welt der Babenberger. Schleier, Kreuz und Schwert. Wien 1995.

Vajda, Stephan: Die Babenberger. Aufstieg einer Dynastie. Wien 1986.

Vocelka, Karl und Lynne Heller: Die private Welt der Habsburger. Leben und Alltag einer Familie. Graz 1998.

Voigt, Georg: Albrecht II. (römisch-deutscher König). In: Allgemeine Deutsche Biographie. Band 1, Leipzig 1875.

Weissensteiner, Friedrich: Die anderen Habsburger. Wien 1987.

Zeißberg, Heinrich von: Heinrich II. (Jasomirgott), Herzog von Österreich. In: Allgemeine Deutsche Biographie. Band 11, München 1880.

Zitzenbacher, Walter: Österreich Historische Legenden. Innsbruck o.J.